3sat
ZDF
ORF
SÜDWESTFUNK
SDR
Süddeutscher Rundfunk
hr
NDR
SF DRS
S2
KULTUR
SDR/SWF
DRS

Okt Nov	Fernsehen 3sat	Radio DRS I II III / S2 Kultur
Mo **28**		SR DRS1 15.00 (45 Min.) **DAS VERSPRECHEN** Folge 6 SR DRS/SFB 1996, mit F. Abgottspon u.v.a. Regie: Walter Baumgartner
Di **29**	22.25 (106 Min.) ***play* S. 293** **JUSTIZ** 1993, Film mit M. Schell, A. Thalbach, T. Heinze. Regie: Hans W. Geissendörfer	
Mi **30**		
Do **31**		S2 Kultur 21.00 (40 Min.) ***play* S. 97** **ABENDSTUNDE IM SPÄTHERBST** NDR 1957, mit E. Schröder, W. Maertens. Regie: Gustav Burmester
Fr **1**	11.00 (108 Min.) ***play* S. 59** **EIN ENGEL KOMMT NACH BABYLON** HR 1964, Fernsehspiel. Regie: William Dieterle 20.15 (106 Min.) ***play* S. 179** **DER METEOR** SDR/SF DRS 1968; L. Steckel. Regie: L. Lindtberg 22.00 (30 Min.) SF DRS 1990 **F. D. IM GESPRÄCH MIT HUGO LOETSCHER**	
Sa **2**	20.15 (43 Min.) **DÜRRENMATT** SF DRS/3sat 1994, Dok. von Ernst Buchmüller 21.00 (63 Min.) ***play* S. 307** **FRITZ – ANNÄHERUNG AN F. D.** SF DRS/3sat 1994, Theater Neumarkt mit T. Bichsel, H. P. Müller, G. Bachmann. Regie: Volker Hesse, Ernst Buchmüller	3sat ca. 01.30–07.00 **HÖRSPIELNACHT IM FERNSEHEN** **Der Prozeß um des Esels Schatten** (SR DRS 1951) **Das Sterben der Pythia** (SR DRS/SWF/ORF 1980) **Stranitzki und der Nationalheld** (SR DRS 1989) **Die Panne** (BR/SDR 1956) **Abendstunde im Spätherbst** (NDR 1957)
	Änderungen vorbehalten	

hen und nach kurzer Zeit wurden die Radio-Programme S2 Kultur und Schweizer Radio DRS1 und DRS2 Teil des Medienverbundes *play* DÜRRENMATT.

Die Zauberlehrlingszeit ist über- und bestanden; die Mischung aus Angst und Freude hat einer Dankbarkeit Platz gemacht, daß dieses Projekt gleichzeitig von verschiedenen Ländern und Medien getragen wird. Das Buch liegt vor, die Planung der Fernseh- und Hörfunkreihen ist abgeschlossen. Jetzt gilt es, auf eine positive Resonanz des Publikums zu hoffen, eine Flasche ›Cheval Blanc‹ Jahrgang 1942 bzw. 1952 zu öffnen und in Gedanken mit Friedrich Dürrenmatt anzustoßen.

Luis Bolliger, SF DRS, Zürich

Okt	Fernsehen 3sat	Radio DRS · S2 Kultur SDR/SWF
Mo **21**		SR DRS1 15.00 (45 Min.) **DAS VERSPRECHEN** Folge 5 SR DRS/SFB 1996, mit F. Abgottspon u.v.a. Regie: Walter Baumgartner
Di **22**	14.45 (91 Min.) ***play S. 47*** **DIE EHE DES HERRN MISSISSIPPI** 1961, Film mit O.E. Hasse, J. von Coczian, H. Felmy, Ch. Regnier. Regie: Kurt Hoffmann	
Mi **23**	10.30 (60 Min.) **VIS-A-VIS** SF DRS 1985, F.D. im Gespräch mit Frank A. Meyer	
Do **24**	14.00 (65 Min.) **DER SCHRIFTSTELLER IM GESPRÄCH** SF DRS 1965, F.D. im Gespräch mit M. Reich-Ranicki und Hans Mayer 22.25 (57 Min.) **ZWISCHEN PASSION UND PROFESSION** SDR 1993, Dok. von Charlotte Kerr Dürrenmatt	S2 Kultur 21.00 (57 Min.) **DAS UNTERNEHMEN DER WEGA** SWF 1955, mit W. Kraus, P. Bild, R. Fernau. Regie: Ludwig Cremer
Fr **25**	23.30 (105 Min.) ***play S. 92*** **HYENES / RAMATOU** 1992, Film mit Mansour Diouf, Ami Diakhate. Regie: Djibril Diop Mambéty	SR DRS1 20.00 (25 Min.) W **MONDFINSTERNIS** SR DRS 1996, Hörspielbearbeitung und Regie: Buschi Luginbühl
Sa **26**	20.15 (135 Min.) ***play S. 277*** **ACHTERLOO IV** SDR 1988, Aufzeichnung Schwetzinger Schloßtheater mit H. Lohner, Ch. Kerr, K. Beck, N. Paryla, U. Haupt. Regie: F.D. 22.30 (50 Min.) **DIE WELT IST EIN IRRENHAUS** SDR 1988, Dokumentation von Roman Brodmann	SR DRS2 21.00 (60 Min.) ***play S. 257*** **DER MITMACHER** SR DRS 1974, mit R. Münch, R. Boysen, S. Lowitz, B. Samarowski, S. Sutter. Regie: Hans Hausmann
So **27**	11.10 (106 Min.) ***play S. 205*** **KÖNIG JOHANN** ORF 1971, Aufzeichnung Volkstheater Wien mit H. Qualtinger, H. Seeböck. Regie: Vaclav Hudecek	S2 Kultur 16.00 (78 Min.) ***play S. 115*** **DIE PANNE** BR/SDR 1956, mit E. Schlott, H. Leibelt, K. Horwitz, H.H. Schaufuss. Regie: Walter Ohm

Wie Zauberlehrlinge

Eigentlich begann alles recht harmlos. Am Samstag, 15. Januar 1994, saßen zwei 3sat-Redakteure im Zürcher Theater Neumarkt und sahen *Fritz – Eine szenische Annäherung an Friedrich Dürrenmatt*. Nach der Aufführung beim Bier im Foyer, angeregt durch das eben Gesehene, kam man zusammen mit Regisseur und Schauspielern ins Schwärmen: Erinnerungen und Anekdoten über F.D. – selber erlebte und kolportierte – machten die Runde. Später, beim Wein im ›Vorderen Sternen‹, am selben Tisch, an dem Dürrenmatt früher nach den Proben im Schauspielhaus tafelte und diskutierte, hoben die Redakteure vollends ab und träumten von einer umfassenden Dürrenmatt-Retrospektive, wie sie nur 3sat mit seinen vier Partnern bieten kann. Der Abend war lang, die Gespräche ausufernd, der Mainzer Redakteur Wolfgang Bergmann fuhr zurück und die tägliche Routine machte sich wieder breit.

Etwas blieb von diesem ersten Abend: Das Schweizer Fernsehen zeichnete im Mai 1994 für 3sat eine Fernseh-Version von *Fritz* auf. Zur selben Zeit zeigten das Kunsthaus Zürich und das Schweizerische Literaturarchiv Bern Dürrenmatt-Ausstellungen, die Anlaß zu einer Fernseh-Dokumentation über F.D. gaben. Beide Programme wurden von 3sat zum vierten Todestag Dürrenmatts im Dezember 1994 gezeigt.

Die Idee, einen Programmschwerpunkt mit Werken des großen Schweizer Schriftstellers zu gestalten, ließ mich nicht in Ruhe: Recherchen in den Archiven der 3sat-Partner förderten über 50 Sendungen zutage; über 6000 Minuten Dürrenmatt drohten und mußten ausgewertet werden! Ernst Buchmüller, animiert von seiner Dokumentation und der Fernsehregie von *Fritz*, ließ sich auch für dieses Abenteuer gewinnen, und ein erstes Konzept entstand. Als nächste Hürde galt es, die 3sat-Partner ARD, ZDF und ORF von der Wichtigkeit dieser Retrospektive zu überzeugen, was mit überraschender Leichtigkeit gelang.

Gestärkt von soviel Zuspruch, ging es nun darum, dem gewichtigen 3sat-Vorhaben einen adäquaten publizistischen Auftritt zu verschaffen. Eine erste Anfrage bei Dürrenmatts Zürcher Verlag Diogenes, gemeinsam ein bebildertes Taschenbuch zur Retrospektive herauszugeben, stieß vorerst auf wenig Interesse. Erst hartnäckiges Insistieren führte zum Erfolg: Aus dem Taschenbuch ist mittlerweile ein 336seitiges, großformatiges Bilder- und Lesebuch geworden.

Weil beim Südwestfunk in Baden-Baden die 3sat-Koordinationsstelle der ARD angesiedelt ist und dort Radio und Fernsehen Tür an Tür produziert werden und weil Norbert Waldmann mit Recht fand, dieser 3sat-Schwerpunkt könnte auch die Kollegen vom Hörfunk interessieren, fanden erste Gespräche statt. Auch die Schweizer Kollegen wollten nicht hinten anste-

Okt	Fernsehen 3sat	Radio DRS / S2 Kultur
Mo 14		SR DRS1 15.00 (25 Min.) W **MONDFINSTERNIS** SR DRS 1996, Hörspielbearbeitung und Regie: Buschi Luginbühl
Di 15	11.45 (45 Min.) **DIE WELT ALS LABYRINTH** (Teil 2) 20.15 (48 Min.) *play* S. 97 **ABENDSTUNDE IM SPÄTHERBST** NDR 1960, mit E. Schröder. Regie: Rudolf Noelte 21.05 (47 Min.) *play* S. 107 **NÄCHTLICHES GESPRÄCH...** BR 1981; S. Steiner, Ch. Brauer. Regie: Guy Kubli	
Mi 16	23.10 (85 Min.) *play* S. 115 **DIE PANNE** BR 1957, Fernsehspiel mit P. Ahrweiler, K. Horwitz, C. Wery, H. Hardt. Regie: Fritz Umgelter	
Do 17	14.00 (60 Min.) **BITTE LEGEN SIE AB...** ORF 1968, Interview mit F. D. 15.00 (58 Min.) **PORTRÄT F. D.** SF DRS 1981, Dokumentation von Ludy Kessler 20.15 (95 Min.) *play* S. 133 **ES GESCHAH AM HELLICHTEN TAG** 1958, Film mit H. Rühmann, S. Lowitz, M. Simon, G. Fröbe. Regie: Ladislao Vajda	S2 Kultur 21.00 (40 Min.) *play* S. 107 **NÄCHTLICHES GESPRÄCH...** BR 1952, mit E. Ginsberg, K. Horwitz. Regie: Walter Ohm
Fr 18		SR DRS1 15.00 (45 Min.) **DAS VERSPRECHEN** Folge 4 SR DRS/SFB 1996, mit F. Abgottspon u.v.a. Regie: Walter Baumgartner
Sa 19	20.15 (104 Min.) *play* S. 239 **PORTRÄT EINES PLANETEN** SF DRS/SDR 1971, Theateraufzeichnung Schauspielhaus Zürich, mit W. Reichmann, H. Lohner, Ch. Hörbiger, A. Fink. Regie: F. D./Ettore Cella	SR DRS2 21.00 (73 Min.) *play* S. 225 **PLAY STRINDBERG** SR DRS 1969, mit R. Lutz, H. Chr. Beckmann, K. Höring. Regie: F. D./Erich Holliger
So 20	11.00 (80 Min.) *play* S. 225 **PLAY STRINDBERG** SDR 1971, Aufzeichnung Basler Theater mit R. Lutz, H. Chr. Beckmann, K. Höring. Regie: F. D./Erich Holliger	S2 Kultur 16.00 (63 Min.) **HERKULES UND DER STALL DES AUGIAS** NWDR 1954, mit H. Klevenow, H. Peine, O. Werner. Regie: Gert Westphal

Hörspielerisches

Friedrich Dürrenmatt war der letzte große Ironiker unter den deutschsprachigen Dramatikern. *Komödien* hat er lapidar die erste Werkausgabe seiner Theaterstücke betitelt, die wie nur wenige andere das Bühnenrepertoire der Nachkriegs-Jahrzehnte geprägt haben. Die Komödie schien ihm geeigneter als jede andere Form, die kriminellen Energien bloßzustellen, die in allen geschlossenen Weltsystemen stecken – in denen der Ökonomie und der Politik nicht weniger als denen des Glaubens und der Ideologie. Was dabei hervortrat, waren sehr reale Machtspiele. Und Macht – dies war seine Überzeugung – ist durch Theatralik ironisierbar, da sie selbst auf Theatralik gründet.

Komödiantische Versuche, an handfesten Geschichten ganze Weltmodelle durchzuspielen, sind auch seine acht Originalhörspiele. 1946 bis 1956 entstanden, mit dem ›Hörspielpreis der Kriegsblinden‹ sowie dem ›Prix Italia‹ ausgezeichnet, gehören sie zu den meistinszenierten Hörspielen der deutschsprachigen Rundfunkanstalten. Auch wenn seine Hörspieltexte vor allem aus finanziellen Überlegungen entstanden (»... die deutschen Sender zahlen anständig.«), war diese Kunstform für ihn wichtig: »Kein ernsthafter Kritiker nimmt die Hörspiele wahr, liest sie, er schaut sie ja nur als Gelegenheitsarbeit an, und so läßt sich gerade in ihnen ungestört oft das Wesentliche tun oder doch vorbereiten.« Der Erfolg ließ auf sich warten: Dürrenmatts erstes Hörspielmanuskript *Der Doppelgänger* wurde 1946 vom Schweizer Radio abgelehnt und erst 1960 in einer Koproduktion BR/NDR inszeniert. Dürrenmatts zweiter Hörspieltext jedoch, *Der Prozeß um des Esels Schatten,* wurde gleich nach seiner Entstehung 1951 von Radio Bern umgesetzt und ausgestrahlt. Die weiteren sechs Original-Hörspieltexte waren Auftragsarbeiten für Deutsche Rundfunkanstalten und kamen da zur Ursendung; u.a. auch, weil der Schweizer Sender keine ebenbürtigen Honorare bezahlen konnte.

Die Hörspielarchive des Schweizer Radios verfügen jedoch über bedeutende Dokumente aus den späten sechziger Jahren, die für die Hörspieltermine realisiert wurden: Aufzeichnungen der Theaterproduktionen jener Jahre wie der Mitschnitt der Generalprobe des *Meteor* im Zürcher Schauspielhaus oder Studioaufnahmen der Stücke *König Johann* und *Play Strindberg.* So ergänzen sich die Hörspiel-Retrospektiven der beiden Rundfunkanstalten aufs beste: Während S2 Kultur die acht Originalhörspiele Dürrenmatts in einer Reihe vorstellt, die weitgehend der Chronologie ihrer Entstehung folgt, bringt Schweizer Radio DRS neben den erwähnten Theaterproduktionen auch Radio-Neuinszenierungen von *Das Versprechen* und *Mondfinsternis.*

Walter Baumgartner, SR DRS1, Zürich
Martin Bopp, SR DRS2, Basel
Hermann Naber, ARD/SWF, Baden-Baden

Okt	Fernsehen 3sat	Radio DRS I II III · S2 Kultur SDR/SWF
Mo **7**		SR DRS1 15.00 (45 Min.) **DAS VERSPRECHEN** Folge 2 SR DRS/SFB 1996, mit F. Abgottspon u.v.a. Regie: Walter Baumgartner
Di **8**	11.45 (50 Min.) **DIE WELT ALS LABYRINTH** (Teil 1) ORF 1982, F.D. im Gespräch mit Franz Kreuzer 22.25 (96 Min.) ***play* S. 82** **THE VISIT / DER BESUCH** 1964, Film mit I. Bergmann, A. Quinn, H. Ch. Blech, E. Schröder. Regie: Bernhard Wicki	
Mi **9**	22.25 (45 Min.) **BEGEGNUNGEN** 3sat 1996, Charlotte Kerr Dürrenmatt im Gespräch 23.10 (93 Min.) ***play* S. 15** **ROMULUS DER GROSSE** SFB 1965, Fernsehspiel mit R. Pekny, C. Spira, M. Hirthe, Ch. Doermer. Regie: Helmut Käutner	
Do **10**	20.15 (85 Min.) ***play* S. 27** **DER RICHTER UND SEIN HENKER** SDR 1957, Fernsehfilm mit H. Tiede, K.G. Saebisch, R. Meyn. Regie: Franz Peter Wirth	S2 Kultur 21.00 (43 Min.) **DER DOPPELGÄNGER** NDR 1960, mit F.D., G. Burmester, S. Wischnewski, H.J. Jäger, A. Römer, K. Hüttmann. Regie: Gustav Burmester
Fr **11**		SR DRS1 20.00 (45 Min) **DAS VERSPRECHEN** Folge 3 SR DRS/SFB 1996, mit F. Abgottspon u.v.a. Regie: Walter Baumgartner
Sa **12**	20.15 (125 Min.) ***play* S. 165** **DIE PHYSIKER** SDR 1964, Fernsehspiel mit T. Giehse, G. Knuth, K. Ehrhard, W. Kieling. Regie: Fritz Umgelter ca. 01.30 (ca. 180 Min.) **CLUB 2: KRIEG DER STERNE** ORF 1985, Diskussion mit F.D. u.a.	SR DRS1 20.00 (25 Min.) **MONDFINSTERNIS** SR DRS 1996, Hörspielbearbeitung und Regie: Buschi Luginbühl SR DRS2 21.00 (81 Min.) ***play* S. 205** **KÖNIG JOHANN** SR DRS 1968, mit H. Chr. Beckmann, L. Carstens, M. Habich. Regie: Werner Düggelin
So **13**	11.00 (118 Min.) ***play* S. 193** **DIE WIEDERTÄUFER** ZDF 1973, Ruhrfest. Recklinghausen; E. Marks, F. Schütter, V. Lechtenbrink. Regie: W. Schlechte 13.45 (115 Min.) ***play* S. 89** **DER BESUCH DER ALTEN DAME** SF DRS 1973, Schweizer Mundart, Liebhaberbühne Hasle Rüegsau. Regie: Hans Gaugler/Ettore Cella	S2 Kultur 16.00 (66 Min.) **STRANITZKY UND DER NATIONALHELD** SDR 1952, mit H. Reincke, H. Mahnke, W. Kottenkamp. Regie: Paul Land

3sat anders fernsehen

Wer Literatur und Theater schätzt, weiß sich im 3sat-Programm gut aufgehoben. Neben Lesen live und aktuellen Inszenierungen ist die kulturelle Schatzsuche in den Archiven der Partner ZDF, ORF, SF DRS und ARD eine der großen Spezialitäten von 3sat. Diesmal haben die Schweizer ihre deutschen und österreichischen Kollegen zur umfangreichsten Dürrenmatt-›Grabung‹ aller Zeiten angestachelt.

Daß es sich gelohnt hat, zeigen wir vom 3. Oktober bis zum 2. November 1996: Dann widmet 3sat einem der wichtigsten literarischen Denker unseres Jahrhunderts die umfassendste Retrospektive in der Geschichte des Deutschen Fernsehens. 40 Programme von, über und mit Friedrich Dürrenmatt: Kaum ein Autor war je so medienpräsent, über keinen gibt es so viele elektronische Dokumente. Parallel dazu präsentieren die Hörfunkprogramme S2 Kultur und Schweizer Radio DRS1 und DRS2 ihre eigenen Dürrenmatt-Schwerpunkte.

Das Begleitbuch zu den 3sat-Sendungen, herausgegeben vom Schweizer Fernsehen und dem Diogenes Verlag, vervollständigt diesen einmaligen Medienverbund aufs beste.

3sat liefert den Beweis, daß niveauvolles Fernsehen auch in Zeiten der Trash-Kultur möglich bleibt und bringt Fernsehspiele, Theateraufzeichnungen, Dokumentarfilme und Gesprächssendungen zur besten Sendezeit. Zum Wiedersehen und zum Neuentdecken: *play* DÜRRENMATT.

Walter Konrad, ZDF, Mainz
Christof Schmid, ARD/SWF, Baden-Baden
Peter Zurek, ORF, Wien

Okt	Fernsehen 3sat	Radio D R I II S III / S2 Kultur SDR/SWF
	Die Hinweise **play S** beziehen sich auf die entsprechenden Kapitel im Buch *play* DÜRRENMATT.	
Do **3**	17.00 (ca. 120 Min.) **PORTRÄT EINES PLANETEN** (1. Teil) SDR 1984, Dok. von Charlotte Kerr Dürrenmatt 20.15 (114 Min.) **play S. 73** **DER BESUCH DER ALTEN DAME** SWF 1959, Fernsehspiel mit E. Flickenschildt, H. Mahnke. Regie: Ludwig Cremer 22.40 **PORTRÄT EINES PLANETEN** (2.Teil)	
Fr **4**		SR DRS1 20.00 (45 Min.) **DAS VERSPRECHEN** Folge 1 SR DRS/SFB 1996, mit F. Abgottspon u.v.a. Regie: Walter Baumgartner
Sa **5**	21.00 (116 Min.) **play S. 153** **FRANK V. – OPER EINER PRIVATBANK** NDR 1967, Fernsehspiel mit T. Giehse, K. Hinz, H. von Meyerinck, H. Korte; Musik: P. Burkhard. Regie: F.D. 22.55 (37 Min.) **DÜRRENMATT INSZENIERT FRANK V.** NDR 1967, Dokumentation	SR DRS2 21.00 (111 Min.) **play S. 179** **DER METEOR** SR DRS 1966, mit L. Steckel, W. Birgel, G. Westphal, P. Brogle, E. Schwiers, G. Knuth, W. Reichmann, M. Kopp. Regie: Leopold Lindtberg
So **6**	10.45 (17 Min.) **F.D. REDE FÜR VACLAV HAVEL** (1990) 11.05 (109 Min.) **play S. 257** **DER MITMACHER** SDR 1974, Nat. Theater Mannheim. Regie: F.D. 22.30 (58 Min.) **DER ANDERE DÜRRENMATT** SDR 1986, Dokumentation von Roman Brodmann	S2 Kultur 16.00 (69 Min.) **DER PROZESS UM DES ESELS SCHATTEN** NDR 1958, mit A. Balthoff, B. Krüger, E Linder, J. Meysel. Regie: Ludwig Cremer

Dieses Programm ist Bestandteil des Buches *play* DÜRRENMATT und enthält alle Sendedaten der Dürrenmatt-Retrospektiven in Radio und Fernsehen:

– Satelliten-Fernsehprogramm **3sat**
– Radioprogramme
  S2 Kultur (SDR/SWF)
  Schweizer Radio DRS1+DRS2

Jeder 3sat-Programmbeitrag wird durch eine kurze Einführung mit Dokumentations- und Archivmaterial präsentiert. Moderator und Realisator: Ernst Buchmüller, SF DRS/3sat, Zürich.

Verantwortlich für die 3sat-Retrospektive:
– Engelbert Sauter, ZDF, Mainz
– Peter Zurek, ORF, Wien
– Norbert Waldmann, ARD/SWF, Baden-Baden
– Luis Bolliger, SF DRS, Zürich

Verantwortlich für die Hörfunk-Retrospektiven:
– Hermann Naber, ARD/SWF, Baden-Baden
– Walter Baumgartner, SR DRS1, Zürich
– Martin Bopp, SR DRS2, Basel

3sat, das Satelliten-Fernsehprogramm von ZDF, ORF, SF DRS, ARD ist europaweit über Astra 1a empfangbar.

S2 Kultur über UKW im süddeutschen Raum und deutschlandweit im Kabel und über Satellit Astra 1c und Kopernikus.

Schweizer Radio DRS1+DRS2 in der Schweiz über UKW und im Kabel.

play
DÜRRENMATT

Das Programm

3. Oktober – 2. November 1996

3sat
S2 Kultur
SR DRS1 + DRS2

play DÜRRENMATT

*Ein Lese-
und Bilderbuch*

*mit Texten von
Friedrich Dürrenmatt,
Guido Bachmann, Bertolt Brecht, Max Frisch,
Hugo Loetscher, Gore Vidal*

*Regine Lutz, Ernst Ginsberg, Heinz Rühmann,
Ernst Schröder*

*Elisabeth Brock-Sulzer, Dieter Bachmann, Hermann Beil,
Roman Brodmann, Georg Hensel, Peter Rüedi,
Martin Schlappner u. a.*

*sowie Handschriften, Zeichnungen
und Fotos*

*Herausgegeben von
Luis Bolliger und Ernst Buchmüller*

Diogenes SF DRS

Dieses Buch erscheint zur großen Dürrenmatt-Retrospektive im Satelliten-Fernsehprogramm 3sat (ZDF, ORF, ARD, SF DRS,) und den Radioprogrammen S2 Kultur (SDR/SWF) und Schweizer Radio DRS1 und DRS2 im Herbst 1996.

Herausgeber:
Schweizer Fernsehen DRS
Satellitenprogramme, Zürich

Redaktion:
Luis Bolliger, SF DRS/3sat
Ernst Buchmüller, SF DRS/3sat
Mitarbeit:
Anna von Planta,
Diogenes Verlag, Zürich
Ulrich Weber, Schweizerisches Literaturarchiv, Bern

Beratung:
Peter Rüedi, Tremona

Recherchen:
Ernst Buchmüller, SF DRS/3sat
Mitarbeit:
Beate Haungs, ARD/SWF, Baden-Baden

Umschlagfoto:
Friedrich Dürrenmatt bei den Dreharbeiten zur Fernsehinszenierung von *Frank V.*, 1967, NDR

Umschlaggestaltung:
Michael Leischner, ARD/SWF, Baden-Baden
Hans Höfliger,
Diogenes Verlag, Zürich

Umbruch und Gestaltung:
Luis Bolliger, SF DRS/3sat
Peter Frei,
Diogenes Verlag, Zürich

Lithos:
Reproatelier Höhn, Oberhasli

Druck:
Hallwag AG, Bern

Buchbinderei:
Eibert AG, Eschenbach

200/96/14/1
ISBN 3 257 06095 5

Inhalt

An meinen lieben Freund, Vater
und Lehrer im Bordeaux-Wein-geniessen
André Châtenay
Friedrich Dürrenmatt
Neuchâtel 16.8.83
[bei einem Villemaurine 1875 +
Schubert Trio 100]
alle die hier sichtbaren [und unsichtbaren] Bordeaux-Flaschen
geliefert von André Châtenay [le terrible]

Beim Abhören der Chansons zu *Frank V.*, Neuchâtel, 1958

Im Weinkeller, Neuchâtel, um 1963

Beim Lithographieren,
St. Gallen, 1988

Rede zur Verleihung
des Georg-Büchner-Preises,
Darmstadt, 1986

Varlin, *Bildnis Friedrich Dürrenmatt,* 1963

Vorwort

Dieses Buch vereinigt Texte von Friedrich Dürrenmatt mit Originalbeiträgen, die eigens für diese Publikation geschrieben wurden, und bringt eine Fülle von zum Teil erstmals veröffentlichten Fotos, Zeichnungen und Materialien. Diese Text- und Bildersammlung erhebt keinen Anspruch auf Vollständigkeit und ist bewußt subjektiv und assoziativ, jedoch chronologisch geordnet nach den Entstehungsdaten der Werke Dürrenmatts. Sie orientiert sich an den Fernseh- und Filmproduktionen, die im deutschsprachigen Europa zwischen 1957 und 1995 rund um Werke von Friedrich Dürrenmatt entstanden sind.

Ursprünglich als Begleitheft zur Dürrenmatt-Retrospektive im Satelliten-Fernsehprogramm 3sat gedacht, hat sich diese Textsammlung – angesichts der Menge des vorhandenen Materials und der wachsenden Begeisterung der Herausgeber beim Sichten und Entdecken – zu einem eigenständigen Lese- und Bilderbuch entwickelt.
Wie Dürrenmatts Werk uns zur Fernseh-Retrospektive und zum Buch *play* DÜRRENMATT verführt hat, mag *play* DÜRRENMATT umgekehrt den Leser zum Eintauchen ins Gesamtwerk von Friedrich Dürrenmatt verführen.

Luis Bolliger
Ernst Buchmüller

Romulus der Große

»Der Verfasser ist kein Kommunist,
sondern Berner.«

DIE KOMÖDIE ENTSTAND AUS DEN SCHLUSSSÄTZEN

Friedrich Dürrenmatt

Bevor ich den *Romulus* schrieb, hatte ich mich monatelang mit dem *Turmbau zu Babel* herumgeschlagen und eben den vierten Akt begonnen, als ich das Manuskript verbrannte. Ich stand ohne Stück da, doch hatte das Basler Theater den *Turmbau zu Babel* schon geplant, Horwitz erwartete von mir ein Stück.
Der Zufall kam mir zu Hilfe. Ich hatte eine Novelle Strindbergs gelesen, *Attila*. Am Schluß dieser Erzählung wird von der Heimkehr zweier Männer nach dem Tode Attilas berichtet, eines Römers und eines Fürsten der Rugier, und dann schließt Strindberg: »Später erneuerten sie die Bekanntschaft, aber unter anderen und größeren Verhältnissen, denn Edekos Sohn war Odoaker, der den Sohn des Orestes stürzte, und der war kein anderer als der letzte Kaiser Romulus Augustus. Er hieß sonderbarerweise Romulus, wie Roms erster König, und Augustus, wie der erste Kaiser. Und er beschloß sein Leben als Verabschiedeter, mit einer Pension von sechstausend Goldmünzen, in einer Villa in Campanien, die vorher Lucullus besessen hatte.«
Wir wohnten damals in einem Weinbauernhaus, jeden Abend holte ich im Bauernhaus, das jenseits der Straße in einer Wiese lag, Milch. Es war ein Wintermonat, Dezember oder Januar, und ich holte die Milch in tiefer Dunkelheit, doch kannte ich auch so den Weg. Während des Milchholens nun, die fünfzig Meter hin, während des kurzen Gesprächs mit dem Bauern, darauf während der fünfzig Meter, die ich zurücklegen mußte, um heimzukehren, konzipierte ich die ganze Komödie, in der Weise, daß mir als erstes die Schlußsätze jedes Aktes klar wurden: »Rom hat einen schändlichen Kaiser.« »Dieser Kaiser muß weg.« »Wenn dann die Germanen da sind, sollen sie hereinkommen.« »Damit hat das römische Imperium aufgehört zu existieren.« Auf diesen vier Schlußsätzen konstruierte sich die Handlung wie von selbst.

Aus: *Anmerkung III zu ›Romulus der Große‹*, WA, Bd. 2, S. 122f.

ROMULUS DER GROSSE

Erste ›Komödie‹ F.D.S
UA: 25.4.1949
Stadttheater Basel
Regie: Ernst Ginsberg

EA der Fernsehinszenierung:
6.6.1965, ARD (SFB)
Regie: Helmut Käutner

Den letzten römischen Kaiser interessieren weder Volk noch Staat noch das an den Reichsgrenzen aufziehende germanische Heer, sondern nur seine Hühnerzucht. Um das Futter für seine Vögel bezahlen zu können, verscherbelt er die Büsten der vaterländischen Dichter. Dem germanischen Hosenfabrikanten Rupf, der für die Hand der Kaisertochter bereit wäre, Rom zu retten, würde er wohl »für eine Handvoll Sesterzen« sein Reich, um keinen Preis aber seine Tochter verkaufen. Nachdem die Kaiserin mitsamt dem Hofstaat geflohen ist, erwartet Romulus allein die Ankunft der Germanen und den sicheren Tod. Doch statt eines Todfeindes tritt ihm im Feldherrn Odoaker ein ebenso passionierter Hühnerzüchter gegenüber, der selbst nie gegen Rom ziehen wollte, von seinem strebsamen Neffen Theoderich aber dazu gezwungen wurde. Odoaker fleht Romulus an, die Welt weiter zu regieren und so die Germanen davor zu bewahren, ein Volk von Helden zu werden. Doch Romulus lehnt ab und geht mit der letzten Dichterbüste unterm Arm in Pension.

Szenenbilder aus der Fernsehinszenierung von *Romulus der Große*, 1965:

Romuald Pekny als Romulus Augustus, Kaiser von Westrom

Camila Spira als Julia, seine Frau

DAS ANIMALISCHE GEGACKER ÜBER DEM EINSTURZ EINES IMPERIUMS

Max Frisch

Romulus der Große ist das dritte Stück, das Friedrich Dürrenmatt bis heute aus der Hand gegeben hat, eine Komödie – schon das, finde ich, ist beneidenswert, denn es ist eine wirkliche Komödie. Nicht daß er die Leute zum Lachen bringt, rechtfertigt diese hohe Bezeichnung, sondern worüber er sie zum Lachen bringt. Kurz gesagt: Wir lachen über den Untergang eines Imperiums, immerhin eines römischen, nicht aus Schadenfreude, denn wir sind ja auch nicht auf der Seite seiner schnurrigen Germanen, die im letzten Akt, nach einem dramaturgisch großartigen Anmarsch, die Weltgeschichte übernehmen. Dürrenmatt hat Witz, so viel, daß er meines Erachtens gar keine Witzelei nötig hätte; sein Witz, sein bester, liegt in den Situationen, schon im ersten Akt: Der letzte römische Kaiser, frühstückend, nicht gestimmt, Nachrichten vom Kriegsschauplatz anzuhören, köpft sein tägliches Ei, zahlt die staatlichen Schulden, indem er bald die letzten goldenen Lorbeerblätter aus seiner Kaiserkrone rupft, ein Antiquar ist da, der zu schoflen Preisen die Büsten glorreicher Römer kauft, pauschal, die Flavier zu einem Einheitspreis, es fehlte nur noch, daß mit Zigaretten bezahlt wird, kurzum, Ausverkauf einer Kultur. Einmal sagt Romulus: »Ist Kultur denn etwas, was man retten kann?« Seine beiden Kammerdiener, gewiß, die glauben noch daran, daß das Imperium nicht untergehen kann, unmöglich, denn sie können Horaz und Vergil auswendig. Ein gewisser Kaufmann großen Stiles, Herr Rupf mit Namen, ist bereit, das Imperium zu sanieren; freilich mit gewissen Bedingungen, denn er ist kein Träumer und Schwärmer, sondern ein Rechner. Romulus, der Kaiser, verhindert auch das, tut alles, damit die Historie ihren (uns bekannten) Gang nimmt. Ein Defaitist? Seine Witze, zeigt sich, sind planmäßig; nicht das Achselzucken eines milden Schwächlings; er will etwas. Ein Verräter? So nennen sie ihn, die Vaterländischen, die ihn umbringen wollen, geführt von dem jungen Ämilian, dem Geschundenen aus germanischer Gefangenschaft – diese Figur ist wichtig: sie ist der Ernst, die bittere Wirklichkeit, und daß Romulus, bisher vielleicht als Scharlatan mißdeutbar mindestens bei flüchtigem Zuhören, auch diesem Gräßlichen standhält, enthüllt ihn endgültig als Willen, als Vollstrecker. Im dritten Akt, der etwas Wedekindsches hat, offenbart sich vollends, worin das Muß dieser lächelnd-unerbittlichen Vollstreckung liegt [...]. Bewundernswert erscheint mir, wie bisher an allen Werken von Friedrich Dürrenmatt, der Zug ins Große; wie im ersten Stück, mir vorläufig das liebste, gelingen ihm Szenen, die grandios sind

ZEHN PARAGRAPHEN ZU ROMULUS DER GROSSE

Friedrich Dürrenmatt

§1 Der Verfasser ist kein Kommunist, sondern Berner.

§2 Der Verfasser ist von Natur aus gegen die Weltreiche.

§3 Romulus, Zeno der Isaurier und Odoaker sind historische Persönlichkeiten.

§4 Ebenso die Schwiegermutter Verina.

§5 Dagegen war Romulus fünfzehn, als er Kaiser wurde, und sechzehn, als er Kaiser gewesen war.

§6 Der Feldherr Orestes war eigentlich sein Vater.

§7 Zwar haben römische Soldaten schon Jahrhunderte vorher in Germanien Hosen getragen.

§8 Schon Nero soll ein Monokel gehabt haben.

§9 Romulus und Julia.

§10 Spargelwein wurde aus Spargelwurzeln gewonnen.

Aus dem Programmheft der UA, 25.4.1949, Stadttheater Basel

in ihrer theatralischen Kongruenz, etwa die Begegnung zwischen Ämilian und seiner Braut, Rea, die *Antigone* rezitiert. Das kaiserliche Landhaus in der Campagna, von Hühnern umgackert, so, daß man unversehens auf Eier tritt, das animalische Gegacker über dem Einsturz eines Imperiums, das in etlichen Köpfen immer noch die Welt ist, das sind Metaphern, die restlos im Theatralischen aufgehen, Szenen, wo man den Mund schon vollnehmen darf und sagen kann: Hier wird nicht auf der Bühne gedichtet, sondern mit der Bühne… [...] Das Burleske, das vor allem den letzten Akt bestimmt, vielleicht wären wir dafür gewappneter, wenn jener Dichter, dem Dürrenmatt vielleicht am nächsten steht, von unseren Spielplänen nicht so vernachlässigt würde: Wedekind. Eine wirkliche Komödie, scheint mir, ist es darum, weil es das Lachen nicht durch Vergessen erkauft; Ausverkauf einer Kultur, dreister könnte man nicht in unsere Lage hineinsteigen. Wie man darüber lachen kann? Als Zyniker; das ist aber bei Dürrenmatt nicht der Fall. Auch wenn man seinen Kierkegaard nicht kennt, wie Dürrenmatt ihn kennt, merkt man, daß der unzimperliche Verfasser, und das ist das Beneidenswerte, über eine Bejahung verfügt, also über jenes äußerst Rare, das zu den Voraussetzungen jeder echten Komödie gehört. Eine Bejahung, eine absolute, etwa eine religiöse, hat es allerdings an sich, daß sie ein sehr großes Nein sagen kann; das macht das Religiöse so ungemütlich.

Geschrieben für: ›Die Weltwoche‹, Zürich, 6.5.1949, aus: Max Frisch, *Gesammelte Werke in zeitlicher Folge.* Frankfurt a.M., Suhrkamp Verlag 1976

Mit Max Frisch und Lotti Dürrenmatt, Kronenhalle, Zürich, 1963

Ernst Ginsberg (*7.2.1904 Berlin, †2.12.1964 Zürich): deutscher Schauspieler und Regisseur. Emigrierte 1933 über Wien nach Zürich, spielte dort die Rolle des Übellohe in *Die Ehe des Herrn Mississippi* (UA 2. Fassung 1957); gleichzeitig Regisseur am Basler Stadttheater, wo er 1948 *Der Blinde* und 1949 *Romulus der Große* zur Uraufführung brachte; seit 1952 auch wieder in Deutschland tätig.
Gilt zusammen mit Kurt Horwitz als Entdecker und Mentor Dürrenmatts.

EIN SPIEL UM SCHULD UND UNSCHULD, MACHT UND OHNMACHT

Ernst Ginsberg

Romulus der Große ist ein Spiel um Schuld und Unschuld im Völkerleben. Es ist ein Spiel um Macht und Ohnmacht des ewig wehrlosen, persönlichen Geistes in einer ihn mit Waffen, Geld und Schlagworten jeder Art bedrohenden Welt, die ihren eigenen selbstverschuldeten Verfallsprozeß nicht fühlt und nicht erkennt.

Es geht in diesem Spiel um das Ende des im Laufe seiner blutigen Geschichte verkommenen kaiserlichen Römischen Imperiums und um den Übergang der Macht an das junge, noch von keiner Kultur beleckte Germanentum. Es wäre abwegig, in den grotesken Germanenszenen des letzten Aktes eine billige Persiflage auf die jüngste deutsche Vergangenheit zu sehen, wie es auch abwegig wäre, etwa jenes kühne, wahrhaftige Gespräch zwischen Romulus und seiner Tochter über den politischen Mißbrauch, den der Machtstaat jeder Prägung mit dem Wort ›Vaterland‹ treibt, als Absage an die echte und natürliche Liebe zur Heimat zu mißdeuten. (Man denke eher an Hölderlins »Verbotene Frucht, wie der Lorbeer, ist das Vaterland! Die aber kost' ein jeder zuletzt!«.) Die einzig berechtigte Gedankenverbindung ist die einer vergangenen Kulturkatastrophe mit der allgemein europäischen unserer Tage, die ja keineswegs nur Sache irgendeines einzelnen Landes ist. Hier, aber nur hier, ergeben sich Assoziationen, Parallelen, Fragen und Antworten, freilich Antworten außerhalb der Tagespolitik und ihrer Rezepte, und auch hier nur im weitesten Sinn. Man hüte sich also vor Kurzschlüssen!

Romulus der Große ist der Versuch, ohne jede politische Prätention, aber mit Geist und Herz, sich ein wenig über den ganzen abgegriffenen Untergangsjargon unserer Tage in jene Bereiche zu erheben, von denen aus sichtbar wird, daß zwar ganze Erdteile und Kulturepochen tragisch untergehen können, daß aber die Welt, der Mensch und der Geist deshalb noch nicht verloren sind. In diesem Sinne ist *Romulus der Große* trotz aller tiefen Skepsis ein tröstendes Spiel. Und es verdient trotz der beiden weit ins Tragische vorstoßenden Mittelakte [...] den Namen Komödie insofern, als uns täglich bedrängende Begriffe und Redensarten mit humanem Wirklichkeitssinn und mit satirischer Kraft ihrer Phrasenhaftigkeit beraubt und auf ihren wahren Gehalt zurückgeführt werden.

Geschrieben für das Programmheft der UA, 25.4.1949, Stadttheater Basel [leicht gekürzt], aus: Ernst Ginsberg, *Abschied,* Zürich, Arche Verlag 1965, 1991

DAS WESEN DES KAISERS ROMULUS

Friedrich Dürrenmatt

Eine besondere [...] Schwierigkeit ergibt sich für den Darsteller des Romulus. Ich meine die Schwierigkeit, die darin liegt, daß er dem Publikum nicht allzu schnell sympathisch erscheinen darf. Das ist leicht gesagt und vielleicht fast nicht zu erreichen, doch als Taktik im Auge zu behalten. Das Wesen des Kaisers darf sich erst im dritten Akt enthüllen. Im ersten Akt muß der Ausspruch des Präfekten: »Rom hat einen schändlichen Kaiser«, im zweiten jener Ämilians: »Dieser Kaiser muß weg«, begreiflich sein. Hält im dritten Akt Romulus Gericht über die Welt, hält im vierten die Welt Gericht über Romulus. Man sehe genau hin, was für einen Menschen ich gezeichnet habe, witzig, gelöst, human, gewiß, doch im letzten ein Mensch, der mit äußerster Härte und Rücksichtslosigkeit vorgeht und nicht davor zurückschreckt, auch von andern Absolutheit zu verlangen, ein gefährlicher Bursche, der sich auf den Tod hin angelegt hat; das ist das Schreckliche dieses kaiserlichen Hühnerzüchters, dieses als Narr verkleideten Weltenrichters, dessen Tragik genau in der Komödie seines Endes, in der Pensionierung liegt, der dann aber – und nur dies macht ihn groß – die Einsicht und die Weisheit hat, auch sie zu akzeptieren.

Aus: *Anmerkung I zu ›Romulus der Große‹* [gekürzt], WA, Bd. 2, S. 120

Romulus glaubt, daß Heldentum sinnlos geworden sei, und da er dennoch bereit ist, unterm Schwert der Germanen sein Leben zu opfern, damit das Volk leben könne, erliegt er einem Irrtum, der ihn zum tragischen Menschen macht. Die Einsicht in diese Tragik erreicht ihn am Schluß, wenn er erkennt, daß kein Mensch Macht hat über das, was war, und über das, was sein wird. [...]

Dürrenmatts Stück ist, trotz aller Komik seiner historischen Verfremdung, seinen Situationen und Einfällen, die Tragödie des Geistes, der sich, entzweigerissen von Macht und Ohnmacht, in die Schuld der Welt verstrickt.

Daß diese Aussage der Komödie nicht nur am Text, der zu sprechen war, ablesbar blieb, sondern erlebbar wurde, ist das große Verdienst von Romuald Pekny, der in Helmut Käutners Inszenierung die Titelrolle spielte. [...]

Er spielte seinen Romulus souverän, ungebrochen durch die Doppelheit, welche das Schwierige dieser Rolle ist, ungebrochen nämlich durch die Spannung, zugleich Agierender und das Geschehen überlegen Betrachtender zu sein. Erscheinung und Spiel waren gesammelt in den Ausdruck einer heiteren Gelassenheit, die sich mit subtilen Übergängen in die schillernde Vielschichtigkeit seines Wesens, ins Derb-Komische wie ins Schlaue, in die Resignation wie in die innere Größe, facettierte. Man wird sagen dürfen, daß Romuald Pekny die Stärke dieses Fernsehtheaterabends war.

Kritik der Fernsehfassung *Romulus der Große*. ›Neue Zürcher Zeitung‹, 8.6.1965

Mit Ernst Ginsberg, um 1950

Es war ein Feuerwerk der Ironie, der Pointen; Dürrenmatt hat die großen Phrasen der Kriegshetzer übernommen und persifliert: Kaiser Romulus der Große, der sich dem Ansturm der Germanen nicht widersetzt, weil er findet, das römische Weltreich habe zu viel Blut und Schuld auf sich geladen, seiner schönen Tochter Rea zuredet, sie solle den helvetischen Hosenfabrikanten Cäsar Rupf nicht heiraten, obschon Rupf bereit ist, mit zehn Milliarden Sesterzen die anstürmenden Germanen zum Rückzug zu bewegen. Der Dichter tut das mit dem zweideutigen Satz: »Du kannst diesen Fabrikanten nicht heiraten, mein Kind ... Man soll das Vaterland weniger lieben als einen Menschen.« Nun, das ist so ein Dürrenmattsches Zwinkern. [...] Es kommt eben darauf an, was für ein Vaterland man hat, ob man sich seiner schämen oder sich dessen freuen darf. Auch ändern sich im Laufe der Generationen das Vaterland und die Menschen, die ihm Profil geben...

Kritik der Fernsehfassung *Romulus der Große*. ›Wir Brückenbauer‹, Zürich, 11.6. 1965

BRIEF AN KURT HIRSCHFELD

Bertolt Brecht

Frühjahr 1949

Lieber H.,
dies die Anmerkungen zum *Romulus*, die aber D[ürrenmatt] auf keinen Fall zu Gesicht bekommen sollte, da er sich Magisterliches bestimmt verbitten würde.
Der zweite Akt sinkt ab, bringt die Handlung nicht vorwärts, macht mißtrauisch gegen die Aphorismen und verbraucht die Fassungskraft des Publikums für den dritten Akt. Die Szene des Rückkehrers würde gewinnen durch Verknappung, ihr Zweck scheint zu sein, die Widerstandskräfte als noch lebendig und die Invasionsgefahr durch den Bericht des Barbarismus der Germanen als besonders schrecklich zu zeigen. Dann muß aber, damit der zweite Akt wirklich gegen den Kaiser geht, der ›Rupfplan‹, basierend auf dem Verzicht des Rückkehrers zugunsten des Reiches, in Aktion gesetzt und vom Kaiser deutlich ad acta gelegt werden. Ein kleiner Rettungsorgasmus des Rupf genügte da völlig. (Rettung der Kultur plus Förderung des Hosenhandels: Todesstrafe für Deserteure und Tunikaträger, die Hose als das männliche Prinzip, das die Römer aufnehmen müssen, usw.) Damit ist die Stimmung gegen den Kaiser am Hof fundiert, und das Attentat kann steigen.

Szenenbilder aus der Fernsehinszenierung von *Romulus der Große*, 1965:

Brigitte Gothum als Rea, Tochter des Romulus, Robert Meyn als Innenminister Tullius Rotundus, Alfred Schieske als Hosenfabrikant Cäsar Rupf, Albert Bessler als Kriegsminister Mares und Martin Hirthe als Zeno der Isaurier, Kaiser von Ostrom

Sigmar Schneider als Spurius Titus Mamma, Albert Bessler als Mares und Robert Meyn als Tullius Rotundus

Albert Johannes als Kammerdiener Pyramus, Robert Meyn und Romuald Pekny als Romulus Augustus

Im dritten Akt sollte die große Rede des Kaisers noch mehr auf den Vorwurf des Verrats der Römer an Marc Aurel konzentriert werden, aber das ist Geschmackssache und nicht so wichtig.
Im vierten Akt sollte Romulus eigentlich die Germanen und nicht nur Rom retten – wie es ist, stellt Romulus eben doch nur einen Nationalisten mit friedlichen Methoden dar. Akzeptiert er schon die Fremden als bessere Beherrscher für sein Reich, so sollte er verhindern, daß sie sich sofort anstecken, wo sie vergewaltigen. Odoaker, sagte mir D., war ein – von den Römern – gebildeter Mann, und er sollte also darauf gestellt werden. Er müßte unverdaute römische Kultur daherquatschen, alles vertieft und vergeistigt, und natürlich müßte er neue Büsten der Kulturträger bestellen, welche zeigen, daß der Vergil und der Homer germanischen Ursprungs waren, was die germanischen Gelehrten, die auf den Bäumen des Teutoburger Waldes hausen, wissenschaftlich festgestellt haben. Romulus könnte den Odoaker darauf aufmerksam machen, daß die Germanen jetzt, wo sie aus Deutschland mehr oder weniger heraus seien, sich endlich von andern als Lesefrüchten nähren könnten.
Ja, richtig: Im dritten Akt, in der Unterredung mit der Tochter, sollte diese doch, nach anfänglicher scheinheiliger Betonung ihres Opfermuts, einfach zugeben, daß sie den Rupf wirklich sexuell begehrt, weil er so stark ist. Der Kaiser könnte ihr das Recht auf Liebe zugestehen, aber diese auf den noch stärkeren Odoaker ablenken.
Die Änderung brauchten nicht mehr als 5–8 Seiten auszumachen.
Die Wirkung des Stücks in Deutschland wäre so bestimmt größer und heilvoller. Auch in Amerika, wohin Sie das Stück mitnehmen sollten – [Thornton] Wilde[r] müßte dort etwas dafür tun. Ihr brecht.

Aus: Bertolt Brecht, *Briefe*, Frankfurt a. M., Suhrkamp Verlag 1981, S. 609

Ich klage nicht den Staat, der recht, sondern den Staat an, der unrecht hat. Das ist ein Unterschied. Ich bitte, den Staaten scharf auf die Finger zu sehen, und sehe ihnen scharf auf die Finger. Es ist nicht ein Stück gegen den Staat, aber vielleicht eins gegen den Großstaat. Man wird meine Worte sophistisch nennen. Das sind sie nicht. Dem Staat gegenüber soll man zwar klug wie eine Schlange, aber um Gottes willen nicht sanft wie eine Taube sein.
Es handelt sich nur um Binsenwahrheiten. Aber heute ist eine Zeit, in der es leider nur noch um Binsenwahrheiten geht. Tiefsinn ist Luxus geworden. Das ist das etwas Peinliche unserer Situation und die besondere Schwierigkeit, sich schriftstellerisch mit ihr auseinanderzusetzen. Ich will nicht unsere Mängel mit der Zeit ausreden, doch sollte auch die Zeit uns ausreden lassen. Sie fährt uns aber immer wieder mit ihren Handlungen über den Mund. Wir haben es nicht leicht.

Aus: *Anmerkung II zu ›Romulus der Große‹*, WA, Bd. 2, S. 121

F.D., *Das Arsenal des Dramatikers (Selbstportrait)*, 1960

Der Richter und sein Henker

»Der ganze Roman ist eigentlich
der Endkampf zweier Menschen.«

DER ERSTE SPIELFILM DES DEUTSCHEN FERNSEHENS

Ernst Buchmüller

Eigentlich hätte es ja nur ein Fernsehspiel werden sollen, so wie sie üblich waren im Programm der 50er Jahre: Neunzig Prozent der Handlung wird im Studio inszeniert und live gespielt, dazu einige wenige Einspiel-Szenen, die vorher als Film aufgezeichnet wurden; um zu dokumentieren, daß die Welt auch noch außerhalb der Fernsehstudios existiert. Es kam dann allerdings ganz anders.

Regisseur Franz Peter Wirth war 1954 in Stuttgart bei den ersten Gehversuchen des Fernsehens dabei. Das neue Medium hatte dem großen Publikum in den 50er Jahren mehr zu bieten als das Kino: Dort waren die kitschigen Heimatfilme mit den Stars zu sehen und im Fernsehen gehaltvolle Stoffe von Shakespeare über Jean-Paul Sartre bis zu Friedrich Dürrenmatt mit unbekannten Schauspielern in den Hauptrollen. Das deutsche Fernsehen war immer wieder auf der Suche nach neuen, spannenden Geschichten, und *Der Richter und sein Henker* war geradezu prädestiniert für eine Fernsehproduktion. Allerdings ließ sich dieser Roman voller Bilder und Spannung kaum im Studio nachstellen. Bei der Vorbereitung wurden Bedürfnisse wach, die die Fernsehleute schon lange hatten: Sie wollten raus aus dem Studio, die Realität nicht mehr nachbauen, sondern in der Realität inszenieren; die Luft läßt sich im Studio nicht filmen, der Wind von Windmaschinen ist nicht vergleichbar mit dem der Natur. Und so kam es, daß Franz Peter Wirth zusammen mit dem Fernsehspielleiter des Süddeutschen Rundfunks, Hans Gottschalk, den ersten Spielfilm des deutschen Fernsehens realisierte; ganz gegen den Willen der Filmindustrie, die Angst vor der Konkurrenz hatte, aber trotzdem selbstsicher verkündete: »Kein Meter Film für das Fernsehen.« Dürrenmatt selber sollte das Drehbuch schreiben, kam aber nicht weiter; ihm fehlte der Zugang zur Filmdramaturgie. Wirth und Gottschalk reisten mehrere Male nach Neuchâtel und schrieben dann das endgültige Drehbuch fast im Alleingang, obwohl auch sie wenig Ahnung vom Film hatten. Ihre Erfahrungen stammten vor allem aus dem Live-Fernsehen, die Verkürzungen und Tricks der Filmsprache mußten sie erst – nicht zuletzt durch diese Produktion – lernen.

Zu den Außenaufnahmen reiste die Fernsehcrew für zwölf Tage in den Berner Jura und drehte fast Tag und Nacht. Außer dem Kameramann Fritz Moser – der von der Wochenschau kam – und dem Chefbeleuchter hatte noch niemand aus dem Team einen Film gemacht, alles war neu, und alle gaben ihr Bestes. Auch die Schweizer Polizei hatte in diesem Film ihren großen

DER RICHTER UND SEIN HENKER

F.D. schrieb seinen ersten Kriminalroman für den ›Schweizerischen Beobachter‹, der ihn vom 15.12.1950 bis 31.3.1951 in wöchentlichen Fortsetzungen veröffentlichte. Erstveröffentlichung in Buchform: 1952. Der Roman wurde seither in über 20 Sprachen übersetzt und erreichte eine weltweite Auflage von über 5 Millionen.

EA der Fernsehverfilmung: 7.9.1957 ARD (SDR)
Drehbuch: Hans Gottschalk, Franz Peter Wirth und F.D.
Regie: Franz Peter Wirth

Weitere Verfilmung: 1975
Regie: Maximilian Schell

Auf der Straße von Twann nach Lamboing findet Dorfpolizist Clenin im Morgengrauen die Leiche Polizeileutnant Schmieds aus Bern. Mit der Aufklärung des Falles werden Schmieds krebskranker Vorgesetzter, Kommissär Bärlach, und dessen Assistent Tschanz beauftragt. Der Verdacht fällt auf den Finanzier Henri Gastmann, der von Lamboing aus Waffenschiebereien betreibt, die Bärlach ihm nicht beweisen kann. Mit Gastmann hat Bärlach vor Jahrzehnten in Istanbul eine Wette abgeschlossen, durch die Gastmann zu dem wurde, was er jetzt ist: der perfekte Verbrecher; in Istanbul brachte dieser es fertig, vor Bärlachs Augen einen Mord zu begehen und sich trotzdem ein einwandfreies Alibi zu beschaffen. Jetzt wittert der alte, todgeweihte Kriminalbeamte eine letzte Chance, seinen Gegner eines Verbrechens zu überführen.

Dreharbeiten zum Fernsehfilm *Der Richter und sein Henker*, 1956:

Kameramann Fritz Moser und Regisseur Franz Peter Wirth in Bern

›Außenaufnahme‹ im Studio des Süddeutschen Rundfunks, Stuttgart

Auftritt, brauste mit Motorrädern durch die Einfahrt einer herrschaftlichen Villa; dabei mußte allerdings das Rosenbeet empfindlich leiden. Nicht alle Außenaufnahmen konnten in der kurzen Zeit realisiert werden, und einige Szenen wurden daraufhin im improvisierten Studio des Süddeutschen Rundfunks auf dem Stuttgarter Killesberg nachgestellt. Hier – in einer ausgedienten Ausstellungshalle – entstanden auch die Innenaufnahmen und wurden Szenen mit Rückprojektion gedreht. Die Techniker und Schauspieler lebten in Wohnwagen, und gedreht wurde auf dem günstigen 16mm-schwarzweiß-Format und nicht auf dem teuren 35mm-Farbfilm, der für das Kino die Norm war.

Der Richter und sein Henker hatte ein Produktionsbudget von DM 102 000.–, wobei für Schauspielergagen nur gerade DM 12 700.– ausgegeben wurden. Das Fernsehen machte aus der Not eine Tugend: Da die Stars gar nicht zu bezahlen waren, mußte man sich nach neuen, unbekannten Schauspielern umsehen, die – dank der Fernsehproduktionen – dann zu Stars wurden.

Der erste Spielfilm des deutschen Fernsehens wurde für den April 1957 groß angekündigt, er mußte dann allerdings verschoben werden, die Rohfassung war zu betulich, ohne viel Spannung und nicht filmisch genug. Der Filmcutter Fritz Schwaiger ging daraufhin nochmals mit der Schere an diese Produktion und kürzte sie um fast eine halbe Stunde. Jetzt waren Spannung, Witz und Tempo da, und der Film lief am Dienstag, 9. Juli 1957, um 20.15 Uhr über die deutschen Mattscheiben mit einer Traum-Einschaltquote, die rückblickend nur geschätzt werden kann, aber bei einem solchen Ereignis waren rund achzig Prozent der dazumal 900 000 Fernsehgeräte in Deutschland eingeschaltet, und mehr als ein Programm gab es noch nicht. Das Schweizer Fernsehen übernahm den Film zeitgleich, und Günther Engel brachte es in der ›Westdeutschen Allgemeinen Zeitung‹ auf den Punkt: »Ich glaube, trotz zweistündiger Dauer hat sich niemand gelangweilt. Und das kann man nicht allzuoft vom Deutschen Fernsehen sagen.«

[Kommissär Bärlach] ist alt, dieser Mann ist sterbend, er weiß das, und nun steht er vor einer Abrechnung mit seinem ewigen Feind, mit dem er einmal eine Wette geschlossen hat. [...] Der ganze Roman ist eigentlich der Endkampf zweier Menschen: Der eine hat immer mit illegalen Mitteln gekämpft, und nun ist der andere [Bärlach] halt einfach [auch] zur Illegalität gezwungen, und er macht das mit der Grausamkeit des Sterbenden.

F.D. in einem Fernsehinterview, Südwestfunk, Baden-Baden, 1979

Dreharbeiten zum Fernsehfilm *Der Richter und sein Henker*, 1956:

Fest im Hause Gastmann

Auftritt der Schweizer Polizei

Drehbuchautoren Hans Gottschalk, F.D. und Franz Peter Wirth

6. Büro Bärlach im Polizeigebäude Bern. Bärlach sitzt am Schreibtisch, durchblättert das Aktenmaterial Schmieds, nur die Tischlampe beleuchtet den Raum, Blick auf die Uhr, dann wieder den lesenden und sich Nozizen machenden Bärlach, Blick auf das nächtliche Polizeigebäude, in welchem nur ein Fenster erleuchtet ist, wieder Bärlach am Schreibtisch, wieder die Uhr, endlich der Morgen, der durbh das Fenster ~~scheint~~ dringt, durch die Türe kommt im Regenmantel und Hut Tschanz. Die beiden sehen sich schweigend an, Tschanz etwas verlegen, Bärlach ruhig und durchdringlich

BAERLACH: ~~Gut, dass sie da sind, Tschanz. Wir müssen den Fall Schmied besprechen.~~ Es tut mir leid, dass ich Sie aus dem Urlaub zurückholen musste, Tschanz. Wars schön in Grindelwald?

TSCHANZ: ~~Ich weiss Bescheid. Lutz hat angerufen.~~ Ein bisschen langweilig, Herr Kommissär. Nichts zu tun.

BAERLACH: ~~Wars schön in Grindelwald.~~ Das ändert sich ja jetzt. ~~Ich~~ Bin froh, dass Sie da sind. Ohne Sie liesse sich unser neuster Fall gar nicht klären.

TSCHANZ: ~~Ein bisschen langweilig. Nichts zu tun.~~ Ich weiss Bescheid. Doktor Lutz hat angerufen. Es ist furchtbar, Kommissär, was mit Schmied passiert ist. Ich kann es immer noch kaum fassen.

BAERLACH: ~~Das ändert sich ja jetzt.~~ Wir müssen uns damit abfinden. Er war unser bester Mann. Der war uns über.

TSCHANZ Möglich. (zeigt auf das Aktenmaterial Schmieds) Sind dies die Akten?

BAERLACH (schliesst die Mappe) Nein, dies! (Er zeigt auf Photographien, auf die Brieftasche auf ein kleines Notizbuch des Ermordeten, die auf dem Schreibtisch liegen. Tschanz schaut sich die Photographien schweigend an.) ~~Schade, uunser bester Mann. An dem müssen wir uns ein Beispiel nehmen, Tschanz, der war uns über.~~

~~TSCHANZ: Möglich.~~

~~BAERLACH:~~ Wir wissen nichts über seinen Tod. Dienstlich war er nicht am Bielersee~~, ich hätte von dieser Reise gewusst~~. Es fehlt uns jedes Motiv.

Es geht um die Enthüllung des Mordes an dem Polizeibeamten Schmied. Aber was in Dürrenmatts Stück vor uns abrollt, ist keine simple Kriminalstory, bei der nur interessiert, »wer's nun eigentlich war«. In jeder Szene tappt der Zuschauer in die Schlaglöcher der Doppelbödigkeit und verfängt sich in den Fußangeln des Hintergründigen. Bärlach, der mit dem Tod seines Gegenspielers der Gerechtigkeit zum Siege verhilft und damit zugleich das Sinnvolle der Welt erweist, ist nicht als ein reiner Held gezeichnet. Allzusehr wird alles Geschehen ins Grausige und Groteske hinübergespielt.
Fest und sicher war die Regie von Wirth geführt. Das war kein Film, der in kleineren Proportionen wiederholte, was im Lichtspielhaus gezeigt wird, hier war alles auf den Bildschirm abgestimmt. So sind Szenen von großartiger Dichte entstanden. Das ganze Stück knistert vor Spannung.

H. Joos in ›Rheinpfalz‹, Ludwigshafen, 11.9.1957

Szenenbilder aus dem Fernsehfilm *Der Richter und sein Henker*, 1957:

Karl Georg Saebisch als Kriminalkommissär Bärlach und Robert Meyn als sein Gegenspieler Henri Gastmann

Karl Georg Saebisch als Bärlach

F.D.s erster Entwurf des Drehbuches zur Fernsehverfilmung von *Der Richter und sein Henker*, 1956

Ein Dichter, der sein Handwerk versteht, ein bombensicherer Kriminalstoff und der bisher erfolgreichste Fernsehregisseur – das mußte gutgehen. [...] Hans Georg Saebisch hat mit seinem Spiel, mit seinen müden Gesten, in denen doch immer wieder in entscheidenden Situationen alte Lebenskraft aufzuckte, mit seinem müden und gleichzeitig lauernden Blick unter seitlich schiefgezogenen Lidern und mit seiner sparsamen und dennoch ausdrucksreichen Sprechweise dem Kommandanten Bärlach das gegeben, was das Handlungs- und Dialoggerüst weniger enthielt, was aber im Roman zu finden ist: menschliche Individualität.

Winfried Wild in ›Stuttgarter Nachrichten‹, 9.9.1957

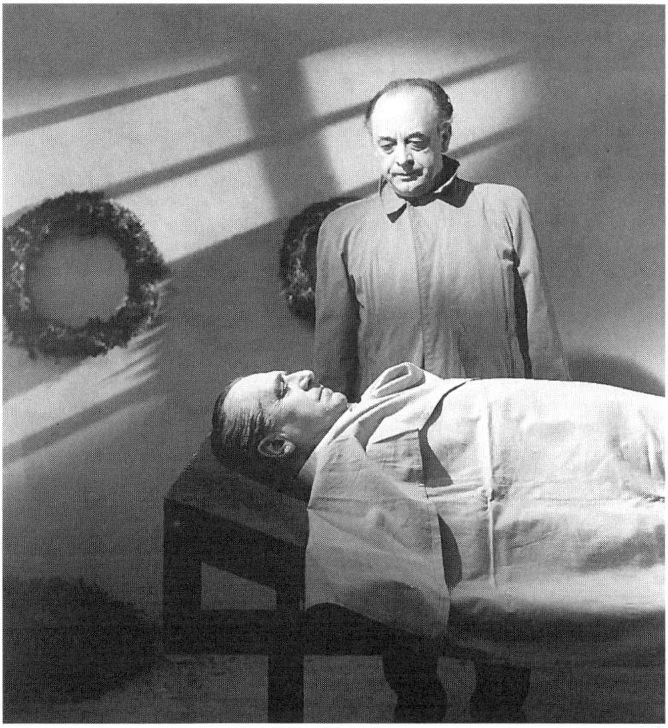

Szenenbilder aus dem Fernsehfilm *Der Richter und sein Henker*, 1957:

Herbert Tiede als Kriminalassistent Tschanz und Karl Georg Saebisch als Kriminalkommissär Bärlach

Karl Georg Saebisch als Bärlach neben der Leiche seines Gegenspielers Henri Gastmann (Robert Meyn)

MEIN VETTER FRITZ

Peter Dürrenmatt

Fritz [war] erfüllt vom Willen und von der Absicht, seine persönliche Existenz auf das Schreiben als Schriftsteller und als Dramatiker aufzubauen. Irgendeine ›überbrückende‹ zwischenberufliche Tätigkeit als Broterwerb interessierte ihn nicht. Er lebte von den Zuschüssen, die ihm seine Mutter zuhielt.
Einer, der sich von Anfang an für das Problem der materiellen Existenz des angehenden Dramatikers interessierte, war der Herausgeber des ›Schweizerischen Beobachters‹, Max Ras, mit dem auch ich eine gute persönliche Verbindung unterhielt. Ras erklärte mir eines Tages, er wäre bereit, meinem Vetter ein Honorar von 3 000 Franken auszurichten für einen Roman, den er im ›Beobachter‹ in Fortsetzungen publizieren könnte. »Aber«, fügte Ras hinzu, »es müßte ein Kriminalroman sein, einen solchen würde unsere Leserschaft goutieren.« Ich sprach mit Fritz, und er entgegnete sofort, der Auftrag interessiere ihn. So kam der Roman *Der Richter und sein Henker* zustande. Der Ausdruck »er kam zustande« ist zutreffend: Nachdem es mit der Niederschrift zunächst fließend vor sich gegangen war, stellten sich Stockungen ein. Jedesmal, wenn eine Fortsetzung für die Druckerei des ›Beobachters‹ fällig geworden war, schellte [bei mir] das Telefon: Die erwartete Fortsetzung war noch nicht da! Ich mußte bei Fritz – der kein Telefon besaß – Dampf aufsetzen; schließlich wurde der Roman doch fertig.
Die Geschichte vom Zustandekommen des Kriminalromans *Der Richter und sein Henker* zeigt, daß Friedrich Dürrenmatt in Basel gut aufgenommen wurde. Das ist auch von seinen dramatischen Leistungen zu sagen: Die beiden Stücke, die in Basel entstanden und hier ihre Uraufführung erlebten, *Der Blinde* und dann vor allem die Komödie *Romulus der Große,* wurden mit Beifall aufgenommen. Dies hier festzuhalten scheint mir deshalb notwendig, weil es der Behauptung widerspricht, Friedrich Dürrenmatt sei zuerst in Deutschland entdeckt worden, bevor ihn die Schweiz würdigte. Diese Behauptung – die er übrigens selbst begünstigt hat – stimmt aber auch nicht im Hinblick auf die frühe materielle Seite seiner Existenz.
In dieser Hinsicht ist abermals Max Ras zu erwähnen. Er kam auf eine besondere, in der Schweiz einmalige Idee. Es muß zu Anfang 1951 gewesen sein, als mir Max Ras in einem Gespräch mitteilte, er habe im Sinn, im ›Beobachter‹ eine ganz bestimmte Hilfsaktion für meinen Vetter zu inszenieren. Er halte große Stücke von dessen Begabung. Er schlug mir folgendes vor: Er werde im ›Beobachter‹ einen Aufruf einrücken lassen, in dem die Leser aufgefordert würden, sich an einer Hilfsaktion zu be-

Peter Dürrenmatt (*29.8.1904 Herzogenbuchsee, †21.3.1989 Riehen bei Basel): Schweizer Publizist und Politiker, Prof. Dr. rer. pol. h.c., Vetter von F.D.; 1949–1969 Chefredakteur der ›Basler Nachrichten‹; 1959–1979 im Nationalrat.

Damals hatte ich drei Theaterstücke geschrieben: *Es steht geschrieben, Der Blinde* und *Romulus der Große* und ein viertes Stück, *Die Ehe des Herrn Mississippi*: Das nahm im Gegensatz zu den andern kein Theater an, das war ein ›unspielbares Stück‹, und ich war einfach zu stolz, das zurückzuziehen. Dann hat es der Verlag zurückgewiesen. Ich erhielt auch keine Vorschüsse mehr vom Verlag und mußte mich einfach umschauen, wie ich Geld verdiene als Schriftsteller.
Und dann habe ich diesen Roman geschrieben. Ich war damals sehr stolz und dachte, ich will mich nur mit Dramatik durchs Leben schlagen. Deshalb habe ich den Roman gleich so konzipiert, daß er keine Fortsetzung haben kann, und daraus entstand der Roman von einem sterbenden Kommissär, einem der todkrank ist – dann ist er tot, und ich komme nicht in Versuchung weiterzuschreiben…

F.D. in einem Fernsehinterview, Südwestfunk, Baden-Baden, 1979

der Schweizerische Beobachter

Der Beobachter hat dem jungen Schweizer Dramatiker Friedrich Dürrenmatt, dessen Stücke in Zürich und Basel starke Beachtung gefunden haben und der zu großen Hoffnungen berechtigt, den Auftrag gegeben, einen schweizerischen Kriminalroman zu schreiben. Wie in seinen Theaterstücken (für eines erhielt er den Dramenpreis der Stadt Bern) ist ihm auch im vorliegenden Roman ein interessanter Wurf gelungen. Die Geschichte ist spannend erzählt und wird die Leser bis zum überraschenden Schluß in ihrem Bann halten. Schauplatz ist die engere Heimat des Dichters, die Bielersee-Gegend.
Es sei ausdrücklich festgestellt, daß es sich um eine erfundene Geschichte handelt und daß keinerlei Zusammenhang besteht mit lebenden Personen, auch wo vom Dichter Namen verwendet werden, die gebräuchlich sind.

Vorspann zum ersten Kapitel von *Der Richter und sein Henker*, ›Der Schweizerische Beobachter‹, Basel, 15.12.1950

Vier Buchumschläge fremdsprachiger Ausgaben von *Der Richter und sein Henker*

teiligen, die es dem jungen Dramatiker Friedrich Dürrenmatt ermögliche, sein dramatisches Schaffen finanziell einigermaßen gesichert zu erfüllen. Wer an der Aktion mitmache, verpflichte sich, für die Dauer von drei Jahren jeden Monat einen bestimmten, vom Spender selbst festgelegten Betrag auf ein Konto des ›Beobachters‹ einzuzahlen. Das Geld, das auf diese Weise zusammenkomme, würde jeden Monat als feste Summe an Friedrich Dürrenmatt ausbezahlt. Von finanziellen Sorgen befreit, würde er die Verwirklichung seiner dramatischen Pläne leben können.
Im einzelnen stellte sich Ras die Sache so vor, daß ich die Auszahlung der monatlichen Summe treuhänderisch besorgen würde, gestützt auf das Geld, das mir jeweilen der ›Beobachter‹ überweisen würde. Der Verlag des ›Beobachters‹ war bereit, von sich aus jeden Monat 200 Franken an das Hilfswerk beizusteuern. Ich erklärte mich bereit, als Treuhänder mitzumachen, und Ras publizierte einen entsprechenden Aufruf in seiner Zeitschrift.
Der Erfolg war zunächst eher bescheiden, nahm dann aber zu. Es meldeten sich schließlich rund 170 Abonnenten unterschiedlicher Einkommensklassen. Es gab darunter solche, die bereit waren, einen Beitrag von 5 Franken im Monat zu leisten, und die sich diese Summe regelrecht absparen mußten, andere, die beträchtlich aufrundeten. Ende Februar 1952 war die Aktion soweit gediehen, daß Friedrich Dürrenmatt mit einer monatlichen Subvention von 700 Franken rechnen konnte. In Übereinstimmung mit Max Ras zahlte ich ihm nur 600 Franken im Monat aus, um über eine Reserve für Unerwartetes zu verfügen. Trotz den anfänglichen Befürchtungen, der Eifer der Spender könnte vorzeitig erlahmen, blieb die Aktion in den vorgesehenen drei Jahren in Kraft.
Fritz Dürrenmatt hatte inzwischen Basel verlassen und ein Haus bei Neuenburg bezogen. Mit den Restbeständen des kleinen Vermögens, das ihm sein Götti, der verstorbene einstige Missionar Läderach, hinterlassen hatte, sowie dank der Geschäftstüchtigkeit seiner Mutter hatte er das alte Haus über dem Neuenburgersee kaufen können. Mit der Unterstützungsaktion des ›Beobachters‹ war er finanziell sorgenfrei geworden. Er verfaßte jetzt das Drama *Der Besuch der alten Dame*, und dieses brachte ihm jenen internationalen Erfolg, der ihn in materieller Hinsicht vollends unabhängig machte. Im übrigen hat die Aktion des ›Beobachters‹ Fritz und mich nicht zusammen-, sondern auseinandergebracht. Das hing mit den problematischen Seiten seines Charakters zusammen. Als die Aktion des ›Beobachters‹ am Auslaufen war, schrieb mir Max Ras, er halte die Anregung für richtig, Friedrich Dürrenmatt könnte jedem Spender ein signiertes Exemplar eines seiner

Dramen überreichen. Fritz reagierte auf die Anregung zunächst überhaupt nicht, sie kam erst nach wiederholtem Drängen im Jahre 1956 zustande.

Im Sommer 1955 war die Hilfsaktion abgeschlossen worden. Es waren bis zu diesem Zeitpunkt an Friedrich Dürrenmatt 21 350 Franken ausbezahlt worden. Es hatten sich bis zu ihrem Ende noch 112 Zahlende daran beteiligt. Da ich jedesmal einen Betrag der eingegangenen Gelder als Reserve zurückbehalten hatte, verblieb eine Summe von 3850 Franken. Sie wurde, mit Zustimmung des ›Beobachters‹ und aller Spender, der Fürsorgekasse des Schweizer Schriftstellerverbandes überwiesen. Diese Aktion eines freiwilligen Mäzenatentums zugunsten eines mittellosen schweizerischen Schriftstellers dürfte in der Geschichte der schweizerischen Literatur einmalig gewesen sein. Eben hier liegt die Ursache für meine Entfremdung von meinem Vetter: Als er, wohl zehn Jahre nach dem Schluß der Hilfsaktion des ›Beobachters‹, den großen Literaturpreis des Kantons Bern empfing (und bei der Annahme unverzüglich an drei Empfänger weitergab), erklärte er in der Dankesrede, in der Schweiz bekomme man helfende Preise erst dann, wenn man sie nicht mehr nötig hätte. Die Spende aus Basel, die er erhalten hatte, längst bevor er international bekannt geworden war, geruhte er zu vergessen. Er unternahm auch nichts gegen die Behauptung, der Dramatiker Friedrich Dürrenmatt sei erst in Deutschland entdeckt worden, nicht aber in der »selbstgerechten Schweiz«!

Aus: Peter Dürrenmatt, *Zeitwende. Stationen eines Lebens*, Verlagsgemeinschaft Maihof AG, Luzern und Cratander AG, Basel 1986, S. 122ff.

F. D.
und der
Kriminalroman

Peter Rüedi (*15. 1. 1943 Basel): Schweizer Journalist und Dramaturg. 1968–1972 Ressortleiter Kultur bei der Wochenzeitschrift ›Sonntags Journal‹ (dessen Mitherausgeber F. D. war); 1974–1979 in gleicher Funktion bei der ›Weltwoche‹; 1980–1982 Dramaturg am Schiller-Theater Berlin; 1982–1989 Chefdramaturg am Schauspielhaus Zürich; seit 1990 wieder bei der ›Weltwoche‹, zur Zeit als verantwortlicher Redakteur der literarischen Beilage ›WeltwocheSupplement‹. Verschiedene Arbeiten über Literatur, Theater (u.a. mehrere Gespräche mit F. D.) und Jazz. Ist seit 1991 mit Vorarbeiten zu einer Biographie über F. D. beschäftigt.

REQUIEM IN FÜNF SÄTZEN

Peter Rüedi

Am Schluß der *Theaterprobleme*, eines Aufsatzes, in welchem Friedrich Dürrenmatt 1954, mitten in einer gesundheitlichen, finanziellen, vor allem aber künstlerischen Krise eine Standortbestimmung und Selbstversicherung in der Theorie suchte, stehen ein paar Sätze, die berühmt geworden sind und bis heute nichts von ihrer Aktualität verloren haben. Sie greifen zwar zunächst das Kunstideal an, mit welchem in jenen Jahren die aus Krieg und Gefangenschaft zurückgekehrten Studienräte die Vergangenheit auf ihre Weise verdrängten und für das Emil Staigers Kunst der werkimmanenten Interpretation den Überbau lieferte, sind aber darüber hinaus eine Schlüsselstelle für Dürrenmatts listige künstlerische Doppelstrategie, die sein gesamtes Werk zwischen früher und später Prosa bestimmt. »Die Forderungen, welche die Ästhetik an den Künstler stellt«, schreibt er, »steigern sich von Tag zu Tag, alles ist nur noch auf das Vollkommene aus, die Perfektion wird von ihm verlangt, die man in die Klassiker hineininterpretiert – ein vermeintlicher Rückschritt, und schon läßt man ihn fallen. So wird ein Klima erzeugt, in welchem sich nur noch Literatur studieren, aber nicht mehr machen läßt. Wie besteht der Künstler in einer Welt der Bildung, der Alphabeten? Eine Frage, die mich bedrückt, auf die ich keine Antwort weiß. Vielleicht am besten, indem er Kriminalromane schreibt, Kunst da tut, wo sie niemand vermutet. Die Literatur muß so leicht werden, daß sie auf der Waage der heutigen Literaturkritik nichts mehr wiegt: Nur so wird sie wieder gewichtig.« Und eineinhalb Jahre später, in einem kleinen Text, *Schriftstellerei als Beruf:* »Überhaupt tut der Schriftsteller gut, sich nach dem Markte zu richten. Er lernt so schreiben, listig schreiben, das Seine unter auferlegten Bedingungen zu treiben. Geldverdienen ist ein schriftstellerisches Stimulans.«

Das ist zwar als Provokation gemeint, aber von Erfahrung diktiert. Der Kriminalroman war in jener Nachkriegsliteratur der Eigentlichkeit als Trivialform eine verdächtige, ja verfemte Gattung. Nichts illustriert das deutlicher als die Tatsache, daß Friedrich Glauser erst heute als einer der großen Schriftsteller dieses Jahrhunderts erkannt wird. Sich mit dem großen Publikumsgeschmack ›gemein‹ zu machen (in der doppelten Wortbedeutung) disqualifizierte einen Autor im Nachkriegs-Kulturbetrieb zum vornherein.

1954 hatte Dürrenmatt schon zwei Kriminalromane geschrieben. In beiden ist sein Kommissär Bärlach der Protagonist. Wie sehr sich auch *Der Richter und sein Henker* und *Der Verdacht*, beide zuerst als Fortsetzungsromane im ›Beobachter‹ erschienen, bei genauerem Hinsehen als listige Weiterarbeit des Autors an seinen zentralen Themen Recht und Gerechtigkeit erweisen, als eigentlich ›metaphysische Kriminalromane‹ – daß die Figur des Berner Kriminalers auch eine Mutation von Glausers Wachtmeister Studer ist, steht trotz Dürrenmatts späteren Dementis außer Frage (mindestens Leopold Lindtbergs Film mit Heinrich Gretler muß der Gymnasiast F.D. schon 1938 gesehen haben, saß er doch zeitweise öfter im Kino als in der Schule). Studer wie Bärlach sind keine ungebrochenen moralischen Instanzen, sondern ambivalente Figuren, aber sie sind es auf unterschiedliche Weise. Studer als positiv besetzte, aber lädierte Vaterfigur ist ohne Glausers schwieriges Verhältnis zum eigenen Vater nicht zu denken; er ist, psychologisch gesagt, eine ambivalent besetzte Projektion. Bärlach dagegen, bei aller realistischen Ausstattung, ist ein Dämon: nirgends so gefährlich, wie wenn er im vorletzten Kapitel von *Der Richter und sein Henker* beim maßlosen, ja für den Magenkranken selbstmörderischen Nachtmahl den Verbrecher Tschanz überführt, den er als Instrument zur Hinrichtung eines noch größeren Bösewichts eingesetzt hat. Bärlach ist kein Vertreter des Rechtsstaats, sondern einer, der sich anmaßt, ein nicht justiziables Verbrechen auf eigene Faust zu sühnen (nicht anders als Claire Zachanassian, die Alte Dame). Er gewinnt gegen seinen Widersacher Gastmann eine Wette (nicht unähnlich der, die Gott mit Mephisto über den Faust abschließt), die Anmaßung der Gerechtigkeit ist ein Akt der Selbstüberhebung. Mit der griechisch-christlich-germanischen Mythologie seit Kindheit vertraut, hat Dürrenmatt früh erkannt, was die Literaturwissenschaft erst später entdecken sollte: daß in den Trivialformen die Mythen überwintern. In der Agenda des Jahres 1954 finden wir die Notiz: »Glauser enttäuscht. Viel Gutes, sehr Gutes. Doch im Ganzen zu dumm kriminalistisch. Dabei wäre aus dem *Tee der drei alten Damen* viel mehr zu machen gewesen. Die drei alten Damen die drei Parzen.« Da vermißt Dürrenmatt etwas, was er in Glauser erst hineingelesen hat.

Im *Verdacht*, dem zweiten, in mancher Hinsicht schematischeren Bärlach-Roman, wird die metaphysische Debatte über Freiheit (im Verbrechen absolut gesetzt durch den in Zürich untergetauchten Nazi-Arzt Emmenberger) und Glauben (zu dem der todkranke Bärlach nicht mehr fähig ist) nur noch notdürftig verkleidet durch eine als Suspense lesbare kriminalistische Handlung. Bärlach überlebt, weil er ohnehin todgeweiht ist: Seine Krankheit ist eine Art Kantsche Burg der Autonomie gegen die drohende Folterung durch Emmenberger, diesen Dürrenmattschen Dr. Caligari. Wenig verwunderlich, daß *Der Verdacht* nicht mehr annähernd den Erfolg von Dürrenmatts Kriminalroman-Erstling erreichte.

Ist auch Bärlach »ein gefährlicher Bursche, der sich auf den Tod hin angelegt hat« (Dürrenmatt über seinen Romulus), ist der Kriminalist von Dürrenmatts drittem und vielschichtigstem Kriminalroman, Kommissär Matthäi, eine tragikomische Figur: Er glaubt an die richtige Hypothese, aber ein zufälliger Verkehrsunfall verhindert, daß er diese auch durch die Verhaftung des Täters bestätigt sieht. Er wird irre an seinem Verstand und die Geschichte, die im Untertitel nicht von ungefähr ›Requiem auf den Kriminalroman‹ heißt, zu einer Parabel über das Scheitern der Ratio an der mit dieser inkommensurablen Welt. Entstanden im Auftrag des Filmproduzenten Lazar Wechsler, war die Wendung, welche die Handlung im Drehbuch von *Es geschah am hellichten Tag* nimmt, ein Zugeständnis an das (schein-)pädagogische Ziel des Films: vor Sexualverbrechen an Kindern zu warnen und den Täter zu überführen. Im Roman aber, und das hat Dürrenmatt von Anbeginn und vordringlich interessiert, wartet am Ende der im Alkohol verblödete einst brillante Kriminalist auf den längst gestorbenen Lustmörder wie auf einen umgekehrten Messias (»ich warte, ich warte, er wird kommen, er wird kommen«). Das ist nicht nur der Bankrott eines Glaubens (an die eigene Vernunft und die Begreifbarkeit der Welt). Der Kommandant der Zürcher Kantonspolizei, in der Fassung des Romans der Erzähler des Falls, formuliert mit Dürrenmatts Kritik am Film-Schluß Grundsätzlichstes. In der Überführung des Mörders »erfüllt sich die Hoffnung, triumphiert der Glaube, womit die Erzählung für die christliche Welt doch noch annehmbar wird«. Im Klartext: Die Geschichte will nicht weniger zeigen als den Bankrott des Glaubens überhaupt, auch Matthäi ist ein Don Quixote des Glaubens. Zudem wird für einen, dem die Wirklichkeit »die Unwahrscheinlichkeit [ist], die eingetreten ist« (die Formel findet sich erst in den *Sätzen über das Theater* von 1970, aber die Metaphysik des Zufalls beschäftigte Dürrenmatt schon in den fünfziger Jahren), der Kriminalroman zu einer Elegie auf die Aufklärung. Kriminalromane gegen den Strich sind schon die beiden Bärlach-Romane (womit nicht gesagt sein soll, Dürrenmatt habe den Anti-Kriminalroman und den scheiternden Detektiv erfunden: der hat in der angelsächsischen Literatur dieses Jahrhunderts eine eigene, lange Geschichte). *Das Versprechen* aber ist tatsächlich ein ›Requiem‹.

Vollends sprengte Dürrenmatt die Gattung mit *Justiz*, ursprünglich einer der Pläne, die er Wechsler zur Zeit des *Versprechens*, wie er sagt, »vorgeflunkert« hatte. Er ließ das Fragment lange liegen und nahm es erst 1985 wieder auf, auf Betreiben seines Verlegers und seiner zweiten Frau; den Bruch zum alten Plan nutzte er als dramaturgischen Kniff, der Roman ist so etwas wie eine literarische Übermalung. Der scheiternde

JETZT

EIN KRIMINALROMAN

Investigator, auch er endet im Suff, heißt hier Spät und ist ein junger Anwalt, der sich fatalerweise auf einen Auftrag einläßt, wie er, scheinbar, sinnloser nicht sein könnte: Ein Politiker, der vor aller Augen im Restaurant einen Professor erschossen hat, will, daß der Fall unter der Annahme neu untersucht wird, er sei nicht der Mörder. Wie Bärlach, wie Matthäi stürzt der junge Anwalt in den Abgrund, der zwischen der Justiz (dem Recht) und der Gerechtigkeit gähnt. Was Dürrenmatt in einem verworfenen oder zurückgestellten Passus der *Stoffe* ausführt, verdient deshalb das ausführliche Zitat, weil es das thematische Kraftfeld definiert, in dem sich all seine Kriminalromane abspielen (und nicht nur die). Auch in *Justiz*, schreibt er, »lassen sich unschwer die Beziehungen zum *Aufenthalt in einer kleinen Stadt* [einem anderen Fragment gebliebenen Stoff], aber auch zu dem 1958 veröffentlichten Roman *Das Versprechen* erkennen: In allen drei Stoffen wird die Justiz irregeführt und führt die Gerechtigkeit ad absurdum, aus dieser Perspektive gesehen, gehören sie auch dem Motivkreis der *Alten Dame* an. Das Motiv ›Schuld‹ kann dialektisch von verschiedenen Seiten aus gesehen werden. Die Schuld ist etwas Objektives, eine Tatsache, als solche muß sie feststellbar sein. Sie stellt eine kriminalistische Aufgabe dar, ein Erkenntnisproblem, die Schuld fällt unter das Gesetz der Kausalität, die setzt ein Motiv voraus. Der Schuldige muß wie im klassischen Detektivroman ein Motiv haben; wird dieses Motiv entdeckt, wird auch der Schuldige entlarvt: worauf das Kausalitätsgesetz von neuem einsetzt, war vorher das Motiv die Ursache, die Schuld die Wirkung, wird nun die Schuld (der Schuldige) die Ursache und die Sühne (das Gericht) die Wirkung, diese Kausalkette nennen wir Gerechtigkeit: die Gerechtigkeit stellt die Behauptung auf, auch im Moralischen gebe es eine Kausalität. In allen drei angeführten Stoffen wird nun innerhalb der moralischen Kausalkette experimentiert: Im *Aufenthalt* verübt ein Mann eine Tat ›ohne Motiv‹, im *Versprechen* ist der Täter schon gestorben, so daß zum Motiv vergeblich ein Schuldiger gesucht wird (eine Schuld an sich kann es nicht geben, es braucht einen Schuldigen, an den sich die Schuld klammern kann, durch die Schuld wird der Mensch schuldig), und in *Justiz* experimentiert der Schuldige mit dem Motiv; indem er zwar schuldig ist, aber kein Motiv ausweist, glaubt man zuletzt auch nicht an seine Schuld, dabei liegt das Motiv seiner Tat nicht in der Tat, sondern in der Auswirkung, die seine Tat nach seiner Berechnung haben mußte.«

Auch das letzte aus dem Nachlaß zu Tage geförderte Fragment eines Kriminalromans, *Der Pensionierte*, ist komplexer, als seine Handlung zunächst vermuten läßt. Ein alter Kriminalist namens Höchstettler (ein wiederauferstandener Bärlach) be-

schließt am Tag vor seiner vorzeitigen Pensionierung, jene Täter aufzusuchen, die er während der Jahre bewußt der Gerechtigkeit entzogen hat. Zwischen 1969 und 1979 arbeitete Dürrenmatt gelegentlich an dieser offensichtlichen Parallelaktion zu seinen *Stoffen* (auch sie in übertragenem Sinn die Besichtigung alter Fälle, wenn auch unfreiwillig ungelöster). Höchstettler wechselt die Seiten, er macht gemeinsame Sache mit den dilettantischen Kleinverbrechern, weil er an die großen in den Institutionen nicht herankommt.
So finden wir uns, schauen wir nur etwas genauer hin, bei der Lektüre von Friedrich Dürrenmatts Kriminalromanen in die grundsätzlichsten moralischen und erkenntnistheoretischen Fragen verstrickt. Sie sind alles andere als Nebenwerke, zwar durchaus vom Stimulans motiviert, »Geld zu verdienen«, aber ebenso Dokumente dafür, daß er in der Trivialform listig »das Seine« weiterbetrieben hat. Sie stellen – was wundert uns das bei einem Autor, bei dem, von den Anfängen bis zu den letzten Schriften, alles zusammenhängt – die gleichen Fragen wie *Der Besuch der alten Dame*, *Die Physiker*, die späte Prosa (von Werken wie *Die Panne* und *Abendstunde im Spätherbst* ganz abgesehen). Sie stellen den Leser vor die gleichen unauflösbaren Paradoxe.

Die Ehe des Herrn Mississippi

»Wenn zwei Leute miteinander Kaffee trinken
und sich dabei weltanschaulich unterhalten,
so ergibt das noch keine dramatische Situation.
Aber wenn man weiß,
daß in der einen Tasse Gift ist…«

DREI MÄNNER, DIE DIE WELT ÄNDERN WOLLTEN

Friedrich Dürrenmatt

Dies ist die Geschichte dreier Männer, die die Welt ändern wollten, denn die Ungerechtigkeit und die Unordnung unter den Menschen hatte zugenommen.

Der erste fand in seiner Jugend ein altes Testament in einem Kehrichthaufen.
Der zweite ›Das Kapital‹ von Karl Marx in der Tasche eines ermordeten Zuhälters.

Der erste träumte von der göttlichen Gerechtigkeit, niedergeschrieben im Gesetz Mosis, der zweite sehnte sich danach, auf Erden die menschliche Gerechtigkeit zu errichten, durch die Weltrevolution; während der dritte – wir zeigen den noch zarten Knaben – die Welt durch die Liebe retten wollte. Seine Tante, die Fürstin Amalie, erzog ihn christlich. Er war ein Graf und unermeßlich reich, die beiden anderen waren Gassenjungen und unermeßlich arm. Um die Welt ändern zu können, benötigten sie Geld.

Der erste, kaum erwachsen, arbeitet deshalb als Portier in der flott gehenden und stark besuchten Pension AURORA.
Der zweite als freundlicher Maître de Plaisir, kalter Geschäftsführer und allmächtiger Personalchef.

Eines Morgens war nach dem Besuch des Schwerindustriellen-Verbandes in ihrem Etablissement die Kasse schwer genug, sie brannten mit ihr durch, teilten das Geld, schworen, sich nie wiederzusehen und nahmen Abschied voneinander.

Der Weg, den der dritte wählte, stellte höhere Anforderungen:
Der Graf studierte Medizin und stiftete:
Hier die Stiftung: Das durch Umbauten schon längst verschandelte Schloß seiner Väter ist wieder einmal umgebaut worden. Im Hofe erblicken wir den Stifter, er ist Chefarzt geworden und unterhält sich eben mit geretteten Trinkern.

Doch auch die beiden anderen stiegen empor:
Der erste erhielt den Ehrendoktor der alttestamentarischen Fakultät der Universität Zürich, und den zweiten bewundern wir anläßlich einer Truppenparade in Bukarest.

So wollten alle drei das Gute: der Jurist, der Bolschewist und der Internist... Jeder nach seiner Erkenntnis, doch hatten alle drei das grausame Pech, mit einer Frau zusammenzukommen,

DIE EHE DES HERRN MISSISSIPPI

UA: 26. 3. 1952
Münchner Kammerspiele
Regie: Hans Schweikart
Das Stück bringt F.D. den Durchbruch in Deutschland

EA des Films:
Berliner Filmfestspiele, 1961
Drehbuch: F.D.
Regie: Kurt Hoffmann

die weder zu ändern noch zu retten war, weil sie nichts als den Augenblick liebte, so daß sich denn dieser Film ebensogut nennen könnte: ANASTASIA UND IHRE LIEBHABER.

Übrigens, auch das ist nicht unwichtig: Da sich unsere Geschichte beinahe überall ereignen könnte, lassen wir sie am liebsten gleich in Europa-City spielen…

Off-Kommentar zu Anfang des Films *Die Ehe des Herrn Mississippi,* 1961

Florestan Mississippi, von Beruf Staatsanwalt, erscheint bei einer Dame namens Anastasia zu Besuch und überführt sie, während er mit ihr Kaffee trinkt, des Giftmordes an ihrem Gatten. Zugleich bittet er sie um ihre Hand, da auch er seine Frau mit Gift getötet hat; die Ehe soll die ›Sühne‹ der beiden Giftmörder sein. Die vier allegorischen Personifizierungen in dieser Komödie sind neben der lieblosen, absoluten Gerechtigkeit in der Gestalt des Staatsanwaltes Mississippi die vollkommene Gleichheit, repräsentiert in dem Weltrevolutionär Saint-Claude, die christliche Liebe, verkörpert in dem heruntergekommenen, trunksüchtigen Tropenarzt Graf Übelohe-Zabernsee, und schließlich die ›Frau Welt‹ des alten Mysterienspiels – Anastasia, die jedem anheimfällt und jeden verrät, nichts als den Augenblick liebt und mit einer beschworenen Unwahrheit auf den Lippen stirbt.

Szenenbild aus dem Spielfilm *Die Ehe des Herrn Mississippi,* 1961:

O.E. Hasse als Generalstaatsanwalt Florestan Mississippi und Johanna von Koczian als Anastasia

DÜRRENMATT UND DER FILM

Peter Wyrsch

»Der Film ist nichts anderes als die demokratische Form des Hoftheaters. Er steigert die Intimität ins Unermeßliche, so sehr, daß er Gefahr läuft, die eigentliche pornographische Kunst zu werden, die den Zuschauer in die Situation des ›Voyeurs‹ zwingt. Und die Beliebtheit der Filmstars liegt nur darin, daß jeder, der sie auf der Leinwand sah, auch das Gefühl hat, schon mit ihnen geschlafen zu haben, so gut werden sie fotografiert. Eine Großaufnahme ist an sich unanständig.«

Der Autor dieser Thesen, die er im Büchlein *Theaterprobleme* verkündet, hat bisher zwei Filmstories, *Es geschah am hellichten Tag* und *Die Ehe des Herrn Mississippi,* geschrieben und die Rechte einer Theaterkomödie, *Der Besuch der alten Dame,* an die Fox-Film nach Amerika verkauft.

»Ich lud ihn 1957 zu einer Besprechung ein«, erzählt Lazar Wechsler, das Oberhaupt der Praesens-Film, »und fragte ihn, ob er geneigt wäre, eine Story über das Thema ›Sittlichkeitsverbrechen an Kindern‹ zu schreiben. Er begann sogleich zu fabulieren, entwarf eine überzeugende Geschichte, und das Merkwürdige war, daß die endgültige Fassung, die er in erstaunlich kurzer Zeit ablieferte, fast genau den Gedanken folgte, die er in den ersten Minuten des Gesprächs entwickelt hatte.« [Der Film hieß später *Es geschah am hellichten Tag,* mit Heinz Rühmann in der Hauptrolle, Regie: Ladislao Vajda, Premiere Juli 1958]

Es war atemberaubend, wie schnell er sich auf dem Gebiet des Films zurechtfand. Seine Kollegialität während der Filmarbeit war beispielhaft. Wenn Änderungen notwendig waren, entwarf er sie an Ort und Stelle, und über Nacht lagen die neuen Szenen fertig vor. An der Story des zweiten Films arbeitete er monatelang. Er arbeitet heute noch daran, und vielleicht wird er sogar einmal damit fertig. Sie würde uns brennend interessieren. [Aus diesem Stoff wurde 1985 der Roman *Justiz* und 1993 der gleichnamige Film.]

Nach den ersten sechs Monaten gestand er, innert nützlicher Frist damit nicht zu Ende zu kommen. Wir hatten den ganzen Apparat, Regie und Schauspieler, ein erstklassiges Ensemble, bereits fest engagiert und waren verpflichtet zu bezahlen. Dürrenmatt schlug uns in höchster Not vor, an Stelle des vorgesehenen Themas sein Bühnenstück *Die Ehe des Herrn Mississippi* zu verfilmen. Er versprach, es in kürzester Zeit für den Film umzuschreiben, und er hielt Wort. Das größte Wunder aber war, daß sich das für einen völlig anderen Film angeheuerte Ensemble praktisch ohne Änderung für den *Mississippi* eignete, ja geradezu ideal dazu paßte. Eine typische dürrenmattsche Be-

Szenenbilder aus dem Spielfilm *Die Ehe des Herrn Mississippi,* 1961:

O.E. Hasse als Generalstaatsanwalt Florestan Mississippi

Martin Held als Revolutionär Frédéric René Saint-Claude und Johanna von Koczian als Anastasia.

Als 1961 sozusagen aus dem Stand der *Mississippi* verfilmt wurde, zog F.D. Hans Schweikart als Mitarbeiter zu. (Schweikart brachte das Theaterstück 1952 in München zur Uraufführung.) Dürrenmatt hatte Lazar Wechsler einen Stoff erzählt, ging dann nach Paris zur französischen Erstaufführung des *Mississippi*, und als er zurückkam, erfuhr er von Wechsler: »Ich habe jetzt alle engagiert, wir können anfangen mit dem Film, Hoffmann als Regisseur, O.E. Hasse, die Koczian, den Felmy, Charles Regnier, Karl Lieffen, Max Hauffler.« »Nur mein Buch fehlte. Was ich Wechsler erzählt hatte, war ein Stoff, und ein Stoff ist für mich grundsätzlich nur interessant, wenn ich nicht weiß, wie ich ihn bewältige.« (In Wahrheit kam er damit erst dreißig Jahre später an ein Ende: Es handelte sich um die Geschichte von *Justiz*.) »Dann überlegte ich, ob ich nicht eine fertige Sache für diese Schauspieler hatte, und tatsächlich, *Mississippi* ließ sich machen, wenn auch Felmy keine Idealbesetzung für den Übelohe war. Ich kriegte also eine Suite im ›Vier Jahreszeiten‹, schrieb das Drehbuch, abends kam der Schweikart, ich las ihm vor, was ich tagsüber geschrieben hatte, wir waren noch an der Arbeit, als die schon drehten, Schweikart trank hauptsächlich Underberg, kassierte 30 000 DM und teilte mir bei der Vorführung im Studio mit: ›Ich hab's ja immer gesagt, das ist kein Filmstoff.‹ Es wurde ein ganz lustiger Film, wenn auch fürchterlich in der Ausstattung.«

Peter Rüedi in ›Die Weltwoche‹, Zürich, 31.1.1991

gebenheit ereignete sich, als der zweite Film fertiggedreht in der Montage lag. Der Regisseur Kurt Hoffmann und der Produktionsleiter Max Dora hatten zusammen mit dem Autor in mühseliger Arbeit die zahlreichen Kommentare zum *Mississippi*-Film durchgeackert. Der Autor nahm sämtliche Akten zwecks letzter Bearbeitung mit nach Hause und – ließ sie im Eisenbahnzug liegen. Sie wurden zusammen mit den übrigen Papieren auf Nimmerwiedersehen weggeräumt. Die Premiere war bereits angesagt, die Künstler dazu aufgeboten! Dürrenmatt setzte sich hin und rekonstruierte den Kommentar aus dem Gedächtnis, und zwar Wort für Wort in drei Tagen. Eine kleine Katastrophe war abgewendet. *Der Besuch der alten Dame* hätten wir gerne gedreht, da aber die Amerikaner die Hand ausgestreckt hatten, kam uns der Stoff zu teuer.

»Mit dem Film *Der Besuch der alten Dame* will ich nichts mehr zu tun haben«, kommentiert F.D. diese betrübliche Angelegenheit. »Die Amerikaner werden den Schluß ändern. Ein Mord darf nicht ungesühnt bleiben. Das wäre unmoralisch. Nunmehr wird Ill nicht sterben. Die alte Dame wird das rechtzeitig verhindern, und die beiden werden heiraten. Glücklicherweise bin ich nicht verpflichtet, den Film anzusehen. Möglicherweise wird Bernhard Wicki ihn drehen. [Regisseur Anatole] Litvak interessiert sich für *Die Physiker,* Hitchcock für den *Verdacht.* [Filmproduzent Darryl F.] Zanuck [siehe S. 86] wollte mich nach London kommen lassen, ich sollte die Story des *Cleopatra*-Films schreiben, der nun eben mit Elizabeth Taylor zu Ende gedreht worden ist. Ich telefonierte ab, da mich der Stoff nicht interessierte und ich überdies in jenem Zeitpunkt nicht ›schnell nach London fliegen‹ wollte. Meine Erfahrungen mit dem Film sind teilweise schmerzlicher Natur. Es reden zu viele Leute in die Sache. Dauernd pressiert es. Wie das Theaterstück bekommt man den Film nie in die Hand. Ich bin übrigens Aktionär der Praesens. Ich erhielt einen Teil meines Honorars in Aktien ausbezahlt. Eigentlich wollte ich sie sofort veräußern, da sich aber niemand um sie riß, schon gar nicht um den Preis, den ich hätte haben sollen, behielt ich sie...«

Aus: Peter Wyrsch, *Die Dürrenmatt-Story*, ›Schweizer Illustrierte Zeitung‹, Zürich und Zofingen, 22.3.1963

Dürrenmatts *Ehe des Herrn Mississippi* löste bei den Kritikern der Berliner Filmfestspiele eine eifrige, allerdings von Mißverständnissen und Ahnungslosigkeit gespickte Diskussion aus. Dürrenmatts satirische Tragikomödie der Politik wurde von den einen als niederträchtige Wegbereiterin des Kommunismus angeprangert oder zumindest als eine in der ›Frontstadt‹ Berlin nicht statthafte Verballhornung der Demokratie denunziert. Von den anderen – den Literaten unter den Kritikern –, die dem Schweizer Schriftsteller die Reverenz nicht versagen wollten, wurde der deutsche Regisseur Kurt Hoffmann aufs Korn genommen, wobei man ihm zur Last legte, bei der Inszenierung die Gewichte verlagert, keinen einheitlichen Stil gefunden und Dürrenmatts Aussage verdünnt zu haben. Das eine trifft nun allerdings so wenig zu wie das andere.

›Neue Zürcher Zeitung‹, 8.7.1961

Am vergangenen Donnerstagvormittag fand vor der Pauluskirche in Zürich-Oberstraß, sozusagen unter dem Patronat der Stadtpolizei und der städtischen Feuerwehr, eine Revolution statt. Ringsum waren die Straßen gesperrt. Auf der Kreuzung der Milchbuck- mit der Scheuchzerstraße stand querüber ein alter Autobus der Zürcher Verkehrsbetriebe, und davor präsentierte ein Privatwagen seine rostige Unterseite. Geborstene Backsteine lagen auf dem sonst so ordentlichen Straßenpflaster, rostiges Drahtgitter sperrte die Passage. Zur Erhöhung des kriegerischen Effektes stand ein demolierter Luxuswagen am Straßenrand. Aus seinem Innern schlugen blakende, glutrote Flammen, und schwarze Rauchwolken stiegen zum nebligen Himmel. Nun stürmten junge Leute, mit roten Halstüchern und wehenden Mänteln angetan, sowie eine wild aussehende Soldateska, die Sturmgewehre im Anschlag, schreiend und gestikulierend die Treppe der Pauluskirche hinunter, am Chauffeur des Luxuswagens vorbei, der auf der Stufe saß und sich vor seinem Auftritt von kundiger Hand mit dem Schminkstift eine klaffende Kopfwunde erneuern ließ.

Über die Zürcher Dreharbeiten des Films *Die Ehe des Herrn Mississippi*, ›Die Tat‹, Zürich, 26.2.1961

Szenenbilder aus dem Spielfilm *Die Ehe des Herrn Mississippi*, 1961:

Hansjörg Felmy als Armenarzt Graf Bodo von Übelohe-Zabernsee

O.E. Hasse als Generalstaatsanwalt Florestan Mississippi und Charles Regnier als Justizminister Sir Thomas Jones

Der Film *Die Ehe des Herrn Mississippi* hat einen anderen Hintergrund bekommen als das Theaterstück, aus einer vielleicht mehr religiös bestimmten Komödie wurde eine politische Farce. Ich halte dies für keinen Verrat, sondern eine Notwendigkeit, die der Film als Medium erzwingt. Wir sollten hier überhaupt nicht zimperlich sein: Schon Bach hat eine Arie der Wollust in eine seiner schönsten religiösen Arien umgewandelt. Zur Kunst des Erfindens kommt immer wieder die Lust des Variierens. Im Film *Mississippi* habe ich ein eigenes Thema variiert. Übrigens ging ich hier von einer Theaterfassung aus, die bis jetzt nur in Französisch existiert und die ebenfalls von mir stammt, die ich in Paris mit Georges Vitaly zusammen und mit dem Regisseur für das Théâtre La Bruyère herstellte.

Horst Bienek, *Werkstattgespräch mit Friedrich Dürrenmatt*, ›Neue Zürcher Zeitung‹, 11. 3. 1962

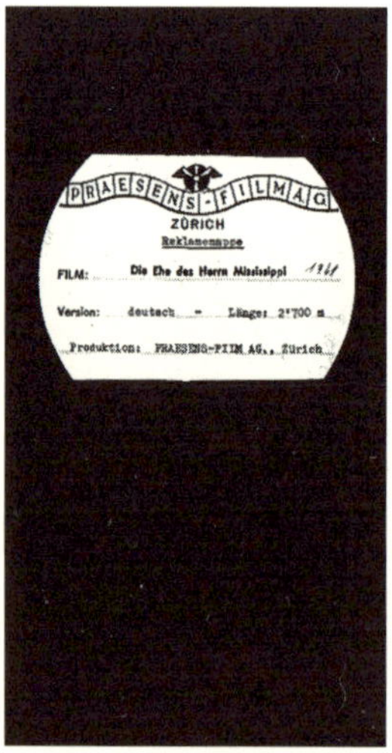

GIFT IN DER KAFFEETASSE

Siegfried M. Pistorius

»Ich kann keine Filme schreiben«, sagt Dürrenmatt, »aber den Stoff dafür liefern. Der große Film ist immer das Geschöpf der Regie. Ich denke außerdem weder an den Verleger noch an das Theater, auch nicht an Television oder gar an die Leinwand, wenn ich mich an den Schreibtisch setze. Ich denke an die Geschichte. Ich gehe auch nie von einem Problem aus, denn die Probleme ergeben sich aus der Handlung. Die Lust des Autors ist, etwas darzustellen!«

Dürrenmatt hat es nicht versäumt, sich mit dem Film als modernem Kunstmittel unserer Zeit auseinanderzusetzen. »Die Höfe gingen«, sagte er in heftiger Diskussion, »aber das Hoftheater blieb. Seine demokratische Form ist der Film. Was vom Theater geblieben ist, scheint mir Museum und Experimentieranstalt zu sein. Die Schauspieler sind Darstellungsbeamte, die Regisseure Gastprofessoren geworden, die in musealen Stadttheatern dozieren. Etikettierte Kompottgläser werden auf den Bühnen serviert.« Doch wenn man ihn fragt, wie man es machen sollte, dann erhält man zur Antwort: »Wir Heutigen haben es verteufelt schwer. Es gibt keinen einheitlichen Stil mehr, und die Stoffe sind abgegrast. Die Autoren flüchten in das Wort, obwohl sie, wenn auch müde, immer wieder nach dem Stoff suchen sollten.«

»Der Film« – das betont Dürrenmatt – »hat heute eine Rolle übernommen, die früher das Theater spielte. Ich glaube, daß man zu Zeiten Nestroys oder Shakespeares nicht ins Theater ging, um Literatur zu sehen, sondern weil man sich amüsieren wollte. Erst heute hat sich die dramatische Kunst geteilt in Bildungstheater und Zerstreuungsindustrie. Man zerstreut sich im Kino und bildet sich durch die Bühne.« Der Film aber – bekennt Dürrenmatt – sei nicht das Medium des Dramatikers. Denn er arbeite am Film etwa so mit, wie ein Librettist für den Komponisten. »Und der Komponist des Films ist der Regisseur!« [...]

Dürrenmatt ist kein Programmschriftsteller, im Gegenteil, er ist ein ›absoluter‹ Schreiber. Es geht ihm immer darum, zu untersuchen, was man mit und aus einem bestimmten Stoff machen kann. »Wenn zwei Leute miteinander Kaffee trinken und sich dabei weltanschaulich unterhalten, so ergibt das noch keine dramatische Situation. Aber wenn man weiß, daß in der einen Tasse Gift ist ... «

Aus dem Publicity-Heft zum Film *Die Ehe des Herrn Mississippi*, Hamburg, 1961

EIN FILM VON KURT HOFFMANN
Die Ehe
O. E. HASSE
JOHANNA VON KOCZIAN
des Herrn
MARTIN HELD
CHARLES REGNIER
HANSJÖRG FELMY
Mississippi
Drehbuch:
Friedrich Dürrenmatt
Hans Schweikart
Musik:
Hans-Martin Majewski
Kamera:
Sven Nykvist
Herstellungsleitung:
Max Dora
Produktion:
CCC/Praesens-Film
Weltvertrieb:
UFA-INTERNATIONAL
BUCH: FRIEDRICH DÜRRENMATT
VERLEIH: UFA FILM HANSA

DIE DÜRRENMATTSCHEN IDEALISTEN MIT DEN BLUTIGEN HÄNDEN

Hervé Dumont

Das Drehbuch zu *Die Ehe des Herrn Mississippi* muß als originärer Kinobeitrag Dürrenmatts betrachtet werden, als Variation auf ein früher entwickeltes Thema. [...]

Der Sinn seines Werkes (Version 1957) hat sich nicht wirklich verändert: Dürrenmatt charakterisiert es als »ein schmerzliches Stück mit der Erkenntnis, daß es immer wieder Idealpolitiker geben wird, weil es Realpolitik gibt –, und daß die Idealpolitiker immer wieder den Realpolitikern den Sieg ermöglichen«. Im Drehbuch ist die Dimension des Grand-Guignol, die das Stück hat, verschwunden, während sich die Tendenz zur politischen Satire verstärkt, einer ätzenden Satire der Täuschungen und des Schwindels unserer sozialen ›Ordnung‹. Zwei gefährliche ›Idealisten‹ (sie nennen sich die letzten Moralisten unserer Zeit) rivalisieren miteinander, um »die Welt zu verändern«; der eine ist der blutige Staatsanwalt Mississippi, ein Gerechtigkeits-Fanatiker, jüngstverheiratet und reif fürs Irrenhaus, der andere der marxistische Erneuerer Saint-Claude, der von seinen eigenen Leuten ›liquidiert‹ wird. Der eine hat sich der Bibel verschrieben, der andere dem *Kapital.* Der symbolische Ort der Handlung: das Boudoir Frau Mississippis, wo sich auch der bedauernswerte Graf Bodo aufhält, der fahrende Ritter der christlichen Nächstenliebe: er endet im selbstgegründeten Armenheim. Einzige Gewinner in diesem makaberen Reigen sind der Justizminister, weil er ohne das geringste Ideal auskommt, und seine Mätresse, die Nymphomanin Anastasia (eine Geistesverwandte von Lulu), eine Mörderin, in deren Armen wirklichkeitsfremde Männer zerbrechen. »Hier hat die Freiheit verspielt und im Osten die Gerechtigkeit. Hier ist das Christentum eine Farce geworden, im Osten der Kommunismus: beide Teile haben sich selbst verraten«, verkündet Dürrenmatt durch den Mund seiner Marionetten. Auf dem Weg von der Bühne zur Leinwand ist die pessimistische Vision des Schriftstellers noch schwärzer geworden: auf der Bühne beschließt der zaghafte Liebhaber Bodo die Tragikkomödie, ist die Hoffnung auf eine übernatürliche Gnade noch möglich. Im Film ist die Welt durch die Linearität der auf die alleinige Machtübernahme ausgerichteten Handlung, die im übrigen von einem geschwätzigen Verrückten kommentiert wird, dem Untergang ohne Wenn und Aber geweiht. Das große Sterben, das das Stück beschließt (die Vergiftung von Herrn und Frau Mississippi) wird überflüssig, weil das Heim oder die Anstalt genügt, jene auszuschalten, die noch an politische Ideale glauben. Die verbissenen Idealisten scheitern angesichts der Unbeweglichkeit einer Welt, die (wie

Anastasia) weder geändert noch gerettet, sondern bloß beherrscht sein will.

Lazar Wechsler beweist zweifellos Mut, als er seine restlichen Mittel mit einem abstrakten und in den Augen des großen Publikums ›unerfreulichen‹ Stoff aufs Spiel setzt. Der Produzent rechnet mit der Berühmtheit Dürrenmatts, mit einer außergewöhnlichen Besetzungsliste – selbst für die BRD – und mit der Begabung des damals überschätzten Kurt Hoffmann, dem Regisseur von *Wir Wunderkinder* (1958), einer bösen Satire auf die Adenauer-Ära mit ihren im Wirtschaftswunder wiederaufgestiegenen alten Nazis.

Nachdem der leutselige und aufs Dekorative eingestellte Hoffmann (*1910 Freiburg i.Br.) zwanzig Jahre lang mehr oder minder erfrischende Komödien gedreht hat, wendet er sich nun einem anspruchsvollen literarischen Stoff zu, der aber augenscheinlich zu hoch für ihn ist. Die parodistische Rhetorik Dürrenmatts ist ihm fremd; er findet keine Entsprechung für den provokativen Geschmack an der Ungeheuerlichkeit, für die apokalyptischen Scherze.[...]

Der Versuch gelingt nur halb. Als *Die Ehe des Herrn Mississippi* 1961 die Berlinale eröffnet, ruft er viele Feinde aus der politischen Ecke (der Film wird als ›kommunistisch‹ verschrien!), der Kirche und gewisse ›literarische‹ Kreise auf den Plan. Die Kritik attestiert aber, daß der Film im ganzen »mehr Profil und vor allem mehr Zunder und mehr Pep (hat) als alles, was sonst an deutschsprachigen Produktionen im Augenblick unterwegs ist«. (›Stuttgarter Zeitung‹, 28.7.1961) Merkwürdigerweise gab ihr das Publikum recht, aber die Produktionskosten waren derartig hoch (über 2 Millionen Franken, wovon 80 000 für die Gagen von 8 Schauspielern), daß die sehr beachtlichen Einspielergebnisse des Films nicht ausreichen, um die erneut defizitäre Bilanz der Praesens auszugleichen. Das Produktionshaus muß sich mit dem Preis der Stadt Zürich und mit dem ›Trofeo Olivo d'Oro‹ des Festivals von Bordighera (1963) begnügen.

Aus: Hervé Dumont, *Geschichte des Schweizer Films*, Lausanne, Cinémathèque Suisse und Hervé Dumont 1987, S. 532f.

Ein Engel kommt nach Babylon

»Der Mächtige in dieser Welt
greift nach dem, was ihm gefällt,
bald ist es dein Weib, bald ist es dein Haus,
und nur, was er verachtet,
läßt er unberührt…«

DER ENGEL HAT RECHT
Friedrich Dürrenmatt

Meine Komödie versucht den Grund anzugeben, weshalb es in Babylon zum Turmbau kam, der Sage nach zu einem der grandiosesten, wenn auch unsinnigsten Unternehmen der Menschheit; um so wichtiger, da wir uns heute in ähnliche Unternehmen verstrickt sehen.
Es geht um eine Welt, die am Ende tragisch verunglückt, ins Gigantische rennt, versteint, durchaus aus eigener Schuld, um eine Welt, die wir hier zwar auf die Bühne bauen, die wir hier zusammenflunkern, die aber erst nicht viel anders war als alle andern menschlichen Welten und Reiche, die ihre Könige, ihre Minister, ihre Theologen, ihre Bankiers, ihre Arbeiter, ihre Dichter und Bettler aufwies und schließlich doch etwas Unsinniges, Auswegloses wurde. Sie verspielte ihre Gnade, die ein Engel brachte. Wie sie ihr Glück, ihre Möglichkeit verspielte, ist der Inhalt der Komödie; nur eines Teils der Komödie, sei hier verbessert, denn dem gnadenlosen Menschen steht ja stets auch der begnadete gegenüber. Vergessen wir das nie. Immer noch hat der Engel recht, immer noch ist die Erde das Wunder. Der Engel mag uns weltfremd scheinen, ich glaube jedoch, daß jene weltfremder, blinder sind, welche die Welt nur als Verzweiflung sehen. Die Erde hängt nicht im Nichts, sie ist ein Teil der Schöpfung. Das ist ein Unterschied.
Meine Gedanken, meine Träume kreisten jahrelang um dieses Motiv, ich beschäftigte mich schon in meiner Jugend damit, stand doch in der Bibliothek meines Vaters ein blau-weißer Band der Monographien zur Weltgeschichte, Ninive und Babylon. Es ist schwer, Träume zu gestalten. Ich hatte nie im Sinn, eine versunkene Welt zu beschwören, es lockte mich, aus Eindrücken eine eigene Welt zu bauen.

Aus: *Anmerkung zu ›Ein Engel kommt nach Babylon‹*, WA, Bd. 4, S. 127

EIN ENGEL KOMMT NACH BABYLON

UA: 26.12.1953
Münchner Kammerspiele
Regie: Hans Schweikart

EA der Fernsehinszenierung:
18.11.1964 ARD (HR)
Regie: William Dieterle
Aufzeichnung einer Inszenierung der Bad Hersfelder Freilichtspiele, 1963

Das Mädchen Kurrubi wird von Gott auf die Erde gesandt, um als Trost und Verheißung dem allerärmsten unter den Menschen anzugehören. Im alten Babylon gerät sie in den Wettstreit zwischen König Nebukadnezar und dem weisen Bettler Akki. Der König will in seinem Staat die Bettler abschaffen, er will sie alle zu Steuerbeamten und damit zu unfreien Staatsdienern machen. Akki verteidigt mit List und Tücke die Freiheit seines Bettlerdaseins. Sein Betteln ist ein Protest gegen den Überfluß, von dem er die Reichen des Landes befreit. Kurrubi liebt den als Bettler verkleideten Nebukadnezar, aber der König ist derart verrannt in seinen Wahn nach Macht und Besitz, daß er die Gottesgabe immer wieder verspielt. Der Engel ist Akki bestimmt, da er Kurrubi nicht als Recht beansprucht, sondern sie demütig als Geschenk annimmt: »Ich habe kein Recht auf dich. Zufällig tauschte ich dich ein, ein Stück Himmel blieb an mir haften, ein Faden nur seiner Gnade, schwerelos und heiter, und nun trägt ein Windstoß dich weiter.«

Aus: *Reclams Schauspielführer,* Stuttgart, Reclam Verlag 1993

Szenenbilder aus der Fernsehinszenierung *Ein Engel kommt nach Babylon*, 1964:

Udo Vioff als Nebukadnezar, König von Babylon, u.a.

Hans Dieter Zeidler als Akki

Miriam Spoerri als das Mädchen Kurrubi und Udo Vioff als Nebukadnezar

WAS BLEIBT, STIFTE ICH DEN DICHTERN

Friedrich Dürrenmatt

Ein Engel kommt nach Babylon ist ein linear geschriebenes, ein gradliniges und bewußt gebautes Theaterstück. Ich glaube, es ist nötig, daß ich dies einmal ausspreche. Ich lasse mich in der Kunst weder behaften noch verhaften. Schrieb ich den *Mississippi* bewußt ins Blaue, so handelt es sich hier um ein ganz anderes Unternehmen. Gewiß geht es auch hier darum, eine Theaterwelt zu bauen, aber es geht um eine in sich geschlossene Theaterwelt. Ich sage dies nocheinmal: Es ist nicht wahr, daß das Stück aus lauter Anspielungen auf ich weiß nicht was alles bestehe, es besitzt fast keine Anspielungen, und sind welche da, so haben sie einen ganz anderen Sinn: Sie sind gewissermaßen nur zufällig möglich gewesen. Ein Zitat jedoch ist bewußt hineingekommen: Ich will es lieber gleich gestehen. Das Wort Akkis »Was bleibt, stifte ich den Dichtern«. Ich hatte es gestrichen, doch als ich Rudolf Hagelstange im Radio einen Vortrag über das gleiche, aber unvariierte Zitat sprechen hörte, setzte ich es wieder hinein. Ganz kurz will ich auf einige Gestalten eingehen: Mit dem Bettler Akki ist der reiche, phantasievolle, begnadete Mensch gemeint, den es immer wieder gibt, mit Nebukadnezar der arme Mensch, den es immer wieder gibt. Es ist mir ungemütlich zu Mute, wenn ich dies ausspreche, denn für mich ist Akki nun eben zuerst Akki und nichts weiter und Nebukadnezar Nebukadnezar und nichts weiter.

Ein Engel kommt nach Babylon ist vielleicht ein Gleichnis, das mag stimmen; aber keine Allegorie. Es ist vorallem die Geschichte vom reichen Bettler und vom armen König, die Geschichte von einer Verwechslung, die einem Engel passiert. Man nehme sie zuerst als Geschichte, dann können wir ja weiter darüber reden. Es ist die Gestalt eines Denkers, der nun erfahren muß, daß der Himmel nicht nach seinen Ansichten geschaffen ist. Der Himmel ist nicht das Freundliche, das Utnapischtim erhofft. Nur dies sei noch verraten, und dies nur darum, weil noch niemand darauf gekommen ist: Die eigentlich schmerzlichste Figur des Stückes ist Utnapischtim, der Theologe.

Zum Schluß noch etwas zur Sprache: Es handelt sich um ein Prosastück. Die Makamen, die ich darin anwende, sind da, damit das Stück Prosa bleibt. Die Figuren erleiden im *Engel* gewissermaßen Prosa-Schicksale. Die Sprache Nebukadnezars versteint, wird ein Turm, die [Sprache] Akkis mündet in Makamen, er ist der wahre Dichter in diesem Stück. Die Sprache des Engels aber steigert sich ins Hymnische als ein Ausdruck seiner Begeisterung.

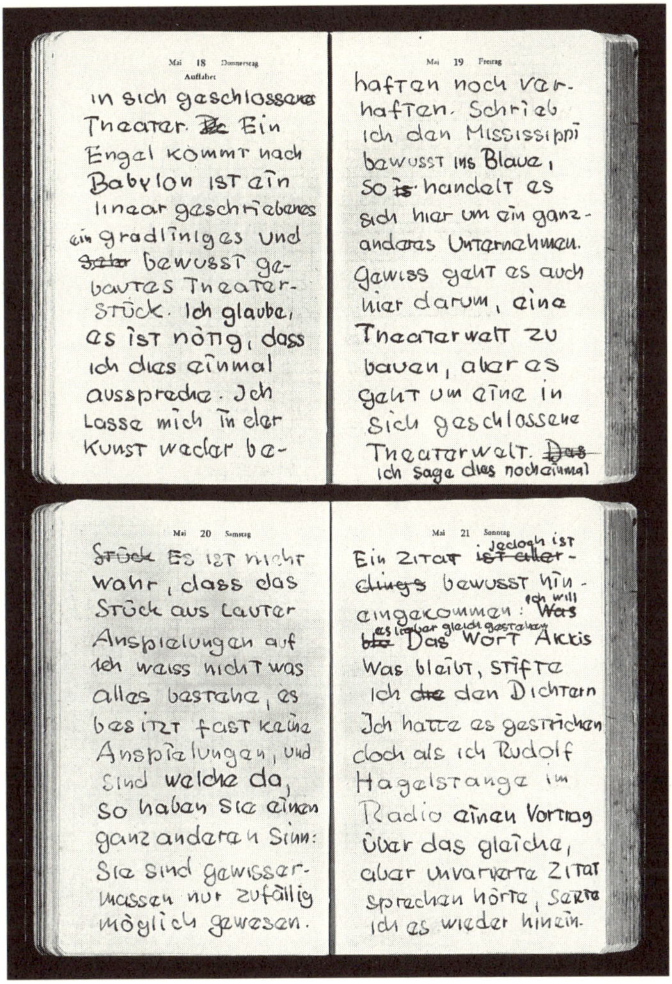

Aus der Einführungsrede F.D.s zu *Ein Engel kommt nach Babylon*, gehalten Ende Januar 1954 an der ETH, Zürich, anläßlich der schweizerischen Erstaufführung des Stücks im Schauspielhaus Zürich, 30. 1. 1954

F.D. schrieb diese Rede in eine alte Agenda aus dem Jahre 1950.

Es wird viele befremden, daß auf den hellen zweiten Akt ein viel düsterer dritter folgt, doch will dies die Logik des Stücks, auf den Akt des begnadeten muß der Akt des armen Menschen folgen.

Auf den Akt, der die Freiheit des Menschen aufzeigen soll, folgt jener, der die Kausalität bloßzulegen versucht, die in der Macht liegt: Und so steht auch einem ständig begeisterteren Engel das Mädchen gegenüber, das er auf die Erde brachte, von Akt zu Akt in größerer Verzweiflung. Dies einige Hinweise auf meine Komödie…

Ein Engel kommt nach Babylon wurde 1963 bei den Bad Hersfelder Freilichtfestspielen von William Dieterle inszeniert. Dieterle, der sich nach ersten Erfolgen als Schauspieler bei Max Reinhardt in Berlin ganz dem Film verschrieb (Marlene Dietrich spielte 1922 in einem seiner ersten Filme, *Menschen am Wege*, die Hauptrolle), folgte in den zwanziger Jahren dem Ruf der Warner Brothers nach Hollywood, um dort deutsche Synchronfassungen amerikanischer Filme zu drehen; aufgrund der politischen Entwicklung in Deutschland drehte Dieterle statt dessen eigenständige amerikanische Produktionen, u.a. *Madame Dubarry* (1934), *Das Leben des Emile Zola* (Oscar-Nominierung 1937) und den weltberühmten *Glöckner von Notre Dame* (1939). Zusammen mit Ernst Lubitsch gründete Dieterle 1938 in Hollywood eine Hilfsorganisation für Emigranten und finanzierte mit Fritz Lang die Übersiedlung Bert Brechts, Helene Weigels und Kurt Weills nach Amerika. Nach über 70 Hollywood-Filmen kam Dieterle 1958 zurück nach Deutschland und zurück ans Theater. 1960 wurde er Leiter der Bad Hersfelder Freilichtspiele, wo er mit großem Erfolg die modernen Dramatiker der Zeit wie Anouilh, Frisch und Dürrenmatt, aber auch Shakespeares *Sommernachtstraum* inszenierte, der fünf Jahre auf dem Spielplan blieb; 1965 verließ er Bad Hersfeld aufgrund von Unstimmigkeiten mit der Stadtverwaltung, die ein Gastspiel aus der DDR um jeden Preis verhindern wollte.

EINE MAKAME DES BETTLERS AKKI

Friedrich Dürrenmatt

Makame:
kunstvolle, alte arabische Stegreifdichtung

Die Welt zu bestehen, muß der Schwache sie erkennen, um nicht blind einen Weg zu gehen, der sich verliert, in eine Gefahr zu rennen, die zum Tode führt. Die Mächtigen sind mächtig; es ist niederträchtig, diese Wahrheit zu mißachten, nach Narrheit zu trachten, die Mächtigen zu besiegen, ohne über Waffen zu verfügen, denen sie unterliegen. Heldentaten sind sinnlos, sie verraten die Ohnmacht des Schwachen, und seine Verzweiflung bringt die Macht nur zum Lachen. Doch hört einen Bettler jetzt, gefoltert, in Fetzen, von Schergen gehetzt: Der Mächtige in dieser Welt greift nach dem, was ihm gefällt, bald ist es dein Weib, bald ist es dein Haus, und nur, was er verachtet, läßt er unberührt: es lerne der Kluge daraus. Der fällt, den verführt, was die Macht begehrt, ja selbst den Weisen tötet die Gewalt, nur wer nichts hat und nichts ist, bleibt unversehrt. Begreife, was man muß, und ziehe den Schluß: Stelle dich dumm, nur so wirst du alt. Von innen greife an. Sei in der Festung schon am Tage des Gerichts. Schleiche dich ein, demütigen Gesichts, als Saufkumpan, als Sklave, Dichter, Schuldenbauer, erniedrige dich, und du brichst jede Mauer. Ertrage Schmach, geh jede Pfade, vergrabe, will's die Zeit, wilde Hoffnung, heiße Liebe, Leid und Gnade, Menschlichkeit, unter einem roten Henkerskleid.

Aus: *Ein Engel kommt nach Babylon*, Zweiter Akt, WA, Bd. 4, S. 85f.

Szenenbilder aus der Fernsehinszenierung *Ein Engel kommt nach Babylon*, 1964:

Udo Vioff als Nebukadnezar, König von Babylon

Udo Vioff und Hans Dieter Zeidler als Akki

Hans Dieter Zeidler und Miriam Spoerri als das Mädchen Kurrubi

Obwohl der monumentale Hintergrund nicht Dürrenmatts Regieanweisungen entspricht, die ein verlottertes und schäbiges Phantasie-Babylon vorschreiben, empfindet man doch das großartige Bauwerk dem Spiel gemäß, denn es unterstreicht und verstärkt seinen grotesken Charakter. Vor der Kulisse der romanischen Kirchenruine, die das Absolute, Göttliche symbolisiert, wird das törichte Handeln der Menschen erst richtig zur Farce.

›Gong‹, München, Nr. 49, 1964

DER MEISTERBETTLER AKKI UND DER TAGELÖHNER GIMMIL

Friedrich Dürrenmatt

Der November verging, den Dezember in Regengüssen heranschwemmend. Dann ein verzweifelter Entschluß, ein Befreiungsakt, Tabula rasa. Zuerst schmiß ich das Büchergestell um, mein anderthalbjähriger Sohn schrie, meine Frau ging mit ihm, mit dem Kinderwagen und der Einkaufstasche den Rebhang hinunter. Noch spüre ich die Erleichterung, als ich das Fragment samt den Skizzen im Holzherd verbrannte; Hunderte von Blättern flammten auf, krümelten im Feuer zusammen; ich stocherte mit dem Feuerhaken, schob die Manuskripte auseinander, das Papier wurde zu Asche, das Feuer erlosch; und als meine Frau zurückkehrte, sagte sie ruhig: Schreib etwas anderes. Ich war erlöst. Nur durch Zufall fand ich später einiges, lückenhaft, ich bringe nicht mehr zusammen, was ich damals schrieb. Ich erinnere mich nur ungefähr. Eine Szene wollte ich zwar schreiben, doch blieb sie eine Episode, die ich halb geschrieben liegenließ, seltsamerweise erinnere ich mich jetzt an sie, während die meisten Passagen, die ich damals schrieb, immer wieder, mit unzähligen Änderungen, vergessen sind; ich könnte sie nicht erzählen. Die halb geschriebene Episode handelte von Nimrod (der im *Engel kommt nach Babylon* als Bruder Nebukadnezars vorkommt, als dessen wechselnder Vorgänger und Nachfolger auf dem babylonischen Thron, in einer Komödie, die ich 1953 schrieb, fünf Jahre später, indem ich sie aus dem verbrannten ersten Akt des *Turmbaus* entwickelte, aus Entwürfen, die dem Feuer entgingen, in der Absicht – auch sie ist nie zustande gekommen – den *Turmbau* als Trilogie zu schreiben). Im ersten Entwurf jedoch, damals im kleinen Winzerdorf, den ich nicht mehr weiterschrieb, weil er im Riesenbau keinen Platz fand, war Nimrod der ewige Rebell, der Verneiner des babylonischen Gesellschaftssystems, den die Polizei jahrhundertelang sucht und nie findet (in Babylon werden Menschen mehrere hundert Jahre alt). Auch noch ein anderer macht sich auf die jahrhundertelange Suche, Nimrod aufzutreiben und der Polizei auszuliefern: der Tagelöhner Gimmil (auch dessen Name findet sich im *Engel* wieder), um dessentwillen Nimrod zum Revolutionär wurde, weil Nimrod Zeuge gewesen war, wie der Tagelöhner in Urzeiten einer Lappalie wegen von seinem Arbeitgeber ausgepeitscht wurde. Seitdem will Nimrod das kapitalistische Wirtschaftssystem stürzen und eine kommunistische Weltordnung einführen. Doch jede Revolution, die Nimrod im Verlauf der Jahrhunderte anzettelt, wird nach ihrem Scheitern – und sie scheitert immer, auch wenn sie immer beinahe gelingt – von der babylonischen Arbeiterschaft, den

F.D., *Turmbau I*, 1952

Gepäckträgern, von den Bauarbeitern, von den Schreinern, Ziegelbrennern, Bäckern und Kleinwarenhändlern, aber auch von den Polizisten und Soldaten, von den Intellektuellen und Künstlern, ja von den oberen Gesellschaftsschichten dem Tagelöhner zugeschoben, da er den Grund all dieser Unruhen darstellt, auf den Nimrod in seinen Brandreden und Aufständen immer wieder anspielt; man meidet, müde der ständigen und blutigen Terrorakte, den unglücklichen Gimmil wie die Pest, er findet keine Arbeit, er fristet sein Leben wie ein Hund, dabei will er nichts als ruhig leben, wenn auch dürftig, er will bescheiden dahinexistieren, er verlangt nichts für sich als ein kleinbürgerliches Dasein, jede Weltveränderung weist er von sich, geradezu entsetzt, er will keine Revolution, das Unrecht, das an ihm verübt wurde, geht ihn nichts an, ist vergessen, seit Jahrhunderten, es ging ihn überhaupt nie etwas an, es war eigentlich auch kein Unrecht, was er erlitten hatte, gewiß, er war verspätet zur Arbeit gekommen und wurde ausgepeitscht, er war monatelang zwischen Leben und Tod, ein blutiger roher Fleischklumpen, sicher, aber die Gerechtigkeit ist nun einmal die Gerechtigkeit, Strafe muß sein, einige hundert Peitschenhiebe, was ist das schon, nicht der Rede wert, das gehört zur Arbeitsdisziplin, im Gegenteil, der Tagelöhner fühlt sich von Nimrod diskriminiert, nicht jene, die ihn auspeitschten, sondern jener, der ihn verteidigt hat, ist sein Feind: Nimrod, er will sich an ihm für die Schande rächen, die ihm angetan wurde, indem jetzt alle ihn, Gimmil, den staats-

F.D. beim Zeichnen, 1948

F.D., *Bühnenbild für ›Der Turmbau zu Babel‹* (später *Ein Engel kommt nach Babylon*), 1948

treuen Kleinbürger, für einen intellektuellen Aufrührer halten, ihn, der die Keilschrift weder lesen noch schreiben kann. Er will sich rehabilitieren, vom Verdacht befreien, selber ein Revolutionär, ein Weltveränderer zu sein, indem er den Rebellen Nimrod der Behörde ausliefert, und so sucht Gimmil Nimrod ein Leben lang, Stunde um Stunde, Tag um Tag, Woche um Woche, Monat um Monat, Jahr um Jahr, jahrhundertelang, jahrtausendelang, die Suche nach Nimrod ist sein Lebensinhalt, er hungert, um sein Ziel zu erreichen, der Hunger ist ihm gleichgültig. Seine Frau hat ihn längst verlassen, soll sie, seine Töchter gehen auf den Strich, egal, wenn er nur Nimrod findet. Die Szene spielt unter der Euphratbrücke in Babylon, der Ort ist vollgestopft mit Dingen, die der Meisterbettler Akki zusammengebettelt hat: Möbel aus Ur, Statuen aus Uruk, Vasen aus Ninive, Sarkophage aus Ägypten. Nimrod erklärt dem Meisterbettler die Gründe für den desolaten Zustand der Welt, expliziert das einzige Rezept, sie in Ordnung zu rücken, die Weltrevolution; Gimmil klettert die Brücke herunter, Nimrod versteckt sich in einem Sarkophag, auf den sich der ahnungslose Tagelöhner setzt. Doch wie Gimmil Akki mit seinem Unglück belästigt und bei den Göttern schwört, Nimrod aufzuspüren und der Polizei zu übergeben, verläßt den Gesuchten die Geduld, er befreit sich aus seinem Versteck, entsetzt springt Gimmil auf, als der Deckel des Sarkophags unter ihm hochgestemmt wird. Die beiden Gegner stehen sich gegenüber, Nim-

rod packt Gimmil, rüttelt ihn. Er hält dem Tagelöhner vor, daß er ein Verräter an seiner eigenen Sache sei, ein Überläufer ins Lager der Ausbeuter, und daß er ihn, Nimrod, darum nie in seinem jahrhundertelangen Leben finden werde. Gimmil schreit dem Rebellen ins Gesicht, ihm mit Fäusten drohend, Nimrod habe nie das Recht gehabt, sich in seine, des Tagelöhners, Angelegenheiten zu mischen, er, Gimmil, lasse sich auspeitschen, wann und wo er wolle, es sei sein Recht, sich auspeitschen zu lassen, jede Ungerechtigkeit der Welt zu erdulden, er werde Nimrod finden und der Gerechtigkeit ausliefern, auch wenn er noch weitere Jahrhunderte, ja Jahrtausende suchen müsse; und so geht der Streit weiter, steigert sich ins Groteske, lockt Zuschauer an, wie Vögel hocken sie auf dem Geländer der Euphratbrücke, aus den Sarkophagen kriechen Dichter und anderes Gesindel, die von der Kunst des Meisterbettlers leben. Schließlich taucht die Polizei auf, auch sie erfaßt ihre einmalige Chance nicht, bis sich Nimrod über die Treppe und über die Brücke hinweg davonmacht. Erst jetzt wird dem Tagelöhner Gimmil bewußt, daß er dem Längstgesuchten gegenübergestanden, doch die einmalige Gelegenheit in seiner Wut nicht realisiert hat. Vergeblich setzt er ihm nach, gefolgt von der Polizei, die endlich begriffen hat, und verzweifelt beginnt er mit seinem Suchen von vorne, wieder jahrhundertelang, jahrtausendelang, ohne Hoffnung.

Aus: *Turmbau. Stoffe IV-IX*, S. 52ff.

Ein Engel kommt nach Babylon habe ich mit dem Komponisten Rudolf Kelterborn als Oper bearbeitet [UA 5.7.1977, Opernhaus Zürich]. Das Reizvolle daran war, daß man diese Musik verstand; und man verstand, was die auf der Bühne sangen.
Die Rolle des Akki war mit einem Schauspieler besetzt – Wolfgang Reichmann –, der auch singen konnte. Das heißt aber nicht, daß die Musik ornamentalen Charakter hatte. Der Engel konnte als einziger singen, Akki hatte das Singen verlernt, und es stellte sich bei diesem Stück immer die Frage: wann entsteht nun eigentlich Musik? Darum war die Arbeit an der Oper *Ein Engel kommt nach Babylon* sehr interessant, weil ich immer darüber nachdachte, Musik möglich zu machen und wie Musik – auf eine natürliche Weise – von selber entsteht.

F.D. im Gespräch mit Heinz Ludwig Arnold, Dezember 1980/Januar 1981

F.D., *Turmbau V: Nach dem Sturz*, 1976

Der Besuch der alten Dame

»Ich gebe euch eine Milliarde
und kaufe mir dafür die Gerechtigkeit.«

DER BESUCH
DER ALTEN DAME

UA: 29.1.1956
Schauspielhaus Zürich
Regie: Oskar Wälterlin

EA der Fernsehinszenierung:
19.2.1959 ARD (SWF)
Regie: Ludwig Cremer

THE VISIT / DER BESUCH
Film (D/I/F-Co-Produktion)
1964
Regie: Bernhard Wicki

EA der berndeutschen Fernsehfassung: 29.12.1973 SF DRS
Regie:
Hans Gaugler, Ettore Cella

HYÈNES / RAMATOU
Film (Senegal/CH/F-Co-Produktion) 1992
Regie: Djibril Diop Mambéty

Weitere Fernsehproduktionen:
EA: 26.9.1982 SF DRS
Regie: Max Peter Ammann

EA: 27.3.1979 DDR2
Regie:
Harry Buckwitz, Ingrid Fausak

DER BAHNHOF UND DIE ALTE DAME

Friedrich Dürrenmatt

Ich hätte die *Alte Dame* nie geschrieben, wäre mir die Bühnenidee dazu nicht eingefallen. Diese bestand nicht etwa darin, daß ich aus dem Bergdorf ein Städtchen machte, sondern im Umstand, daß auch die Schnellzüge Bern–Neuchâtel in Ins und Kerzers anhalten, wodurch man gezwungen ist, die beiden kleinen trostlosen Bahnhöfe zu betrachten, ungeduldig über den Unterbruch, wenn er auch nur ein, zwei Minuten dauert, Minuten, die sich für mich lohnten, kam ich doch durch sie wie von selbst auf die erste Szene. Und wie von selbst verwandelte sich im Weiterdenken das Bergdorf in Güllen und Walt Lotcher [siehe Anmerkung S. 77] in Claire Zachanassian. Steht ein Bahnhof auf der Bühne, ist die innere Form des Stücks gegeben, die

Programmheft zur Aufführung im National Theater Seoul, 3.11.1994

der Improvisation, ein Zug muß ankommen können, was sich nur improvisieren läßt. Aber ein Bahnhof setzt auch die Erwartung voraus, daß jemand ankommt. Je größer die Erwartung ist – das heißt, wenn sie nicht nur einen Einzelnen, sondern das ganze Städtchen in Bewegung setzt, weil die erwartete Persönlichkeit jemand enorm Mächtiges und Reiches ist –, desto mehr Möglichkeit bietet die Erwartungsszene: Der kleine Bahnhof wird festlich vorbereitet usw., auch ist es möglich, daß die erwartete Persönlichkeit zu früh oder zu spät oder überhaupt nicht eintrifft. Ich kam auf das ›zu früh‹, die Güllener erwarteten einen Personenzug, aber ein Schnellzug hält, was mich zum Einfall mit der Notbremse verführte. Außerdem verleitet der Bahnhof selbst zu bühnensinnlichen Gegensätzen: Auftritt des Hauptdarstellers in einer Sänfte, ein riesiges Gefolge, Butler, Zofen usw. Und die Frage, warum eine so mächtige Person im Zug ankomme und nicht mit einem Wagen, bringt die Prothesen hervor, die Person muß in ihrem wildbewegten Leben so viele Unfälle in Autos und Flugzeugen überstanden haben, daß sie nur noch in Zügen reist. Diese neuen Prämissen, zu denen noch viele andere kamen, gaben schließlich den Ausschlag – »bühnenatmosphärisch« gleichsam – zur Geschlechtsänderung, nicht der Wunsch, für die Giehse eine Rolle zu schreiben. Die Giehse war denn auch, trotz ihrer großen Erfolge in dieser Rolle, eine grandiose Fehlbesetzung, ihr glaubte man die Vorgeschichte nicht: das Hamburger Bordell und den alten goldenen Maikäfer Zachanassian mit seinen Milliarden, der sie dort kennenlernte und heiratete. Die beste Alte Dame, die ich sah, war Hilde Hildebrand. Erzwingt die erste Szene des *Besuchs der alten Dame* eine Frau, erzwingt der Beginn der *Mondfinsternis* ebenso notwendig einen Mann; da wird niemand erwartet, sondern es dringt einer ein, und der Einzelne, der da eindringt, kann nur allein kommen.

Aus: *Labyrinth. Stoffe I-III*, S. 230ff.

Die kleine Stadt Güllen steht vor dem Bankrott. Letzte Hoffnung ist der Besuch von Claire Zachanassian, die als Multimillionärin an den Ort ihrer ersten Liebe zurückkehrt. Sie ist gekommen, um sich Gerechtigkeit zu verschaffen. Einst hat der junge Ill sie im Stich gelassen, als sie von ihm ein Kind erwartete. Vor Gericht hat er sie durch falsche Zeugen als Dirne verleumdet. Als Witwe des Ölmagnaten Zachanassian kehrt die Kläri Wäscher von damals nun zurück, um Rache zu nehmen, mit kastrierten Männern in ihrem Gefolge (die falschen Zeugen von einst) und mit dem damaligen Gerichtspräsidenten als Butler. Ihre Bedingungen: Sie wird Güllen mit ihrem Reichtum sanieren, wenn ihr dafür Alfred Ill tot vor die Füße gelegt wird. Die ›tragische Komödie‹ macht sichtbar, wie Verrat entsteht, wie Gerechtigkeit gekauft werden kann und der Mensch verführbar ist. Ill wird durch den Stadtturner erwürgt, der Arzt stellt Herzschlag fest, und die Presse überschreibt die Meldung mit der Zeile: »Tod aus Freude. Das Leben schreibt die schönsten Geschichten.«

Aus: *Kritisches Lexikon zur deutschsprachigen Gegenwartsliteratur,* München, edition text+kritik 1991

Frau Jll: Wir haben die Waffe fortgeschafft, wie er schlief. Zum Bürgermeister

~~FRAU JLL: Karl hats deutlich gesehen vom Garten aus.~~

~~DER ERSTE: Was Dummes könnte passieren.~~

~~FRAU JLL: Jetzt nicht mehr. Denn vor zwei Tagen ist mein Mann heruntergekommen vom Estrich, auf einmal, wie wenn er einen Entschluss gefasst hätte und setzte sich an den Tisch in der Stube. Er sagte immer noch nichts, war einfach stumm und taub, aber das Gewehr liess er oben und so haben wir die Waffe fortgeschafft zum Bürgermeister.~~

DER ERSTE: ~~Das~~ Wird ~~ihn~~ Jll geärgert haben.

FRAU JLL: ~~Er kümmert sich nicht darum. Er sitzt einfach am Tisch und denkt~~. Unheimlich ists. Diese Furcht ist einfach krankhaft.

DER ERSTE: ~~Das Gemüt, Frau Jll, das Gemüt.~~

Der Zweite kommt, schon etwas angetrunken.

DER ZWEITE: Kognak. Habe einen Riesendurst. Letzte Nacht gefeiert bei Siemetshofer und vorletzte mit dem Polizisten durchgezecht, vorher mit Huber

FRAU JLL: Wir haben neuen. Drei Sterne. Wollen Sie ihn probieren ?

DER ZWEITE: Ein Gläschen. Das macht mich wieder nüchtern

Er trinkt.

FRAU JLL: Noch eines ?

DER ZWEITE: Jetzt spürt man erst recht den Unterschied.

horcht nach oben

FRAU JLL: Aller guten Dinge sind drei.

Sie schenkt ihm ein drittes Mal ein.

DER ZWEITE: Frau Jll, Sie treibens wild mit mir. Ich komme vom goldenen Apostel, wo aller guten Dinge vier waren – Man ist schliesslich ein Mensch.

Der Zweite: Jll?
Der Erste: Geht hin und her in seinem Zimmer.
Der Zweite: hin und her.
Der Erste: Das schlechte Gewissen. Nach so einer ~~[illegible]~~ Tat!

Wo wir doch zu ihm stehen. Unbeirrbar. Wenn ich auch sagen muss: schlimm hat ers mit der armen Frau Zachanassian getrieben.
Frau Jll: ~~Er hat eben keine Religion.~~ ~~[illegible]~~ Ich leide auch darunter
Der Erste: Ein ~~e~~ verlassenes Mädchen ins Unglück stürzen! ~~Pfui Teufel!~~
~~Frau Jll~~ Er spuckt auf
Herr Hofbauer

DER HINTERGRUND WIRD SICH VON SELBER EINSTELLEN

Friedrich Dürrenmatt

Der Besuch der alten Dame ist eine Geschichte, die sich irgendwo in Mitteleuropa in einer kleinen Stadt ereignet, geschrieben von einem, der sich von diesen Leuten durchaus nicht distanziert und der nicht so sicher ist, ob er anders handeln würde: was die Geschichte mehr ist, braucht hier weder gesagt noch auf dem Theater inszeniert zu werden. Auch für den Schluß gilt dies. Zwar werden die Leute hier feierlicher, als es in der Wirklichkeit natürlich wäre, etwas mehr in der Richtung dessen hin, was als Dichtung bezeichnet wird, als schöne Sprache, doch nur, weil die Güllener nun eben reich geworden sind und als Arrivierte auch gewählter reden.

Ich beschreibe Menschen, nicht Marionetten, eine Handlung, nicht eine Allegorie, stelle eine Welt auf, keine Moral, wie man mir bisweilen andichtet, ja ich suche nicht einmal mein Stück mit der Welt zu konfrontieren, weil sich all dies natürlicherweise von selbst einstellt, solange zum Theater auch das Publikum gehört. Ein Theaterstück spielt sich für mich in der Möglichkeit der Bühne ab, nicht im Kleide irgendeines Stils. Wenn die Güllener Bäume spielen, so nicht aus Surrealismus, sondern um die etwas peinliche Liebesgeschichte, die sich in diesem Wald abspielt, den Annäherungsversuch eines alten Mannes an eine alte Frau nämlich – in einen poetischen Bühnenraum zu stoßen und so erträglich zu machen.

Ich schreibe aus einem mir immanenten Vertrauen zum Theater, zum Schauspieler heraus. Das ist mein Hauptantrieb. Das Material verlockt mich. Der Schauspieler braucht nur wenig, einen Menschen darzustellen, nur die äußerste Haut, Text eben, der freilich stimmen muß. Ich meine: So wie sich ein Organismus abschließt, indem er eine Haut bildet, ein Äußerstes, schließt sich ein Theaterstück durch die Sprache ab. Der Theaterschriftsteller gibt nur sie. Die Sprache ist sein Resultat. Darum kann man auch nicht an der Sprache an sich arbeiten, sondern nur an dem, was Sprache macht, am Gedanken, an der Handlung etwa; an der Sprache an sich, am Stil an sich arbeiten nur Dilettanten. Die Aufgabe des Schauspielers besteht darin, glaube ich, dieses Resultat aufs neue zu erzielen; was Kunst ist, muß nun als Natur erscheinen. Man spiele den Vordergrund richtig, den ich gebe, der Hintergrund wird sich von selber einstellen.

Ich zähle mich nicht zur heutigen Avantgarde, gewiß, auch ich habe eine Kunsttheorie, was macht einem nicht alles Spaß, doch halte ich sie als meine private Meinung zurück (ich müßte mich sonst gar nach ihr richten) und gelte lieber als ein etwas

Der früheste Hinweis auf die Entstehung des Stücks *Der Besuch der alten Dame* in Dürrenmatts Nachlaß ist eine Notiz aus dem Frühjahr 1955 in einem Spiralheft, worin die grundlegende Bühnenidee festgehalten ist: »Bahnhof. Schnellzug hält durch Ziehen der Notbremse. Schlußbild ebenfalls Bahnhof. Ebenfalls Mittelbild. Die Männer auf der Bahnhofsbank. Bahnhofsbuffet.«
In *Labyrinth. Stoffe I-III* erzählt Dürrenmatt, wie die ›tragische Komödie‹ aus dem Novellenentwurf *Mondfinsternis* entstand. In dieser Erzählung kehrt Walt Lotcher nach vielen Jahren aus Kanada in sein Bergdorf zurück, wo seine einstige Geliebte inzwischen seinen Nebenbuhler geheiratet hat.

Manuskriptseite aus *Der Besuch der alten Dame*, 1955

Programmheft der amerikanischen Uraufführung im New York City Center, 5.5.1958

verwirrter Naturbursche mit mangelndem Formwillen. Man inszeniere mich auf die Richtung von Volksstücken hin, behandle mich als eine Art bewußten Nestroy, und man wird am weitesten kommen. Man bleibe bei meinen Einfällen und lasse den Tiefsinn fahren, achte auf eine pausenlose Verwandlung ohne Vorhang, spiele auch die Autoszene einfach, am besten mit vier Stühlen. (Diese Szene hat nichts mit Wilder zu tun – wieso? Dialektische Übung für Kritiker.)
Claire Zachanassian stellt weder die Gerechtigkeit dar noch den Marshallplan oder gar die Apokalypse, sie sei nur das, was sie ist, die reichste Frau der Welt, durch ihr Vermögen in der Lage, wie eine Heldin der griechischen Tragödie zu handeln, absolut, grausam, wie Medea etwa. Sie kann es sich leisten. Die Dame hat Humor, das ist nicht zu übersehen, da sie Distanz zu den Menschen besitzt als zu einer käuflichen Ware, Distanz auch zu sich selber, eine seltsame Grazie ferner, einen bösartigen Charme. Doch, da sie sich außerhalb der menschlichen Ordnung bewegt, ist sie etwas Unabänderliches, Starres geworden, ohne Entwicklung mehr, es sei denn die, zu versteinern, ein Götzenbild zu werden. Sie ist eine dichterische Erscheinung, auch ihr Gefolge, sogar die Eunuchen, die nicht realistisch unappetitlich mit Kastraten-Stimmen wiederzugeben sind, sondern unwirklich, märchenhaft, leise, gespensterhaft in ihrem pflanzenhaften Glück, Opfer einer totalen Rache, die logisch ist wie die Gesetzbücher der Urzeit. (Um die Rollen zu erleichtern, können die beiden auch abwechslungsweise reden, statt zusammen, dann aber ohne Wiederholung der Sätze.)
Ist Claire Zachanassian unbewegt, eine Heldin, von Anfang an, wird ihr alter Geliebter erst zum Helden. Ein verschmierter Krämer, fällt er ihr zu Beginn ahnungslos zum Opfer; schuldig ist er der Meinung, das Leben hätte von selber alle Schuld getilgt; ein gedankenloses Mannsbild, ein einfacher Mann, dem langsam etwas aufgeht, durch Furcht, durch Entsetzen, etwas höchst Persönliches; an sich erlebt er die Gerechtigkeit, weil er seine Schuld erkennt, er wird groß durch sein Sterben (sein Tod ermangle nicht einer gewissen Monumentalität). Sein Tod ist sinnvoll und sinnlos zugleich. Sinnvoll allein wäre er im Mythischen Reich einer antiken Polis, nun spielt sich die Geschichte in Güllen ab. In der Gegenwart.
Zu den Helden treten die Güllener, Menschen wie wir alle. Sie sind nicht böse zu zeichnen, durchaus nicht; zuerst entschlossen, das Angebot abzulehnen, machen sie nun Schulden, doch nicht im Vorsatz, Ill zu töten, sondern aus Leichtsinn, aus einem Gefühl heraus, es lasse sich alles schon arrangieren. So ist der zweite Akt zu inszenieren. Auch die Bahnhofsszene. Die Furcht ist bei Ill allein, der seine Lage begreift, noch fällt kein böses

Programmheft der Aufführung im Cameri Theatre, Tel Aviv, 1974

Wort, erst die Szene in der Peterschen Scheune bringt die Wendung. Das Verhängnis ist nicht mehr zu umgehen. Von nun an bereiten sich die Güllener allmählich auf die Ermordung vor, entrüsten sich über Ills Schuld usw. Nur die Familie redet sich bis zum Schlusse ein, es komme noch alles gut, auch sie ist nicht böse, nur schwach wie alle. Es ist eine Gemeinde, die langsam der Versuchung nachgibt, wie der Lehrer, doch dieses Nachgeben muß begreiflich sein. Die Versuchung ist zu groß, die Armut zu bitter. Die *Alte Dame* ist ein böses Stück, doch gerade deshalb darf es nicht böse, sondern muß aufs humanste wiedergegeben werden, mit Trauer, nicht mit Zorn, doch auch mit Humor, denn nichts schadet dieser Komödie, die tragisch endet, mehr als tierischer Ernst.

Anmerkung I zu *Der Besuch der alten Dame*, WA, Bd. 5, S. 141ff.

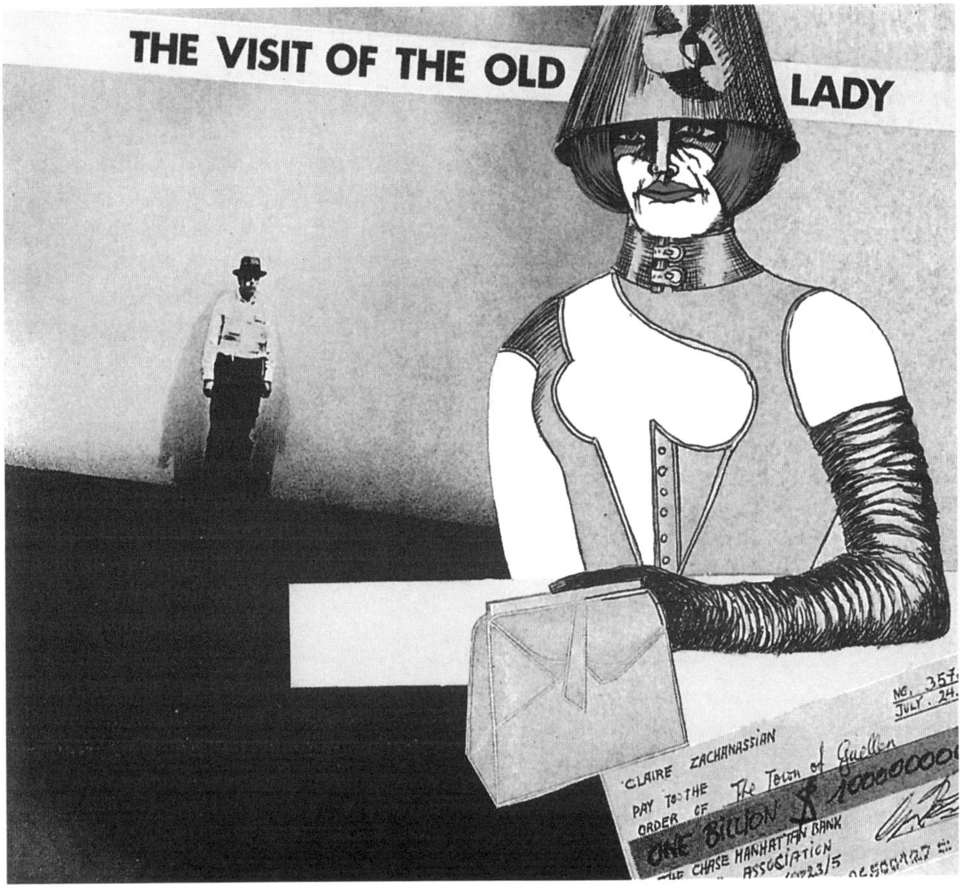

DER BESUCH DER ALTEN DAME

EA der ersten deutschsprachigen Fernsehinszenierung: 19.2.1959 ARD (SWF)
Regie: Ludwig Cremer

DIE ›ALTE DAME‹ ZUM ERSTEN MAL IM FERNSEHEN

Ernst Buchmüller

1958 adaptierte Dürrenmatt zusammen mit dem Regisseur Ludwig Cremer *Der Besuch der alten Dame* fürs Fernsehen. Er war es auch, der darauf bestand, für die Hauptrolle Elisabeth Flickenschildt zu engagieren, die die alte Dame schon bei Gustav Gründgens in Hamburg und in Bochum unter Hans Schalla gespielt hatte; nur der Mantel, den sie in Bochum auf der Bühne getragen und in dem sie Cremer so imponiert hatte, war nicht mehr aufzufinden: Stoff war im Deutschland der fünfziger Jahre immer noch Mangelware, und aus dem Mantel war längst ein anderes Kostüm geworden.
Die Proben zum Fernsehspiel begannen am 15. Januar 1959 in den Studios des Südwestfunks in Baden-Baden; die Gage der Flickenschildt betrug 4200 DM plus Spesen. Am 19. Februar um 20.15 Uhr war es soweit: Erstausstrahlung der ersten Fernsehinszenierung der *Alten Dame* im Deutschen Fernsehen; die Einschaltquote betrug 81 Prozent; Jugendliche waren unter den Zuschauern offiziell keine, denn, so warnte die Fernsehansagerin die »Eltern und Erziehungsberechtigten« vor der Sendung, Dürrenmatts Fernsehspiel sei »für Jugendliche nicht geeignet«. Dürrenmatt, der in Zürich die Uraufführung von *Frank V.* vorbereitete, schickte nach der Sendung ein begeistertes Telegramm.

Ich übersende Ihnen in der Anlage 1 Milliarde Mark, über die Sie frei verfügen können unter der Bedingung, daß der Regisseur dieser Sendung, Friedrich Dümmersatt, ebenfalls umgebracht wird. Der Name Dümmersatt sagt aber auch alles, denn wenn schon einer an Dummheit satt ist, ist es unbegreiflich, daß man ihn solch ein Miststück noch anfertigen läßt.

Zuschauerin I. L., Berlin, 20.2.1959

Es ist eine Seltenheit, in dem geistig so blutarmen Fernsehen ein wahrheitsgetreues Bild der Menschheit, mit dem Blick der Humanität gesehen, geboten zu bekommen. [...] Das scheinheilig-verlogene Bürgertum, das sonst im Fernsehen immer verherrlicht wird, hier endlich einmal entblößt zu sehen war einfach großartig.

Zuschauer Kapitän Jack B., Berlin-Charlottenburg, 19.2.1959

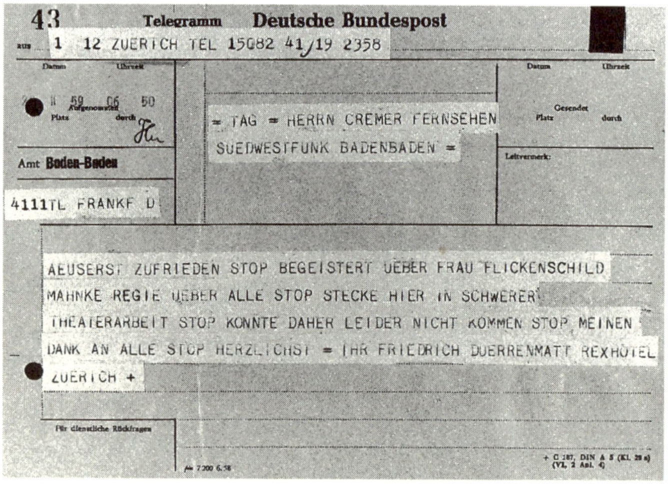
43 Telegramm Deutsche Bundespost
aus 1 12 ZUERICH TEL 15082 41/19 2358
Datum Uhrzeit
11 59 06 50
Aufgenommen
Platz durch
Amt Baden-Baden
4111TL FRANKF D
= TAG = HERRN CREMER FERNSEHEN
SUEDWESTFUNK BADENBADEN =
Datum Uhrzeit
Gesendet
Platz durch
Leitvermerk:
AEUSERST ZUFRIEDEN STOP BEGEISTERT UEBER FRAU FLICKENSCHILD
MAHNKE REGIE UEBER ALLE STOP STECKE HIER IN SCHWERER
THEATERARBEIT STOP KONNTE DAHER LEIDER NICHT KOMMEN STOP MEINEN
DANK AN ALLE STOP HERZLICHST = IHR FRIEDRICH DUERRENMATT REXHOTEL
ZUERICH +
Für dienstliche Rückfragen
7200 6.58
+ C 187, DIN A 5 (Kl. 29 a)
(VI, 2 Anl. 4)

Hans Mahnkes Ill war eine schauspielerische Großtat.

›Nürnberger Zeitung‹, 24.2.1959

Elisabeth Flickenschildt in der Titelrolle: Gemüt, Schmerz, Lust, flackerndes Lachen, berechnende Kälte.

›Ruhr-Nachrichten‹, Dortmund, 22.2.1959

Elisabeth Flickenschildts teuflische Witwe, Ludwig Cremers vibrierende Inszenierung, Gerd Richters sparsames Bühnenbild führten die Magie der ›Live Sendung‹ zu einem neuen Triumph.

›Frankfurter Rundschau‹, 25.2.1959

Szenenbilder aus der Fernsehinszenierung von *Der Besuch der alten Dame,* 1959:

Elisabeth Flickenschildt als Claire Zachanassian und Reginald Farrar und Paul Dättel als Toby und Roby

Hans Mahnke als Alfred Ill und Elisabeth Flickenschildt

Hans Mahnke inmitten der Bürger von Güllen

THE VISIT / DER BESUCH
Film (D/I/F-Co-Produktion)
1964
Regie: Bernhard Wicki

Szenenbilder aus dem Spielfilm *The Visit / Der Besuch,* 1964:

Anthony Quinn als Serge Miller (Alfred Ill)

Anthony Quinn und Ingrid Bergman als Karla Zachanassian

Irina Demick als Anya und Ingrid Bergman

›THE VISIT‹. EIN HOLLYWOOD-FILM NACH DÜRRENMATT

Bernhard Wicki im Gespräch

Dürrenmatt war kein Rebell, er war ein merkwürdig langsamer Mensch, ungeheuer profund, er hatte Philosophie studiert, Astronomie war sein Leben lang eine Leidenschaft, er stammte aus dem Emmental, sein Vater war Pfarrer... Dürrenmatt war eine Mischung aus all diesen Elementen, das ist kein Revolutionär, auch wenn er revolutionäre Dinge dachte.

Ich traf Ingrid Bergman und ihren dritten Mann, den Theaterproduzenten Lars Schmidt, der mich fragte, ob ich Interesse hätte, *Der Besuch der alten Dame* von Dürrenmatt fürs Kino zu machen. Ich stand bei der 20th Century Fox noch unter Vertrag, nachdem ich die deutschen und französischen Sequenzen von *Der längste Tag* gedreht hatte. Das Projekt interessierte mich, ich wollte weiterhin für Hollywood arbeiten.

Ingrid Bergman teilte sich die Rechte an diesem Stoff mit Anthony Quinn und der 20th Century Fox, somit war die Besetzung der Hauptrollen festgelegt. Natürlich war die Bergman alles andere als die Traumbesetzung der Alten Dame – Bette Davis oder Katherine Hepburn hätten da viel besser gepaßt –, aber das stand nicht zur Diskussion, und ich finde, die Bergman spielte diese Rolle im Film dann auf ihre Weise hervorragend.

Die Arbeit an *The Visit* war von Anfang an nicht einfach. Die *Alte Dame* ist eine Parabel, auf der Bühne funktioniert das wunderbar, im Film, der immer wieder vorgibt, Realität zu sein, gab das einige Schwierigkeiten. Dazu kam, daß Produzent Darryl F. Zanuck von Anfang an bestimmte, daß das Ende für das amerikanische Publikum verändert werden müsse; Alfred Ill durfte nicht getötet werden.

Ich hatte Dürrenmatt daraufhin gebeten, einen neuen Schluß für die Filmfassung zu schreiben, er lehnte aber kategorisch ab. Verschiedene renommierte Drehbuchautoren beschäftigten sich mit diesem Stoff; unter anderen Nunnally Johnson [er verfaßte z.B. das Drehbuch zum John-Ford-Film *Die Früchte des Zorns*, nach dem Roman von John Steinbeck, ein Film produziert von Darryl F. Zanuck], der daraus einen Western machte, welcher allerdings keine Gnade vor den Geldgebern fand.

Daraufhin habe ich zusammen mit Ben Barzman, dem amerikanischen Drehbuchautor, der in der McCarthy-Ära Hollywood verlassen mußte, ein neues Ende entwickelt und geschrieben, ein Ende, das fast noch härter und konsequenter ist als dasjenige von Dürrenmatt. Es ist zwar schlimm, einen Menschen umzubringen, aber ein Leben lang mit anderen Menschen leben

Bernhard Wicki (*28.10.1919 St. Pölten): Schweizer Schauspieler und (seit 1958) Regisseur. Spielte 1948 in der UA von Dürrenmatts zweitem Stück, *Der Blinde,* den Palamedes, 1949 in der UA von *Romulus der Große* den Ämilian; heiratete 1945 Agnes Fink, eine von F.D.s Lieblingsschauspielerinnen. Wicki gilt als einer der wichtigsten Regisseure des deutschen Kinos nach 1945, sein Antikriegsfilm *Die Brücke* (1959) ist eine der wesentlichen künstlerischen Auseinandersetzungen mit der Nazizeit; außerdem drehte er als Regisseur u.a. *Das Wunder des Malachias* (1961), *Kennwort: Morituri* (1965, mit Marlon Brando), *Das Spinnennetz* (1989) und wirkte als Darsteller u.a. mit in *Die letzte Brücke* (H. Käutner, 1953), *La Notte* (M. Antonioni, 1960) und *Paris, Texas* (W. Wenders, 1984).

müssen, die einen für Geld verkauft und verraten haben, ist fast noch grausamer.
Der Film mußte für mich in einer kargen, ärmlichen Gegend spielen, die Schweiz kam da nicht in Frage, hier hätte auch das ärmste Dorf noch viel zu wohlhabend ausgesehen. Ich ging auf Motivsuche nach Jugoslawien und Ungarn, mit dem Einverständnis der Amerikaner hätte ich den Film dort drehen können. [1963, kurz nach der Beilegung der Kubakrise, war es für Hollywood ein Politikum, einen Film im Ostblock zu drehen.] Die meisten Drehorte waren schon festgelegt, dann hieß es, die Bergman wolle in Italien drehen, um in der Nähe ihrer Kinder zu sein. Daraufhin fand ich in den Abruzzen ein Dorf, das perfekt paßte, Bergman wollte aber in Cinecittà drehen, und somit wurde das ganze Dorf, inklusive dem über 200 Meter langen, offenen Platz, für rund 1,5 Mio. Dollar in den Filmstudios vor den Toren Roms nachgebaut.
Die ersten vierzehn Tage der Dreharbeiten waren schwierig, Anthony Quinn versuchte die Regie an sich zu reißen, er ist dabei bei Zanuck allerdings auf Granit gestoßen. »Entweder du machst den Film mit Wicki, oder ich verklage dich zu einer riesigen Konventionalstrafe!« Nach diesem reinigenden Gewitter wurde meine Zusammenarbeit mit Anthony Quinn immer besser.
Ich habe mich sehr dafür eingesetzt, daß Schauspieler wie Hans-Christian Blech, Ernst Schröder oder Leonard Steckel in diesem Film mitspielten. Steckel als Pfarrer war glänzend, allerdings wurden in der Endfassung zwei seiner besten Szenen herausgeschnitten. Ebenfalls eine sehr gesellschaftskritische Szene des Lehrers.
Ich habe den Film so geschnitten, wie ich ihn für gut empfand, und in dieser Version wurde er der Jury des Filmfestivals von Cannes vorgeführt. Die wollte ihn als ihren Film einladen. In Hollywood war ich ein anerkannter Regisseur, hatte allerdings nicht das Renommee eines Billy Wilder oder eines George Stevens, die auch über die Fertigstellung ihrer Filme bestimmen konnten. Die 20th Century Fox wollte bei *The Visit* finanziell auf Nummer Sicher gehen, und deshalb wurde verlangt, daß meine Fassung nochmals überarbeitet werden müsse. Mein Film litt aber nur durch diese ›Behandlung‹. Er lief dann zwar in Cannes, die Jury distanzierte sich aber von der gezeigten Version.
Meine Beziehung zu Dürrenmatt kühlte sich nach *The Visit* etwas ab, wir versöhnten uns dann allerdings bald wieder, bei einer guten Flasche Wein aus seinem Keller. Er war ein wunderbarer Geschichtenerzähler, aber sein Zentrum ist und bleibt seine Prosa und das Theater. De Sica, Rossellini oder Fellini faszinierten ihn zwar sehr, der Film als Medium hatte

es ihm aber nie richtig angetan, er war auch kein brillanter Filmautor. Er war, wie soll ich das sagen, wie ein Bruder zu mir, er hatte etwas ganz Warmes und Freundliches, mit Spott und Sottisen bestückt, und er bleibt einer der Menschen, die mir, solange ich noch lebe, immer nahe sein werden. Das ist eigentlich alles, was ich sagen kann.

Berhard Wicki im Gespräch mit Ernst Buchmüller am 11.11.1995 in München

Ich produzierte einen Film, den ich lieber nicht gemacht hätte, denn ein Produzent soll sich nie von einer Hauptdarstellerin sagen lassen, wie ein Film auszusehen hat.
Ich hatte eine tolle Beziehung zu Ingrid Bergman, und sie wollte einiges an dem Drehbuch verändern. Das hat aus einem Film, der vielleicht eine Oscar-Chance hatte, einen ganz banalen Liebesfilm gemacht.
Ich muß zugeben, ich habe in diesem Film sehr schlecht gespielt.

Anthony Quinn in *Anthony Quinn, an Original*, Fernsehporträt, WOMBAT Productions, EA: 6.8.1990

Szenenbild aus dem Spielfilm *The Visit / Der Besuch*, 1964:

Ingrid Bergman als Karla Zachanassian und Anthony Quinn als Serge Miller

WICKI HAT NICHT RECHT
Friedrich Dürrenmatt im Gespräch

Der große Fehler war passiert, als Dürrenmatt einem New Yorker Theaterproduzenten die Aufführungsrechte für den *Besuch der alten Dame* verkaufte. Damals unterzeichnete er – nichts Böses ahnend – einen Kontrakt, wie sie leider am Broadway die Regel sind. Der Theaterproduzent erhält mit diesem Vertrag praktisch das Recht, mit dem erworbenen Stück zu machen, was er will. Beispielsweise: die Verfilmungsrechte an den Meistbietenden zu verkaufen, ohne den Autor um Erlaubnis fragen zu müssen. Die amerikanischen Theaterleute sind – wie Dürrenmatt mir in aller Ruhe auseinandersetzte – auf diese Klausel angewiesen, denn das Theatergeschäft drüben ist äußerst risikoreich, und die Chancen, auch nur die Unkosten einzuspielen, sind nicht allzu groß. Falls man sich nicht mit einem Filmvertrag sanieren kann. Das tat denn auch der Produzent der *Alten Dame*. Die 20th Century Fox zahlte ihm 200000 Dollar für das Recht, das Stück so zu verfilmen, wie es ihr paßte.
»Konnten Sie nichts dagegen machen?« fragte ich Dürrenmatt.
»Ich hätte schon etwas machen können. Wenn ich selber 200000 Dollar oder mehr auf den Tisch des New Yorker Hauses gelegt hätte. Aber das war mir leider nicht möglich. Die Leute machen sich überhaupt etwas kuriose Vorstellungen über meine Einkünfte. Von den 200000, die die Fox bezahlte, flossen 40 Prozent in die Tasche des New Yorker Produzenten. Den Rest mußten der Übersetzer und ich teilen. Ich verdiente also gar nicht so sagenhaft viel an diesem mißlungenen Film.«
»Etwa 60000 Dollar?«
»Ja, wahrscheinlich. Ich kann mich nicht mehr so genau erinnern.«
»Und die Leute der Fox haben Sie nicht gebeten, am Drehbuch mitzuarbeiten?«
»Sie dachten nicht daran. Was Wicki diesbezüglich erzählt hat, das ist ja alles Mumpitz! Ich wurde nicht ein einziges Mal angefragt, ob ich mitschreiben wolle. Ich bekam das Filmmanuskript überhaupt nicht zu sehen.«
»Haben Sie nicht versucht, sich einzuschalten?«
»Natürlich. Ich habe alles mögliche probiert. Ich suchte den direkten Kontakt mit den Filmgewaltigen, und als das sich nicht machen ließ, da probierte ich durch Verbindungen an sie heranzukommen. Alles umsonst. Es war, als ob man gegen eine Wand aus kaltem Stahl rennt.«
Dürrenmatt ist mit dem Drehbuch, wie es ohne sein Zutun zustande kam, ganz und gar nicht einverstanden. Die wesent-

Was man aus dem Film gemacht hat, nachdem ich ihn abgeliefert hatte, war absolut katastrophal. [...]
Darryl F. Zanuck hat 32 Minuten herausgeschnitten! Und zwar die stärksten Szenen, ohne mein Wissen. Das, obwohl er gerade mich als Regisseur haben wollte, und das, nachdem ich schließlich Ingrid Bergman in der Hauptrolle akzeptiert hatte (Ingrid Bergman ist natürlich nicht die Idealbesetzung der alten Dame, aber ein Kassenschlager). Zanuck konnte es tun, weil ich und mein Agent vergessen hatten, ein einziges Wort in den Vertrag zu setzen: Cutting rights![...]
Was heute über die Leinwand geht, ist nicht mein Film. Das, was die Kritiker verdammen, ist nicht mein Film. Zanuck hat es mit der Schere verdorben. Zanuck hat alles, was echter Dürrenmatt war, den makabren Humor, die harte Realität, weggeschnitten. Ein solcher Film hätte nicht von einem großen Studio gemacht werden dürfen. Ein unabhängiger Produzent in Europa oder Amerika hätte mir meinen Film belassen.

Bernhard Wicki in einem Interview mit der ›Weltwoche‹, Zürich, 9.4.1965

Darryl F. Zanuck, der Mitbegründer von 20th Century Pictures (ab 1963 20th Century Fox), verließ die Firma 1956 und produzierte unabhängig 1962 *The Longest Day* (*Der längste Tag*). 1962 kehrte er zurück und produzierte für die Fox 1963 *Cleopatra* und rettete damit die Firma vor dem sicheren Ruin. 1964 war er als Präsident der Fox verantwortlich für *The Visit*.

Szenenbild aus dem Spielfilm *The Visit / Der Besuch*, 1964:

Anthony Quinn als Serge Miller (Alfred Ill), Ingrid Bergman als Karla Zachanassian und Ernst Schröder als Bürgermeister

lichste Änderung – Ill wird am Schluß von seinen Mitbürgern nicht umgebracht – hält er für baren Unsinn.
»Aber das ist halt eine Regel in Hollywood: Mörder dürfen unter keinen Umständen ungeschoren davonkommen. Darum ließen sie Ill am Leben und verdarben damit alles!«
»Und warum«, fragte ich verständnislos, »hat Hollywood denn ausgerechnet diesen Stoff gekauft, bei dem sich ja alles gerade darum dreht, daß Menschen um viel Geld einen Mord begehen?«
»In Hollywood kauft man vor allem den Namen eines Stückes. Meine *Alte Dame* ist auf vielen Bühnen gespielt worden, das wird die Leute gelockt haben. Vor allem war Ingrid Bergman scharf darauf, die Claire Zachanassian zu spielen.«
»Obwohl sie nicht gerade der Inbegriff Ihrer Alten Dame ist«, warf ich ein.
»Ich war nie mit dieser Besetzung einverstanden«, sagte Dürrenmatt grollend, »in Hollywood hätten sie großartige alte Damen gehabt!«
»Denken Sie an eine bestimmte Schauspielerin?«
»Nun – beispielsweise die Katherine Hepburn. Oder die Bette Davis.«
Wahrlich – ein verlockender Gedanke, sich die Davis als Milliardärin Zachanassian vorzustellen!
»Die Fox hat eine Menge Geld für das Drehbuch ausgegeben«,

erzählte Dürrenmatt weiter. »Wahrscheinlich hatte sie auch etliche Mühe, einen Regisseur zu finden, der willens war, diesen Kompromiß zu inszenieren. So muß Bernhard Wicki geradezu als Retter in der Not erschienen sein.«
»Und Wicki glaubte an das Drehbuch mit dem ›versöhnlichen‹ Schluß?«
»Wicki hat mein Stück überhaupt nicht verstanden. Für den Schluß hat er sich eine mystisch-verschwommene Erklärung zurechtgelegt, die aufgelegter Unsinn ist. Und aus der Claire hat er eine Frigide gemacht. Aber die Hauptsache war ihm sehr wahrscheinlich, daß er mit Hollywood in Kontakt kam und drüben Fuß fassen konnte. Was ihm ja auch geglückt ist.«
Ich bedankte mich bei Friedrich Dürrenmatt recht herzlich. Und dann dachte ich noch eine Zeitlang darüber nach, wie seltsam es ist, daß dieses Stück bei seiner Verfilmung vom genau gleichen Schicksal ereilt wurde wie sein Held. Beide sind umgebracht worden. Aus ähnlichen Motiven.

Friedrich Dürrenmatt im Gespräch mit Hans Gmür, ›Die Weltwoche‹, Zürich, 15.4.1965

Szenenbilder aus dem Spielfilm *The Visit / Der Besuch,* 1964:

Valentina Cortese als Mathilde Miller und Anthony Quinn als Serge Miller

KLEINER UMGANG MIT EINEM GROSSEN

Rudolf Stalder

Dürrenmatt war Schweizer und dabei vor allem Berner, noch genauer: Emmentaler, einer vom Land, ein Dörfler, aus Konolfingen. Mußte es verwundern, wenn er 1973 nach der Aufführung seiner *Alten Dame* durch die Amateure der Emmentaler Liebhaber-Bühne in Hasle-Rüegsau ebenso gerührt wie erstaunt feststellte: »So han i das eigetlech ddänkt gha, irgendwie han is ganz neu ghört, fascht wie s erschtmau.« Er schien dabei offensichtlich eine höchst private Entdeckung gemacht zu haben: etwas für ihn vorübergehend Verdecktes kam neu zum Vorschein. Eine weitere Entdeckung war für ihn, unter Amateuren Qualitäten anzutreffen, die er nach seinen eigenen Worten nicht einmal bei den Profis allzu oft gefunden hatte.

Ich hätte damals wie heute mit unserer Liebhaber-Bühne nie ein Stück inszeniert, das bernischem, emmentalischem Empfinden zu fern liegt oder das man – um es nicht zu verniedlichen – hochdeutsch hätte spielen müssen. Schweizerische Amateure haben nach meinen eigenen, eher trüben Erfahrungen nichts verloren auf der Bühne der Hochsprache, sie wirken höchstens lächerlich, indem sämtliche Energien im sogenannten »schönen Sprechen« draufgehen. Was darstellerisch bleibt, kann nur noch unbeholfen, starr und damit für jedes unverdorbene Empfinden ungenießbar wirken.

Ohne Hans Gaugler hätte es »unsere« *Dame* wahrscheinlich nie gegeben. Gaugler, Jahrgang 1913, Solothurner, Schauspieler unter Brecht in Berlin, war nach 1967 mein Hörspielkollege im Radiostudio Bern. Den Plan, *Der Besuch der alten Dame* auf Berndeutsch zu machen, haben wir gemeinsam geboren, das Stück zusammen übersetzt, um es dann mit den Emmentalern – bei denen Gaugler schon vorher Regie geführt hatte – in Angriff zu nehmen. Seine ganz aus der Intuition fließende Art, Regie zu führen, bei der von einem Tag zum anderen alles auf den Kopf gestellt werden konnte, weil Gaugler inzwischen tauglichere – das heißt, für die Bühne aussagekräftigere – Lösungen gefunden hatte. Das bereitete uns längere Zeit Mühe. Aber die Einsicht, mit Gaugler einen ganz außergewöhnlichen Bühnenpraktiker gefunden zu haben, war im Grunde bei den meisten sehr bald vorhanden, und darum hielten auch alle aus, unterzogen sich den harten Bräuchen, lernten, staunten und kamen zu immer neuen Erkenntnissen darüber, was Theater eigentlich wäre.

Es war im Grunde für alle eine abgekürzte Schauspielerausbildung, von der jeder für seine Zukunft genau so viel mitbekommen konnte, wie er persönlich zuließ, und einige waren

DER BESUCH DER ALTEN DAME

EA der berndeutschen Fernsehfassung: 29.12.1973 SF DRS
Regie:
Hans Gaugler, Ettore Cella

Rudolf Stalder (*17.11.1932 Rüegsau): Schweizer Regisseur und Radioredakteur. 1967–1994 Programmgestalter, Lektor, Sprecher und Regisseur für Mundarthörspiele bei ›Schweizer Radio DRS‹, Bern (u.a. Bearbeitungen von Werken Jeremias Gotthelfs); seit ihrer Gründung im Jahr 1960 Regisseur, Bearbeiter, Autor und Spieler bei der ›Emmentaler Liebhaber-Bühne‹, einer Amateurtruppe, die seit über dreißig Jahren mit viel Erfolg auch Stücke der Weltliteratur in Berner Mundart aufführt.

in ihren Leistungen nicht wiederzuerkennen! Hans Gaugler hat in seiner Inszenierung in hohem Maße verwirklicht, was Dürrenmatt selber ein Anliegen war. Dürrenmatts Ansprache nach seinem Besuch in Hasle-Rüegsau – den er erst wagte, nachdem ihm seine Schwester »lauter Gutes« darüber erzählt hatte – sagt Eindeutiges aus. Der schönste Beweis für seine Anhänglichkeit an unsere Inszenierung ist aber die Tatsache, daß er sich auf Rückfrage des Schweizer Fernsehens »di Alti Dame vo de Ämmitaler« zu seinem Siebzigsten wünschte. Die Aufzeichnung wurde dann am Abend seines Todestages ausgestrahlt.

Szenenbild aus der berndeutschen Fernsehinszenierung von *Der Besuch der alten Dame,* 1973:

Schauspieler der Emmentaler Liebhaber-Bühne

MI MUES NID SCHOUSPIELERE, WE ME SCHOUSPIELT

Friedrich Dürrenmatt

Myni Dame und Here – i möcht nech emal danke für di schöni Uffüehrig. I rede zwar nümme so guet bärndütsch wi dir, ha's o bal verlore, vergässe. – Was mi am meischten überrascht het, isch, dass der Ydruck vom Zueschouer, vo emene Bruefszueschouer – win i no eine bi –, dä isch gsi, dass i ke Momänt ds Gfüehl ha gha, i würd jetz am ene Laietheater bywohne. Also i ha nie der Ydruck gha, i syg jetze i mene Laiespiel – denn ds Laiespiel tuet sech meischtens dadurch uszeichne, dass alli Schouspieler sehr chargiere. Und ds Überraschende isch gsi: es isch überhoupt nie chargiert worde, i ha überhoupt ke falschi schouspielerischi Bewegig gseh. Das isch di grossi Überraschig gsi, won i hüt am Abe ha gha. Wen i dänke: es isch natürlech gredt worde. I gseh ja sehr viel Stück vo mir uf der Bühni – u meischtens gsehn i se schlächt dargstellt. I gloube, i bi eine vo dene Dramatiker, wo me zwar sehr viel spilt, aber meischtens schlächt.

Der Fähler isch meischtens dä, dass me meint, mi mües uf komisch spiele, mi mües komischi Figure no äxtra spiele. I chönnt da jetz uf ganz jüngschti Vergangeheite zrügg ga, wo me mi äbe zum Teil sehr unnatürlech gspilt het, viel z chargiert – und das isch hie gar nid de Fall gsi, es isch sehr natürlech gsi, es isch alls zäme eifach gsi. Un es brucht ja gar nid meh. Mi mues nid schouspielere, we me schouspielt. Un i gloube, das het euch äbe de Gaugler sehr guet bybbracht, er het euch ds Schouspielere ustribe – u wahrschynlech isch das e schwäri Arbeit gsi. Denn i weis das als Regisseur, wi schwär das isch, e Möntsch z hindere, z schouspielere u defür wahr z spiele. U das isch ds Schöne gsi, a däm Abe: es isch richtig wahr gspilt worde, u drum isch alls gloubhaft gsi. Für dä Ydruck, won i ha gha, wo ne starche Ydruck isch gsi – i säge's ohni Schmeichelei – möcht i euch allne zäme danke.

F.D. an die Spieler der Emmentaler Liebhaber-Bühne anläßlich seines Besuchs der berndeutschen Aufführung von *Der Besuch der alten Dame*, 1973

Es liegt nicht nur an der Qualität der Inszenierung von Hans Gaugler, daß auch der städtische, kulturverwöhnte Betrachter im Theatersaal im ›Kreuz‹ in Hasle-Rüegsau von Dürrenmatts Stück so ganz ungewöhnlich tief und stark betroffen wird, es liegt genausoviel daran, daß man auf der Bühne die Sprache spricht, in der er sich mit seiner Frau und seinen Freunden unterhält, [...] eine Sprache, die nichts Sonntägliches hat, nicht von vornherein verbunden ist mit einer Anstrengung, mit Pose, mit Kunst. Er erlebt hier nicht eine Begegnung mit Kultur, mit Erhabenheit, mit Musischem und wie die schönen Dinge alle heißen, sondern mit Menschen und mit Leben, mit einem Spiel, in das er hineingezogen wird wie ein Kind ins Spiel anderer Kinder. [...] Stalder hat [...] nicht versucht, berndeutsche Literatur zu machen, hat ein Gebrauchsberndeutsch verwendet, das für historische Puristen meinetwegen nicht stubenrein sein mag, aber ausgezeichnetes Theater ergibt, fern aller behäbigen Gemütlichkeit, voll unerbittlicher Härte.

Kurt Weibel in ›Radio und Fernsehzeitung‹, Zofingen, 29.12.1973

HYÈNES / RAMATOU
Film (Senegal/CH/F-Co-Produktion) 1992
Regie: Djibril Diop Mambéty

›HYÈNES‹: DIE ALTE DAME IM SENEGAL

Djibril Diop Mambéty

In Dakar, in Senegal, lebte ich im Hafenquartier, umgeben von Prostituierten. Die Mädchen nannten mich ›gnädiger Herr Umsonst-Bums‹. Mein Postschließfach war auch das ihrige. Dorthin kamen ihre Briefe, die Überweisungen von den vielen sehnsüchtigen Matrosen. Eine von ihnen faszinierte mich, weil sie so groß war. Sie wurde von allen ›Linguère Ramatou‹ genannt. ›Linguère‹ bedeutet ›einzige Königin‹ in unserer Sprache. ›Ramatou‹ ist ein roter Vogel aus der Legende über das schwarze pharaonische Ägypten. Ein heiliger Vogel, den man nicht ungestraft tötet. Er ist die Seele der Toten.

Sie wurde Linguère Ramatou genannt, weil sie nicht im tiefen Sumpf des Hafenviertels arbeitete. Jeden Freitag stieg sie von den hohen Sphären der Finanzwelt zu uns herab und teilte alles mit uns. An diesen Freitagen floß der Champagner – für jeden. Linguère Ramatou war gekommen. Gegen Mitternacht, nachdem sie diskret alle Rechnungen bezahlt hatte, verschwand sie wieder, bis zum nächsten Freitag. Sie war von einer beängstigenden Schönheit. An einem Freitag, an dem sie nicht erschienen war, habe ich mir für sie eine Geschichte ausgedacht. Ihre Schöpfungsgeschichte.

Ich stelle sie mir vor in der Zeit des Altertums. Sie gehört zu einem Dorf. Sie ist sieben Jahre alt. Sie lebt in einem bescheidenen Haus, zusammen mit ihrem Urgroßvater, ihrer Urgroßmutter, ihrer Großmutter, ihrer Mutter. Ihr Vater ist fortgegangen. Linguère Ramatou war die einzige Tochter.

Ein Schatten schwebt über der ganzen Familie. Sie wird der Zauberei verdächtigt. Das Dorf gibt ihr die Schuld für alles Schlechte. Eine schreckliche Dürre verwüstet die Gegend. Da entschließt sich das Volk, die ganze Familie in einer Nacht durch das Feuer zu vernichten. Mit den ersten Sonnenstrahlen kommt das Volk an den Ort der Tat zurück. Aus dem Haus war ein Berg schneeweißer Asche geworden. Die Leute können die verbrannten Körper der beiden Urgroßeltern, der Großmutter und der Mutter erkennen, nicht aber den der kleinen Linguère. Man sucht überall. Der Berg schneeweißer Asche wird durchwühlt. Vergeblich. Die kleine Linguère bleibt unauffindbar. Eine große Angst kommt über das Volk. Ein plötzlich aufkommender Wind löst Panik aus. Er wirbelt die Asche in die Luft, und sie färbt die bestürzten Gesichter weiß. Eine große Dame singt in der weiten Ebene ein Lied vom Geheimnis der Linguère Ramatou. Von da an fürchtet sich das Volk vor der Rückkehr der kleinen Linguère.

Linguère Ramatou kam nicht mehr in die Slums des Hafenviertels zurück. Und ich, ich mußte meine Wohnung verlassen, we-

Die Hyäne ist ein Tier aus
Afrika.
Sie ist von einer eigenartigen
Wildheit.
Töten tut sie so gut wie nie.

Ihr Blutsverwandter ist der
Aasgeier.

Sie versteht es, die Krankheiten
der Anderen zu riechen, sie zu
spüren.
Von da an folgt sie dem
kranken Löwen,
wenn es sein muß,
eine ganze Jahreszeit lang.

Auf Abstand. Durch den
ganzen Sahel.

Und benagt
in der Dämmerung
seinen toten Körper.

In aller Ruhe.

Geschrieben 1984 für das Dossier zur Vorproduktion des Films *Hyènes/Ramatou*

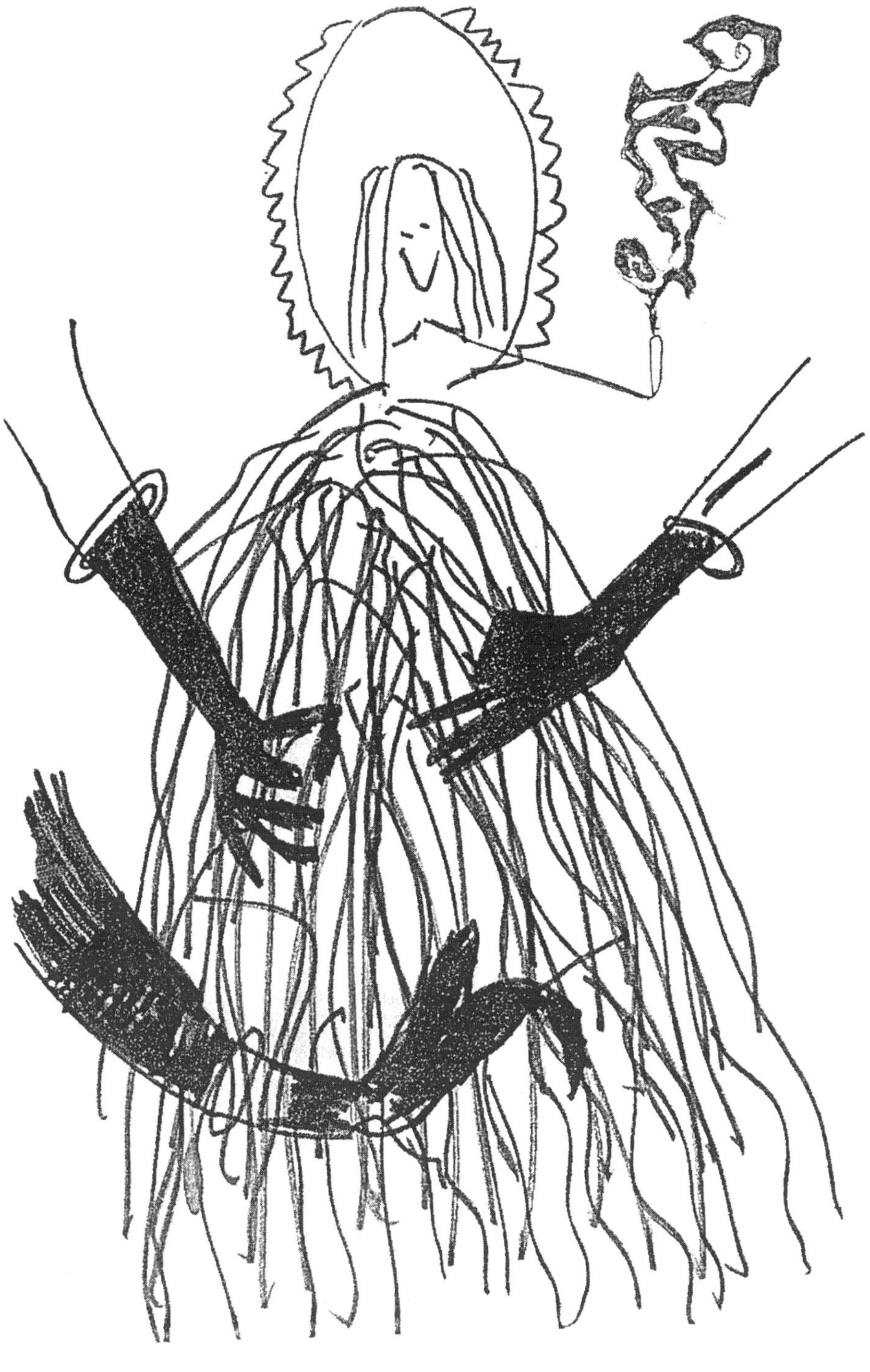

Djibril Diop Mambéty, *Linguère Ramatou*, 1985

gen Zahlungsunfähigkeit. Niemand wußte, wohin sie gegangen war. Die Mädchen erinnern sich. Die Männer tragen heute noch die Narben ihres Mundes. Und dabei blieb es. Ein Ansatz zu einer Geschichte, die mir elf Jahre später wieder in den Sinn kam.

1983, in Genf, machte ich mich auf die Suche nach ihr. Und da… da erschien mir das Bild einer Frau, das ich Anfang der sechziger Jahre im Kino gesehen hatte. Welcher Film? Ich weiß es nicht. Ich erinnere mich an Ingrid Bergman, ganz in Weiß gekleidet, sie steigt aus einem Zug in ihrer Heimatstadt, die auf sie wartet. Hab ich sie gesehen oder nur geträumt? Sie lebt beharrlich weiter in meinem Gedächtnis. Ein Anhaltspunkt bestätigt mir, daß ich sie tatsächlich gesehen habe: Anthony Quinn war ihr Partner. So brauchte ich nur noch in einer Filmbuchhandlung die Filmographie von Ingrid Bergman zu durchsuchen: *Der Besuch / The Visit*, Regisseur Bernhard Wicki, nach dem Theaterstück *Der Besuch der alten Dame* von Friedrich Dürrenmatt.

Ich finde Linguère Ramatou wieder, triumphal vorgetragen von einem großen deutschsprachigen Dichter. Alles vermischt sich. Es ist mir eine große Freude, hiermit Friedrich Dürrenmatt ehren zu dürfen.

Geschrieben 1984 für das Dossier zur Vorproduktion des Films *Hyènes / Ramatou*

…dabei gewinnt der Film besonders im letzten Teil, wenn sich die Colobaner im Kaufrausch mit importierten Elektrogeräten eindecken, dem europäischen Stoff eine spezifisch afrikanische Aktualität ab. Wie eine Fata Morgana steigt zuletzt über der Wüste die Skyline einer häßlichen Drittwelt-Megalopolis auf – sie wird auch den noch einsam in der Landschaft aufragenden Affenbrotbaum ersticken. Der mit dem Blut des Mitbürgers erkaufte Reichtum der Prostituierten begründet eine neue Welt, in der das Leben noch weniger lebenswert ist als in der alten.

›Neue Zürcher Zeitung‹, 6.11.1992

An Djibril
mit den besten Wünschen zur Alten Dame in Senegal
Friedrich Dürrenmatt
7.7.85.

Der Besuch der alten Dame, was für ein Wurf noch immer. Satire auf die große Käuflichkeit. Tragödie dessen, der sein Gesetz und seine Schuld erkennt und sein Opfer akzeptiert. Und das Stück ist auch eine grandios perverse Liebesgeschichte, je sanfter erzählt, desto monströser. Mansour Diouf zeichnet seinen Draman Drameh mit einer naiven Würde, und in Ami Diakhate hat der Regisseur eine Darstellerin der Alten Dame von schneidender Ruhe gefunden, vogelschädelig böse und doch auch von einer abgründigen Melancholie hinter der eindrücklichen Maske – ein Touch von schwarzer Bette Davis. Da lägen große Szenen drin, mit diesen beiden Laiendarstellern. Nur: Die großen Szenen werden bloß angespielt, der gnadenlose Rhythmus der Tragödie, welcher die Alte Dame bewegt, pocht eher indirekt aus Dürrenmatts Vorlage herüber, als daß er Diop Mambétys Temperament entspräche. Dessen Spaß am Fabulieren, am Episodischen, Brüche, Unbestimmtheiten und Ungereimtheiten lassen eine pausenlos zugespitzte Montage dessen, was geschehen muß, vermissen, was auch mit den schwierigen Produktionsbedingungen zu tun haben mag – die Hälfte des Films mußte wegen eines Materialfehlers nachgedreht werden –, trotzdem: *Hyènes* hat letztlich keinen Biß. Wie sagt doch Linguère Ramatou im Film einmal absolut präzise: »Ce n'est pas avec un ticket de zoo qu'on se promène dans la jungle.« Eben, Djibril Diop Mambétys Film ist zuviel Zoo, zu wenig Dschungel.

Martin Walder in ›Filmbulletin – Kino in Augenhöhe‹, Winterthur, 3/92

Szenenbilder aus dem Spielfilm *Hyènes / Ramatou*, 1992

Abendstunde im Spätherbst

»Der Herr Korbes muß ein
recht böser Mann gewesen sein.«
Die Brüder Grimm

DER BÖSE HERR KORBES
Elisabeth Brock-Sulzer

[Dies ist] die atemberaubend dargestellte Geschichte des bösen Herrn Korbes, eines höchst erfolgreichen Kriminalschriftstellers, der nur deswegen so überzeugend zu schreiben vermag, weil er die dargestellten Morde alle wirklich begangen hat, und der nun von dem braven Fürchtegott Hofer entlarvt wird, worauf er den kleinen Hofer zu seinem zweiundzwanzigsten Opfer macht. [...] Anfang und Ende des Hörspieles decken sich genau: sie sind die erste Seite des neuen Romans, die der böse Herr Korbes seinem Sekretär diktiert – eben des Mordes an Fürchegott Hofer, einer Tat, die dazwischen nun dialogisch aufgefächert wird. Dürrenmatt überläßt sich hier seiner Neigung, eine Gestalt über den Menschenmaßstab hinauszutreiben. Der böse Herr Korbes wird zu einer Art von Moloch der Literatursphäre und dadurch grotesk komisch. Der *Mississippi*-Ton klingt auf, die Worte gehen auf Stelzen, was der Sprache des kleinen Fürchtegott eine mausartige Bescheidenheit verleiht. Korbes wohnt in Palasthotels, Hofer in billigsten Pensionen – genauso wohnen sie auch in der Sprache. Doch lasse man sich nicht täuschen. Die Bescheidenheit Fürchtegott Hofers ist ihrerseits gestelzt. Er hat zwar nicht die jobberhafte Monumentalität des Herrn Korbes und dessen joviale Brutalität. Hofer spricht unterwürfig, aber in gewählten Phrasen, verschnörkelt wie die Schrift eines Buchhalters von einst. Er wartet nicht, er »harrt«. Und wohl wäre ihm nur, wenn er Korbes »Meister« nennen dürfte. Er »malt« seine Worte in serviler Bescheidung, auch im Stil geht es bei ihm um nur »sechshundert oder siebenhundert Schweizerfranken«.

ABENDSTUNDE IM SPÄTHERBST

Der letzte originale Hörspieltext von Dürrenmatt entsteht 1956 im Auftrag des Norddeutschen Rundfunks und wird am 7.3.1957 unter dem Titel *Ein Abend im Spätherbst* zum ersten Mal ausgestrahlt. 1958 wird die ORF-Produktion dieses Hörspiels mit dem *Prix Italia*, dem wichtigsten internationalen Hörspielpreis, ausgezeichnet. Die Buchveröffentlichung folgt 1959, und im November desselben Jahres findet eine szenische Aufführung mit Ernst Schröder als Korbes unter der Regie von Rudolf Noelte im Berliner Theater am Kurfürstendamm statt. Derselbe Regisseur inszeniert *Abendstunde im Spätherbst* 1960 im Hamburger Studio des NDR. Diese Produktion wird am 1.12.1960 zum ersten Mal ausgestrahlt.

Weitere Fernsehproduktionen:

EA: 26.11.1958 SF DRS
Regie: Roger Burckhardt

EA: 8.5.1988 ZDF
Regie: August Everding

Wie steht es nun aber mit der Definition, die der böse Herr Korbes von der Literatur in unserer Zeit gibt? »Daß der Schriftsteller an der Sprache, an der Form arbeite, glauben nur Kritiker. Die wahre Literatur beschäftigt sich nicht mit Literatur, sie hat die Menschheit zu befriedigen. Die dürstet nicht nach einer neuen Form oder nach sprachlichen Experimenten und am wenigsten nach Erkenntnissen, die dürstet nach einem Leben, das die Hoffnung nicht braucht, weil es die Hoffnung nicht mehr gibt, nach einem Leben, so prall an Erfüllung, an Augenblick, an Spannung, an Abenteuer, wie es in unserer Menschenwelt der Masse nicht mehr die Wirklichkeit, sondern nur noch die Kunst liefern kann. Die Literatur ist eine Droge geworden, die ein Leben ersetzt, das nicht mehr möglich ist. Doch um diese Droge herzustellen, müssen leider die Schriftsteller das Leben führen, das sie beschreiben, und daß dies einem mit der Zeit – besonders wenn man ein gewisses Alter erreicht hat – höllenmäßig zusetzt, können Sie mir glauben.« So Korbes. [...]

Aus: Elisabeth Brock-Sulzer, *Friedrich Dürrenmatt. Stationen seines Werkes*, Zürich, Diogenes 1986, S. 246f.

Der Nobelpreisträger und Romancier Korbes, Erfolgsliterat und Verfasser von ›Bekenntnisromanen‹ wird von seinem größten Bewunderer, dem pensionierten Buchhalter Fürchtegott Hofer, im Hotel besucht. Hofer hat alle Werke Korbes' nach den darin beschriebenen Verbrechen analysiert, die Romane als ›Mörderberichte‹ gelesen und kommt zum Schluß, daß der Schriftsteller die 22 Opfer in seinen 22 Romanen selber umgebracht hat.
Auch Fürchtegott Hofer geht in die Weltliteratur ein, als 23. Toter im neuen Roman von Maximilian Friedrich Korbes.

Die Hauptfigur der *Abendstunde* heißt:
Maximilian **Fri**edrich Korbes: Das **Fri** kann für Frisch und das **Max** als Max gelesen werden…
Auch wenn sich die beiden großen Schweizer Schriftsteller in späteren Jahren entzweit haben, muß diese Assoziation 1956 wohl lediglich als bissiger Spaß verstanden werden…

Szenenbilder aus der Fernsehinszenierung von *Abendstunde im Spätherbst,* 1960:

Ernst Schröder als der Autor Maximilian Friedrich Korbes und Friedrich Maurer als der Besucher Fürchtegott Hofer

HÖRSPIELERISCHES
Friedrich Dürrenmatt

Es ist nicht ausgeschlossen, daß es Leute gibt, die über Hörspiele ganz bestimmte und profunde Meinungen besitzen, ja vielleicht sogar Hörspieldramaturgien verfaßt haben. Warum nicht. Ich habe mich nie darum gekümmert. Natürlich gibt es technische Möglichkeiten und Eigentümlichkeiten, die nur oder vor allem dem Hörspiel zukommen, das ist auch mir aufgegangen; ein Erzähler etwa wirkt hier natürlicher als auf dem Theater, ein Ortswechsel läßt sich leichter vollziehen, und wenn der Sohn des Augias unvermutet vor der nackten Deianeira steht, so geht das im Radio durchaus, im Theater gäbe es wahrscheinlich doch Proteste. Doch sind dies alles nebensächliche Probleme, Fachsimpeleien.

Der Grund, weshalb man denn eigentlich Hörspiele schreibt, ist schon interessanter. Auch finanziell. Er liegt darin, daß Hörspiele benötigt und bestellt werden. Weshalb dies so ist, muß hier ja nicht näher untersucht werden. Was da die Menschheit an technischen Möglichkeiten aus sich herausentwickelt, braucht offenbar seine kulturelle Krönung, seine künstlerische Erhöhung, will sich nachträglich berechtigen, indem es Geist fordert, geradezu nach Geist hungert. (Vorderhand jedenfalls noch, denn nächstens wird wohl so ein Elektronenhirn seine erste Sonate abliefern, in einem Bruchteil einer Sekunde, und ein anderes Biest seinen ersten Gedichtband.)

Dieses Nach-Geist-Hungern mag vielleicht erstaunlich sein. An sich hätte doch so eine Radiokiste nur Nachrichten und Tanzmusik zu übermitteln und ein Fernsehkasten wirklich nur Fußballspiele zu bringen. Aber offenbar hat ein Beethoven in jedem Kämmerlein zu erklingen und ein Hamlet nicht nur im Burgtheater, sondern auch in jeder besseren Stube aufzutreten. Dagegen ist alles und nichts zu sagen. Die Technik kann ein Luxus und eine Notwendigkeit sein, für den Blinden ist das Radio eine wirkliche Prothese, für einen Gelähmten das Fernsehen.

Doch hat sich ein Schriftsteller nicht um diese Fakten zu kümmern, er hat sie nur zugunsten seiner Produktion auszunützen. Er hat zu arbeiten, auch in unserem Zivilisationsdschungel, die nötigen Schliche und Pfiffe zu lernen, zu versuchen, sich intakt zu halten. Die Luft ist stickig, ein jeder kommt gleich mit den ewigen Werten, das ganze Abendland wird mobilisiert und zitiert. Darum keine unnützen Bewegungen, keine falschen Atemzüge, Entwicklung einer Elefantenhaut. Die Schwierigkeit des Schriftstellers heutzutage liegt darin, daß er seine Möglichkeiten zu kapieren hat. Nur was er schafft, zählt, nicht, was er schwätzt; nur was er denkt, nicht was er meint. Was

Nach rechter Moralistenart macht Dürrenmatt sich nichts daraus, prominente Institutionen und Zeitgenossen beim Namen zu nennen. Er reibt sich an den Nobelpreisträgern von Faulkner bis Hemingway, und wenn er davon spricht, daß sich sogar Richter und Staatspräsidenten für Verbrecher einsetzen, sofern diese nur gute Schriftsteller seien, dann zielt das offensichtlich gegen Genet, auch wenn statt diesem Villon genannt wird. Ernst Schröder gab als halbbetrunkenes Ungeheuer, durch zerknülltes Papier stapfend, der Gestalt des Schriftstellers die Züge einer ins Dämonische verzerrten Hemingway-Karikatur.[...]
Das Publikum honorierte Dürrenmatts Kunst, das Grausige ins Komische und das Komische ins Grausige zu wenden, mit anhaltendem Beifall.

Besprechung der szenischen Uraufführung von *Abendstunde im Spätherbst*, ›Der Mittag‹, Berlin, 8.12.1959

bleibt, stiften die Dichter. Genauer: nur der Mensch bleibt, den die Dichter schaffen.
Hammurabi beschäftigt nur Altertumswissenschaftler, Gilgamesch lebt. Wilhelm Tell ist immer noch der einzige Schweizer, den *wirklich* die ganze Welt kennt, Adrian von Bubenberg dagegen ist zwar historisch, aber eine bernische Lokalgröße geblieben. Und sogar der Pottwal Moby-Dick lebt immer noch nachdrücklicher als der größte Politiker seiner Epoche.
Sicher gibt es die Freude an der Sprache, das Vergnügen, zu spüren, daß ein Wort, ein Satz, eine Periode, eine Passage oder gar ein Gedanke nur so sein kann und nicht anders; die Lust an der Raffinesse, am Detail, an der Unterscheidung und so weiter; doch zählt dies alles nichts, war man einmal dabei, wie eine Gestalt zu leben beginnt, Eigengesetzlichkeit erlangt, zu reden anfängt, die Sprache diktiert, selber ihr Schicksal formt: diesem Erlebnis gegenüber wird alles andere gleichgültig, zweitrangig. Von hier aus betrachtet, werden dem Schriftsteller die technischen Möglichkeiten unserer Zeit nichts anderes als Materialien, die es eben auch gibt, Dinge wie Ton, Holz oder Stein für einen Bildhauer, er greift zu diesem oder jenem Material, bald aus Instinkt, bald aus Neugierde, oft weil eben ein Auftrag vorliegt: Schriftstellerei ist ein Beruf. So verdanke ich dem Hörspiel viel, auch Geld; die deutschen Sender zahlen anständig.

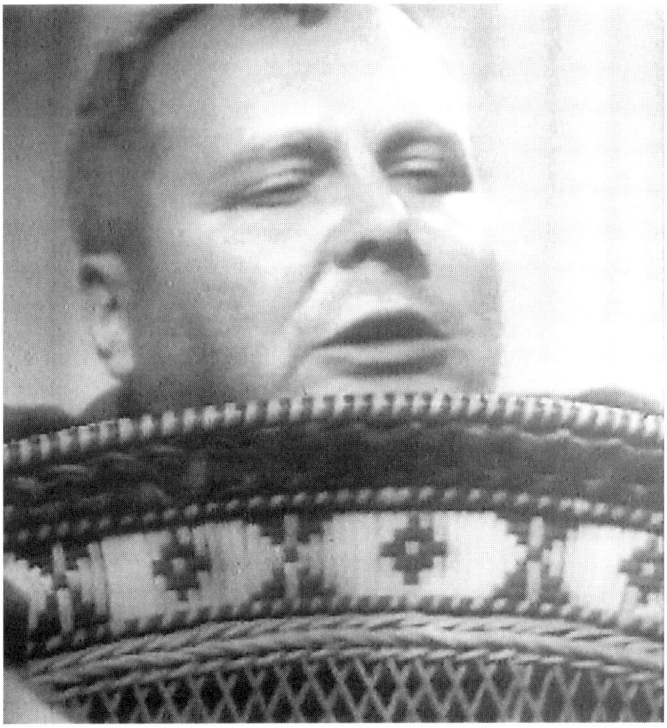

Szenenbild aus der Fernsehinszenierung von *Abendstunde im Spätherbst,* 1960:

Ernst Schröder als der Autor Maximilian Friedrich Korbes

Arbeiten ist eine Frage der Disziplin. Einatmen, Ausatmen, Wechseln von größeren zu kleineren Formen, immer neues Ansetzen. Nach einem Theaterstück tut es gut, einen Roman zu schreiben, nach dem Roman erwacht die Lust auf ein Hörspiel, nach dem Hörspiel wagt man sich wieder an ein Theaterstück: Blutkreislauf.
So bleibt man an den Stoffen, formt unablässig, schafft seine Gestalten, immer neue, vergeudet sich nicht, schreibt Dinge und nicht *über Dinge*, belästigt die Welt weder mit Weltanschauung noch mit Innenleben; der Schreibtisch bleibt der Arbeitstisch. Und dann noch das Beste: mit deinen Hörspielen tauchst du wieder unter (falls du nicht gar zu offensichtlich in ihnen dichtest, reines Wort, Raumlosigkeiten usw.), kein ernsthafter Kritiker nimmt sie wahr, liest sie, er schaut sie ja nur als reine Gelegenheitsarbeit an, und so läßt sich gerade in ihnen ungestört oft das Wesentliche tun oder doch vorbereiten.

Aus: WA, Bd. 17, S. 155ff.

Szenenbild aus der Fernsehinszenierung von *Abendstunde im Spätherbst,* 1960:

Friedrich Maurer als der Besucher Fürchtegott Hofer

DÜRRENMATTS HÖRSPIELE

Gerhard P. Knapp

Dürrenmatts Hörspielproduktion umfaßt acht Texte. Mit Ausnahme des Vorläufers *Der Doppelgänger* sind sie alle in den Jahren von 1951 bis 1956 entstanden und gehören somit, grob gesprochen, der zweiten Arbeitsphase zu. Die Hörspiele sind, außer den ersten beiden, Auftragsarbeiten für deutsche Rundfunkanstalten. Chronologisch fallen sie in die fruchtbarsten Jahre des Genres Hörspiel, das von Anbeginn offenbar durch die deutschen Rezeptionsbedingungen besonders begünstigt wurde: In den Jahren von 1927 bis 1960 wurden in Deutschland rund 200 Hörspiele veröffentlicht, 160 davon allein in den wenigen Jahren nach dem Zweiten Weltkrieg. Die Zahl der Sendungen liegt weitaus höher. Statistiken verzeichnen etwa 180 Hörspielsendungen pro Jahr seit 1945 bzw. eine jährliche Gesamtausstrahlung von annähernd 500 Titeln in der Bundesrepublik. Dürrenmatt gehört mit Aichinger, Bachmann, Böll, Brecht, Eich und anderen zu den Autoren, die das Hörspiel nicht nur als notwendige Einkommensquelle betrachten, sondern innovativ über die Grenzen des bisher Geleisteten vorzustoßen versuchen. Im Fall Dürrenmatts bedeutet dies weniger eine Experimentierfreude mit der Gattung des Hörspiels an sich als die Möglichkeit, *dramaturgische* Entwürfe bzw. Gegenkonzepte experimentell durchzuspielen und gegebenenfalls auf andere Medien zu übertragen. So wurden mehrere der Hörspiele szenisch oder als Fernsehspiele aufgeführt, *Die Panne* auch als Erzählung veröffentlicht und zwei der Texte sogar vertont.

Besteht einerseits ein deutlicher Zusammenhang, vor allem im Formalen, zwischen den Hörspielen Dürrenmatts und der westdeutschen Nachkiegsproduktion, so liegen andererseits thematische Unterschiede vor. Wo dort im Gefolge des starken Einflusses von Borchert zunächst Stoffe Vorrang besitzen, die sich der ›Bewältigung‹ der unmittelbaren Vergangenheit verschrieben haben (Kriegs-, Heimkehrer- und ›Zonen‹-Thematik), und später, bis zu den Anfängen des ›neuen Hörspiels‹ der sechziger Jahre, konkret gesellschaftskritische Themen im Vordergrund stehen, geht Dürrenmatt zumindest stellenweise eigene Wege. Das Hörspielwerk bleibt dabei grundsätzlich der Theaterarbeit verbunden, auch in Form des bewußten Gegenentwurfs und auch dann, wenn medienspezifische Überlegungen im Vordergrund stehen: »Der westdeutsche Rundfunk und das westdeutsche Fernsehen etwa sind nicht zufällig für die Schriftsteller oft lebenswichtig, diese Anstalten brauchen einfach Stücke. [...] Überhaupt tut es dem Schriftsteller gut, sich nach dem Markte zu richten. Er lernt so schreiben, listig schreiben, das Seine unter auferlegten Bedingungen zu treiben. Geldverdienen ist ein schriftstellerisches Stimulans.« (*Schriftstellerei als Beruf*, WA, Bd. 26, S. 59) Als Theoretiker des Hörspiels hat sich der Autor nicht betätigt. In einer der wenigen Stellungnahmen zur Gattung begnügt er sich mit einer Abgrenzung gegenüber der Bühne: Das Radio stelle gegenüber Theater und Film eine Abstraktion dar. In den visuellen Medien sei, im Gegensatz zum Funkspiel, eine »größere Steigerung« des ästhetischen Effekts möglich, da Sprache »als der eigentliche Höhepunkt« erreicht werde. Letzten Endes aber – und dies kann durchaus als poetologischer Befund gelten – macht er wenig Unterschied zwischen den Gattungen: »Es handelt sich überall um den Menschen, um den Menschen, der redet, der durch das Spiel zum Reden gebracht wird.« (*Vom Sinn der Dichtung in unserer Zeit*, WA, Bd. 26, S. 65) [...]

Die Geschlossenheit und Gedrängtheit der Dürrenmattschen Hörspieltexte dürfte Anlaß genug sein, sein eigenes Verdikt über die Gattung aufs neue zu befragen. Besonders im Vergleich mit den Dramatisierungen – etwa des *Herkules* auf der Bühne oder der Bearbeitung der *Abendstunde* als Fernsehspiel bzw. der Bühnenfassung *Dichterdämmerung* – überzeugt der Hörspielentwurf auf lange Strecken mehr als die Bühnen- bzw. Filmrealisierung, gerade *weil* die Beschränkung auf das Wort eine (sprachliche) Konzentration erzwingt, die die Bühne nicht leistet. [...]

Hörspiele – wie Film und Fernsehspiel – stellen für Dürrenmatt jeweils eine Verlängerung bzw. Verkürzung des Bühnenmediums mit anderen, wenn auch vergleichbaren Mitteln dar. Seine Hörspiele sind also in erster Linie dramaturgische Entwürfe, die sich sowohl innerhalb der Chronologie der Komödien ansiedeln als auch außerhalb. Interessant ist dabei, daß sie keineswegs durchgängig als ›Komödien‹ anzusehen sind. Hatte sich der Bühnenautor schon mit dem *Romulus*, später mit den *Theaterproblemen* und anderen theoretischen Stellungnahmen auf die Komödienform festgeschrieben, so gilt dieser [...] Formzwang nicht für die Funkspiele. Für die Werkgeschichte sind sie zusätzlich deshalb von Bedeutung, weil sie im Detail die Entwicklung der Jahre 1951 bis 1956 erhellen. Diese Zeitspanne ist [...] für die endgültige gesellschaftliche und ästhetische Orientierung des Autors von entscheidender Bedeutung. Beispielhaft belegt so auch die Hörspielproduktion, der Fortschritt von »Moralpredigten in Dialogform zu geistreichen Hörspielen von großer Raffinesse« (Murrey B. Peppard), den Reifungsprozeß zum Dramatiker ersten Ranges. [...]

Die erste Gruppe der Hörspiele (*Der Prozeß um des Esels Schatten*, 1951; *Nächtliches Gespräch mit einem verachteten*

Menschen, 1952; *Stranitzky und der Nationalheld*, 1952) steht stark unter dem Einfluß der Detektivromane. Sie zeichnet sich darüber hinaus (*Stranitzky* am eindeutigsten) durch scharfe Kritik an den gesellschaftlichen Verhältnissen aus. Insofern bilden diese Texte, wenn auch mit einiger Einschränkung, Gegenstücke zu *Die Ehe des Herrn Mississippi*. Die zweite Gruppe (*Herkules und der Stall des Augias*, 1954; *Das Unternehmen der Wega*, 1954; *Die Panne*, 1955; *Abendstunde im Spätherbst*, 1956) verbindet zeitgenössisches Engagement mit einem Rekurs auf den Mythos im *Herkules*, stellt in Form des *Unternehmens der Wega* dem *Engel kommt nach Babylon* ein Science-Fiction-Gegenkonzept zur Seite und leitet mit *Abendstunde im Spätherbst* zur Thematik der Hochkonjunktur über: einem Thema, das etwa gleichzeitig im *Besuch der alten Dame* bearbeitet wird. Die endgültige Entscheidung des Autors für die Komödienform dürfte in der Zeit der Arbeit an der *Alten Dame* gefallen und durch deren Erfolg bestätigt worden sein. Dürrenmatt hat seither kein Hörspiel mehr geschrieben.

Aus: Gerhard P. Knapp, *Friedrich Dürrenmatt*, Stuttgart/Weimar, Verlag J.B. Metzler 1993, S. 70f.

Beim Abhören der Chansons zu *Frank V.*, Neuchâtel, 1958

Nächtliches Gespräch mit einem verachteten Menschen

»Ich wollte zu meinem Mörder
erhabene Dinge sprechen,
nun hat der Henker zu mir
einfache Dinge gesprochen.«

NÄCHTLICHES GESPRÄCH MIT EINEM VERACHTETEN MENSCHEN

Das Hörspiel entsteht 1951 im Auftrag des Bayerischen Rundfunks, der es 1952 zum erstenmal sendet. Am 25. 7. 1952 wird die szenische Fassung des Hörspiels an den Münchner Kammerspielen unter der Regie von Hans Schweikart uraufgeführt.
Der Text wurde im deutschen Fernsehen zweimal als Fernsehspiel inszeniert:

EA: 31.1.1962 ARD (SDR)
Regie: Werner Schlechte

EA: 5.1.1981 BR
Regie: Guy Kubli

ZUM HENKER

Der Henker taucht immer wieder in Dürrenmatts Werken auf, nicht immer unter seiner Berufsbezeichnung, zuweilen nennt ihn Dürrenmatt aber auch beim Namen, zum Beispiel im Titel seines Kriminalromans *Der Richter und sein Henker.* In diesem Buch bringt der krebskranke Kommissär Bärlach einen Polizisten dazu, die nach Bärlachs Ansicht verwirkte Todesstrafe zunächst an einem Verbrecher und dann an sich selbst zu vollstrecken.
In der Erzählung *Die Panne* ist es sozusagen die Panne, die lockere Schraube, die den Handelsvertreter dazu treibt, ein gegen ihn formuliertes Urteil an sich selber zu vollstrecken, in der Tischrunde der Greise befindet sich aber auch ein pensionierter Henker; in Dürrenmatts Hörspiel *Abendstunde im Spätherbst* zeigt sich, daß ein berühmter Autor von der Beschreibung der Morde lebt, die er selber begeht – genauer, er bringt Leute um, über die er zuvor ein eigenes, nicht eben gerichtsnotorisches Todesurteil gesprochen hat; und in Dürrenmatts Hörspiel *Nächtliches Gespräch mit einem verachteten Menschen* klettert der vom Staat angestellte Henker über das Fenstersims in das Zimmer eines Schriftstellers, um diesen dem Staat lästig gewordenen Mann unauffällig umzubringen.

> DER MANN: Auf diesen Menschen habe ich gewartet. Auf einen, der so denkt, wie meine wahren Mörder denken. Diesem Menschen wollte ich noch einmal – zum letztenmal – sagen, wofür ich ein ganzes Leben lang gekämpft habe. Ich wollte ihm zeigen, was die Freiheit ist, ich wollte ihm beweisen, daß ein freier Mann nicht zittert. Und nun bist du gekommen.
> DER ANDERE: Der Henker.
> DER MANN: Mit dem zu reden es keinen Sinn hat.

Der moderne Staat läßt den Heroismus nicht mehr zu, er gönnt seinen Gegnern nicht einmal mehr den pathetischen, aufrufflammenden, märtyrerwirksamen Tod; seine Exekutionen werden zur anonymen, unauffälligen Hygienemaßnahme.
Dieser Sachverhalt, den Dürrenmatt den »Verlust des Helden« nennt, ist sicher nicht nur für Umstürzler, Gerechtigkeitsfanatiker und Revolutionäre bitter, sondern gewiß auch für Bühnenschriftsteller, die nun in ihren Theaterstücken ohne Helden auskommen müssen. »Die Macht Wallensteins«, so beneidet Dürrenmatt seinen Amtsvorgänger Schiller, »ist eine noch sichtbare Macht, die heutige Macht ist nur zum kleinsten Teil sichtbar, wie bei einem Eisberg ist der größte Teil im Gesichtslosen, Abstrakten versunken. Der moderne Dramatiker muß ohne den tragischen Helden auskommen, weil wir keine tragischen Helden, sondern nur Tragödien vorfinden, die von Weltmetzgern inszeniert und von Hackmaschinen ausgeführt werden…«

Aus: ›Der Spiegel‹, Hamburg, 8.7.1959

Zwiegespräch zwischen einem Schriftsteller und seinem Henker, der nachts durch das Fenster einsteigt. Er ist vom Staat geschickt und muß den Schriftsteller hinrichten, weil dieser dem Staat nicht genehm ist.

Szenenbilder aus der Fernsehinszenierung von *Nächtliches Gespräch mit einem verachteten Menschen,* 1981:

Sigfrit Steiner als der Andere

Charles Brauer als der Mann

F.D., *Die gläsernen Särge der Toten werden die Rammböcke sein*, 1964

DIE WELT IST IM HÖRSPIEL AUF DAS HÖREN AMPUTIERT

Friedrich Dürrenmatt

Das reine Wort gibt es weder im Theater noch im Rundfunk, noch im Fernsehen, weil im dramatischen Spiel nie vom Menschen abstrahiert werden kann. Es handelt sich überall um den Menschen, um den Menschen, der redet, der durch das Spiel zum Reden gebracht wird. Sieht man im Film, wie im Fernsehen, durch ein Schlüsselloch, im Theater wie in einem Guckkasten, so lauscht man im Hörspiel an einer verschlossenen Tür ohne Schlüsselloch. Was nun besser sei, scheint mir müßig zu fragen. Es ist ein Streit um Methoden, in dem jeder recht hat. Im Hörspiel ist die Welt auf die eine Ebene des Hörens abstrahiert, das ist seine große Möglichkeit und seine große Schwäche. Der Vorteil des Theaters gegenüber dem Hörspiel, aber auch der Vorteil des Films oder des Fernsehens liegt gerade darin, daß in ihnen die Sprache nicht als das unmittelbare Medium, sondern als der eigentliche Höhepunkt erreicht wird. Das Theater hat eine viel größere Steigerung als das Hörspiel. Die Welt ist im Hörspiel auf das Hören amputiert, im Film auf das Bild hin. Bei beiden wird eine zu große Intimität erzielt. Sieht man im Film, wie sich die Leute ausziehen, so hört man im Hörspiel, wie sie miteinander flüstern.

Aus: *Vom Sinn der Dichtung in unserer Zeit*, WA, Bd. 26, S. 65f.

Das Hörspiel finde ich etwas ungeheuer Wichtiges und gerade für einen Dramatiker. Es ist für mich wie eine Novelle. Schauen Sie, das ständige Auf-die-Bühne-Denken, beim Hörspiel sind Sie es los. Ich finde das Hörspiel eine neue glänzende Möglichkeit. Ich würde sagen, das Hörspiel ist eine Chance, die ich als Dramatiker neu bekommen habe. Ein neues Medium. Das Radio ist etwas sehr Wichtiges. Und überhaupt: Warum soll ich für diese neuen Medien nicht schreiben? Das ist fast so, wie wenn Sie einem Maler sagen wollen, er dürfe jetzt nur große Fresken malen. [...]
Ich nehme ein Hörspiel ebenso ernst wie ein Theaterstück. Wie sagte ich: Ein Ölbild ist nicht etwas weniger Seriöses als ein Fresko. Es ist eine neue künstlerische Möglichkeit. Das ist so etwas Wichtiges wie das Theater. Es hat mich immer sehr inspiriert. Ich will auch wieder schreiben. Man ist ja auch viel freier. Es ist eine Art Lust, Hörspiele zu schreiben.

Aus: Josef-Hermann Sauter, *Gespräch mit Friedrich Dürrenmatt.* In: ›Sinn und Form‹, Berlin, Achtzehntes Jahr, 1966, 4. Heft, S. 1231

Die Gläsernen Särge der Toten werden die Rammböcke sein. Dramaturgisch formuliert: die schlimmstmögliche Wendung trifft ein. Daß ich immer wieder die schlimmstmögliche Wendung darstelle, hat nichts mit Pessimismus zu tun, auch nichts mit einer fixen Idee. Die schlimmstmögliche Wendung ist das dramaturgisch Darstellbare, ist genau das auf der Bühne, was in der Plastik den *David* zur Statue und meine Bilder zu dramaturgischen Bildern macht.

Aus: F.D., *Persönliche Anmerkungen,* in: *Dürrenmatt. Bilder und Zeichnungen*, Zürich, Diogenes 1978, unpaginiert

DER HENKER ZUM MANN DER STERBEN WIRD

Friedrich Dürrenmatt

Ihren Leib kann ich nehmen, Herr, der ist der Gewalt verfallen, denn alles, was in Staub zerfällt, ist ihr unterworfen, aber wofür Sie gekämpft haben, darüber habe ich keine Macht, denn es gehört nicht dem Staub. Dies ist, was ich, ein Henker, ein verachteter Mensch, von den Unschuldigen lernte, die mein Beil fällte und die sich nicht wehrten: Daß einer in der Stunde seines ungerechten Todes den Stolz und die Angst, ja auch sein Recht ablegt, um zu sterben, wie Kinder sterben, ohne die Welt zu verfluchen, ist ein Sieg, der größer ist, als je ein Sieg eines Mächtigen war. Am leisen Hinsinken der Demütigen, an ihrem Frieden, der auch mich umschloß wie ein Gebet, an der Ungeheuerlichkeit ihres Sterbens, das jeder Vernunft widersprach, an diesen Dingen, die nichts sind vor der Welt als ein Gelächter, weniger noch, ein Achselzucken, offenbarte sich die Ohnmacht der Ungerechten, das Wesenlose des Todes und die Wirklichkeit des Wahren, über die ich nichts vermag, die kein Scherge ergreift und kein Gefängnis umschließt, von der ich nichts weiß, als daß sie ist, denn jeder Gewalttätige ist eingeschlossen in das dunkle, fensterlose Verlies seiner selbst. Wäre der Mensch nur Leib, Herr, es wäre einfach für die Mächtigen; sie könnten ihre Reiche erbauen, wie man Mauern baut, Quader an Quader gefügt zu einer Welt aus Stein. Doch wie sie auch bauen, wie riesenhaft nun auch ihre Paläste sind, wie übermächtig auch ihre Mittel, wie kühn ihre Pläne, wie schlau ihre Ränke, in die Leiber der Geschändeten, mit denen sie bauen, in dieses schwache Material ist das Wissen eingesenkt, wie die Welt sein soll, und die Erkenntnis, wie sie ist, die Erinnerung, wozu Gott den Menschen schuf, und der Glaube, daß diese Welt zerbrechen muß, damit sein Reich komme, als eine Sprengkraft, mächtiger denn jene der Atome, die den Menschen immer wieder umprägt, ein Sauerteig in seiner trägen Masse, der immer wieder die Zwingburgen der Gewalt sprengt, wie das sanfte Wasser die Felsen auseinanderzwängt und ihre Macht zu Sand zermahlt, der in einer Kinderhand zerrinnt.

Aus: *Nächtliches Gespräch mit einem verachteten Menschen*, WA, Bd. 17, S. 29f.

DER MANN DER STERBEN WIRD ZUM HENKER

Friedrich Dürrenmatt

Ich wollte zu meinem Mörder erhabene Dinge sprechen, nun hat der Henker zu mir einfache Dinge gesprochen. Ich habe für ein besseres Leben auf dieser Erde gekämpft, dafür, daß man nicht ausgebeutet wird wie ein Tier, welches man vor den Pflug spannt: Da, geh, schaff Brot für die Reichen! Im weitern, daß die Freiheit sei, damit wir nicht nur klug wie die Schlangen, sondern auch sanft wie die Tauben sein können, und endlich, daß man nicht krepiere in irgendeiner Schinderhütte, auf irgendeinem lehmigen Feld oder gar in deinen roten Händen; daß man diese Angst, diese unwürdige Angst nicht durchmachen muß, die man vor deinem Handwerk hat. Es war ein Kampf um Selbstverständlichkeiten, und es ist eine traurige Zeit, in der man um das Selbstverständliche kämpfen muß. Aber wenn es einmal soweit ist, daß dein riesiger Leib aus einem leeren Himmel in das Innere unseres Zimmers steigt, dann darf man wieder demütig sein, dann geht es um etwas, das nicht selbstverständlich ist: um die Vergebung unserer Sünden und um den Frieden unserer Seele. Das weitere ist nicht unsere Sache, es ist aus unseren Händen genommen. Unser Kampf war ein guter Kampf, aber unser Unterliegen war ein noch besseres Unterliegen. Nichts ist verloren von dem, was wir taten. Immer aufs neue wird der Kampf aufgenommen, immer wieder irgendwo, von irgendwem und zu jeder Stunde. Geh, Henker, lösch die Lampe, der erste Strahl des Morgens wird deine Hände führen.

Aus: *Nächtliches Gespräch mit einem verachteten Menschen*, WA, Bd. 17, S. 31

F.D. in Berlin, 1952

Die Panne

»Bloße Unterhaltung bietet das Leben,
am Abend das Kino,
Poesie die Tageszeitung unter dem Strich,
für mehr, doch sozialerweise
schon von einem Franken an,
wird Seele gefordert…«

DIE PANNE

Das Hörspiel entsteht im Auftrag des Bayerischen Rundfunks, wird am 17.1.1956 zum ersten Mal ausgestrahlt und erhält im selben Jahr den *Hörspielpreis der Kriegsblinden*. Dem Hörspiel geht die gleichnamige Erzählung voraus, die allerdings erst 1956 erscheint. Der Stoff wird 1957 zum Fernsehspiel und 1979 zur Komödie umgearbeitet.

EA der Fernsehinszenierung:
11.4.1957
Regie: Fritz Umgelter

UA der Bühnenbearbeitung:
13.9.1979, Gastspieltheater Egon Karter im Comödienhaus Wilhelmsbad/Hanau
Regie: F.D.

EA der Fernsehaufzeichnung dieser Bühnenbearbeitung:
20.7.1980
Regie: F.D. / Ettore Cella

DIE ENTSTEHUNG DER ›PANNE‹

Friedrich Dürrenmatt

Die Panne entstand aus einer Anekdote: Nach dem Zusammenbruch der Österreichischen-Ungarischen Monarchie begegnete ein entlassener Hofrat seinem ebenfalls entlassenen Kanzlisten, der erstaunlich munter aussah, im Gegensatz zum vergreisten Hofrat. Nach dem Grunde seiner blühenden Gesundheit befragt, antwortete der Kanzlist, er habe eine ganze Fuhre Akten aus ihrem alten Ministerium gekauft, die man eben verbrennen wollte, und arbeite die Akten nun durch. »Wissen Sie was«, antwortete der entlassene Hofrat seinem entlassenen Kanzlisten, »wissen Sie was, wenn sie so eine Akte durchgearbeitet haben, könnten Sie die nicht zu mir rüberschicken, damit ich sie unterschreiben kann.«
Diese Anekdote führt zur Geschichte mit dem entlassenen Staatsanwalt, mit dem entlassenen Richter, dem pensionierten Verteidiger und dem pensionierten Henker, die ihre alten Berufe als Spiel weitertreiben, in welches durch Zufall der Textilverkäufer Traps gerät, für schuldig befunden wird und, da er das Spiel ernst nimmt, Selbstmord begeht.
Wie in der Geschichte *Das Haus* betritt einer aus Zufall ein Haus und kommt darin um, auch klingt *Die Panne* an die Geschichte mit dem flüchtenden Verbrecher an: Es ist, als ob die neue Geschichte *Die Panne* in die alte Geschichte gekrochen

F.D., Skizzenporträts der Hauptfiguren aus *Die Panne*, um 1979

wäre: Vielleicht ist es so, daß erst eine Unmenge nicht niedergeschriebener Geschichten eine niedergeschriebene Geschichte ergibt.

Ganz zu diesem Geschichtenkreis tritt der *Aufenthalt in einer kleinen Stadt*, wovon drei Kapitel existieren. Ein verkrachter Bankier namens de Schangnau, der in Basel ohne Glück seine Bank zu finanzieren suchte, kehrt mit dem letzten Zug nach Yverdon zurück, wo sich nicht nur seine lädierte Bank, sondern auch seine seit langem vernachlässigte Gattin befindet. Wie jedoch der Zug in Konigen, einer kleinen Stadt zwischen Biel und Grenchen, kurz hält, sieht de Schangnau noch Licht im Perronkiosk; er verläßt den Zug, um sich Zigaretten zu kaufen. Die Verkäuferin ist schön, doch verwirrt es ihn, daß sie häßliche Zähne besitzt, er zögert, und während er zögert, fährt ihm der Zug davon.

De Schangnau, immer noch mit den Gewohnheiten eines reichen Bankiers behaftet, muß in dem Städtchen übernachten, schlendert durch die Bahnhofshalle, und, nach alter Gewohnheit, winkt er einem Auto zu, das er für ein Taxi hält, besteigt es, obgleich er kaum mehr als fünfzig Franken in der Tasche hat, um sich in ein Hotel fahren zu lassen. Kaum hat er auf dem Rücksitz Platz genommen, als er bemerkt, daß er neben einem Männchen sitzt. Das Auto fährt in rasender Fahrt in die Stadt, hält mitten in einer beleuchteten Straße an, der Fremde drückt dem immer noch sprachlosen de Schangnau einen runden Ge-

Der Textilien-Generalvertreter Alfredo Traps gerät durch den Zufall einer Autopanne in ein Dorf und dort in die Gesellschaft von vier Greisen – alles ehemalige ›Juristen‹: Verteidiger der eine (Kummer), Staatsanwalt der andere (Zorn), Richter der dritte (Pilet), Scharfrichter der vierte (Wucht). Aufgefordert, das Spielchen der vier alten Herren, ›Gericht‹ genannt, mitzuspielen, entdeckt Traps, unmäßig, wenn auch immer nur das Feinste, mit den Kämpen essend und trinkend, sich und der Tischgesellschaft, daß er seinen einstigen Chef ermordet hat.

In der Prosafassung läßt Dürrenmatt den Angeklagten Selbstmord begehen, in der Fernsehfassung und im Hörspiel fährt Traps am anderen Morgen, nüchtern geworden, weiter und schüttelt das Erlebnis des Abends ab, um dem nächsten Gegner »den Hals umzudrehen«.

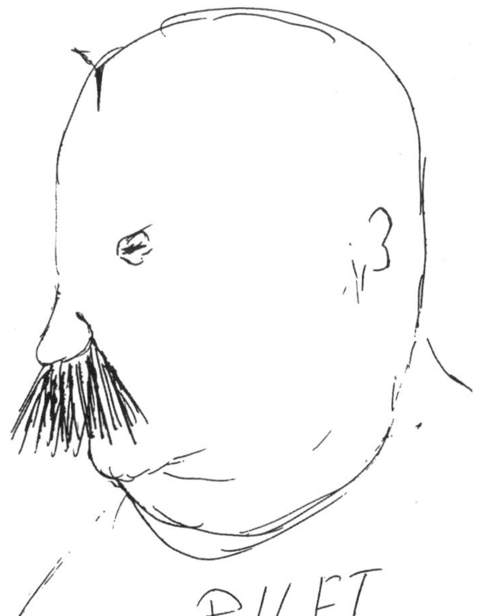

genstand in die Arme, sagt »In drei Minuten geht sie los, mein Herr« und stößt ihn auf die Straße. Das Auto saust davon, und de Schangnau steht mitten in einem ihm unbekannten Städtchen, eine Bombe in den Händen. Die Straße ist noch voller Menschen. De Schangnau rast in eine Nebengasse, steht plötzlich vor einem alten Turm, den er schon oft als Wahrzeichen des Städtchens abgebildet gesehen hat, und wirft die Bombe unter dessen Torbogen, drückt sich in den nächsten offenen Korridor eines alten Hauses, worauf die Explosion erfolgt. De Schangnau rettet sich unerkannt in ein Hotel, wo er das einzige Doppelzimmer mietet, das noch frei ist.
Romandramaturgisch entwickelt sich nun folgende Konstellation: De Schangnau ist am Bahnhof offensichtlich verwechselt worden. Die Verwechslung führt zu einer sinnlosen Tat, welche die Polizei, die natürlicherweise nach einem Sinn der sinnlosen Tat sucht, in die Irre führt.
Die zwei weiteren Kapitel, die ich geschrieben habe, betreffen die Szene in einem Barbierladen, wo de Schangnau die Einstellung der Bevölkerung zur Zerstörung des alten Turmes erfährt und eine Szene in einem Hinterhof, wo de Schangnau einem Erpresser begegnet. Eine der Hauptfiguren sollte eine Hundertjährige sein, ja, der eigentliche Grund, weshalb ich diesen Roman zu schreiben begann, war diese Frau, mit der ich viele Gespräche des Haupthelden konzipierte, und dann der Umstand, daß de Schangnau in all den Verfolgungen, die er erleidet, (da er gezwungen ist, aus Geldmangel in der Stadt zu bleiben), immer wieder, unglücklich verheiratet, Telefongespräche mit seiner Frau führt: seine Ehe kommt ihm auf einmal wie eine Insel des Glücks vor.
Überhaupt glaube ich, daß nicht die eigentliche Handlung, die Konstruktion, der Stoff das eigentliche sind, das man sucht, sondern die Möglichkeit, gewisse Situationen und gewisse Menschen zu schildern. So hinterläßt jeder Stoff, den man nicht schreibt, das Gefühl, nicht so sehr, etwas unterlassen, als vielmehr, etwas verpaßt zu haben.

Aus der ersten Fassung der *Stoffe*, unveröffentlicht.

Manuskript der ersten Fassung der *Stoffe* (ca. 1970/71)

frei ist. Romandramaturgisch entwickelt sich nun fol-
gende Konstellation: Die Schangnau ist am Bahnhof of-
fensichtlich verwechselt worden. Die Verwechslung
führt zu einer sinnlosen Tat, welche die Polizei, die
natürlicherweise nach einem Sinn der sinnlosen Tat
sucht, in die Irre führt. Die zwei weiteren Kapitel,
die ich geschrieben habe, betreffen eine Szene
in einem Barbierladen, wo die Schangnau
die Einstellung der Bevölkerung zur Zer-
störung des alten Turmes erfährt und eine
Szene in einem Hinterhof, wo die Schangnau
einem Erpresser begegnet. Eine der
Hauptfiguren sollte eine hundertjährige
sein, ja, der eigentliche Grund, weshalb
ich diesen Roman zu schreiben begann
war diese Frau, mit der ich viele Gesprä-
che das Haupthelden konzipierte. x
Überhaupt glaube ich, dass nicht die
eigentliche Handlung, die Konstruktion,
der Stoff das eigentliche sind, das
man sucht, sondern die Möglichkeit
gewisse Situation und gewisse Men-
schen zu schildern. So hinterlässt
jeder Stoff, den man nicht, das
schrieb, ~~das Gefühl~~, nicht
so sehr, etwas unterlassen, als viel-
mehr, etwas verpasst zu haben

x Und dann der Umstand, dass die Schangnau in all den Verfol-
gungen, die er erleidet, (da er gezwungen ist das Geldmangel in der Stadt zu bleiben) immer wieder, unglücklich verheiratet, Tele-
fongespräche mit seiner Frau führt: Seine Ehe kommt ihm auf
einmal wie eine Insel des Glücks vor.

GIBT ES NOCH ETWAS ZU ERZÄHLEN?
Friedrich Dürrenmatt

Gibt es noch mögliche Geschichten, Geschichten für Schriftsteller? Will einer nicht von sich erzählen, romantisch, lyrisch sein Ich verallgemeinern, fühlt er keinen Zwang, von seinen Hoffnungen und Niederlagen zu reden, durchaus wahrhaftig, und von seiner Weise, bei Frauen zu liegen, wie wenn Wahrhaftigkeit dies alles ins Allgemeine transponieren würde und nicht viel mehr ins Medizinische, Psychologische bestenfalls, will einer dies nicht tun, vielmehr diskret zurücktreten, das Private höflich wahren, den Stoff vor sich wie ein Bildhauer sein Material, an ihm arbeitend und an ihm sich entwickelnd und als eine Art Klassiker versuchen, nicht gleich zu verzweifeln, wenn auch der bare Unsinn kaum zu leugnen ist, der überall zum Vorschein kommt, dann wird Schreiben schwieriger und einsamer, auch sinnloser, eine gute Note in der Literaturgeschichte interessiert nicht – wer bekam nicht schon gute Noten, welche Stümpereien wurden nicht schon ausgezeichnet –, die Forderungen des Tags sind wichtiger. Doch auch hier ein Dilemma und ungünstige Marktlage. Bloße Unterhaltung bietet das Leben, am Abend das Kino, Poesie die Tageszeitung unter dem Strich, für mehr, doch sozialerweise schon von einem Franken an, wird Seele gefordert, Geständnisse, Wahrhaftigkeit eben, höhere Werte sollen geliefert werden, Moralien, brauchbare

Sentenzen, irgend etwas soll überwunden oder bejaht werden, bald Christentum, bald gängige Verzweiflung, Literatur, alles in allem. Doch wenn dies zu produzieren der Autor sich weigert, immer mehr, immer hartnäckiger, weil er sich zwar im klaren ist, daß der Grund seines Schreibens bei ihm liegt, in seinem Bewußten und Unbewußten in je nach Fall dosiertem Verhältnis, in seinem Glauben und Zweifeln, jedoch auch meint, gerade dies gehe das Publikum nun wirklich nichts an, es genüge, was er schreibt, gestaltet, formt, man zeige appetitlicherweise die Oberfläche und nur diese, arbeite an ihr und nur dort, im übrigen sei der Mund zu halten, weder zu kommentieren noch zu schwatzen? Angelangt bei dieser Erkenntnis, wird er stokken, zögern, ratlos werden, dies wird kaum zu vermeiden sein. Die Ahnung steigt auf, es gebe nichts mehr zu erzählen, die Abdankung wird ernstlich in Erwägung gezogen, vielleicht sind einige Sätze noch möglich, sonst aber Schwenkung in die Biologie, um der Explosion der Menschheit, den vorrückenden Milliarden, den unablässig liefernden Gebärmüttern wenigstens gedanklich beizukommen, oder in die Physik, in die Astronomie, sich ordnungshalber über das Gerüst Rechenschaft abzulegen, in welchem wir pendeln. Der Rest für die Illustrierte, für ›Life‹, ›Match‹, ›Quick‹ und für die ›Sie und Er‹: der Präsident unter dem Sauerstoffzelt, Onkel Bulganin in seinem Garten, die Prinzessin mit ihrem Tausendsassa von Flugkapitän, Filmgrößen und Dollargesichter, auswechselbar, schon aus der

Mode, kaum wird von ihnen gesprochen. Daneben der Alltag eines jeden, westeuropäisch in meinem Fall, schweizerisch genauer, schlechtes Wetter und Konjunktur, Sorgen und Plagen, Erschütterungen durch private Ereignisse, doch ohne Zusammenhang mit dem Weltganzen, mit dem Ablauf der Dinge und Undinge, mit dem Abspulen der Notwendigkeiten. Das Schicksal hat die Bühne verlassen, auf der gespielt wird, um hinter den Kulissen zu lauern, außerhalb der gültigen Dramaturgie, im Vordergrund wird alles zum Unfall, die Krankheiten, die Krisen. Selbst der Krieg wird abhängig davon, ob die Elektronen-Hirne sein Rentieren voraussagen, doch wird dies nie der Fall sein, weiß man, gesetzt die Rechenmaschinen funktionieren, nur noch Niederlagen sind mathematisch denkbar; wehe nur, wenn Fälschungen stattfinden, verbotene Eingriffe in die künstlichen Hirne, doch auch dies weniger peinlich als die Möglichkeit, daß eine Schraube sich lockert, eine Spule in Unordnung gerät, ein Taster falsch reagiert, Weltuntergang aus technischem Kurzschluß, Fehlschaltung. So droht kein Gott mehr, keine Gerechtigkeit, kein Fatum wie in der fünften Symphonie, sondern Verkehrsunfälle, Deichbrüche infolge Fehlkonstruktion, Explosion einer Atombombenfabrik, hervorgerufen durch einen zerstreuten Laboranten, falsch eingestellte Brutmaschinen. In diese Welt der Pannen führt unser Weg, an dessen staubigem Rande nebst Reklamewänden für Bally-Schuhe, Studebaker, Eiscreme und den Gedenksteinen der Verunfallten sich noch einige mögliche Geschichten ergeben, indem aus einem Dutzendgesicht die Menschheit blickt, Pech sich ohne Absicht ins Allgemeine weitet, Gericht und Gerechtigkeit sichtbar werden, vielleicht auch Gnade, zufällig aufgefangen, widergespiegelt vom Monokel eines Betrunkenen.

WA, Bd. 20, S. 37 ff.

Ein ganz auf das Wort gestelltes Spiel, ohne eigentlich szenischen Vorgang, der sich nur dem Auge anböte, ohne Wechsel des Schauplatzes, ohne optische Elemente, mit Ausnahme derer der Mimik – und doch ein Fernsehspiel, das ganz und gar fernsehgemäß war und ohne Frage ein bedeutender Höhepunkt im Programm der letzten Zeit:
Das liegt fraglos vor allem daran, daß ein Dichter das Manuskript schrieb, ein Friedrich Dürrenmatt, nicht einer jener gutwillig und mit anerkennenswerter Anstrengung sich mühenden Autoren zweiter Garnitur, auf die das Fernsehen einstweilen noch überwiegend angewiesen zu sein scheint. Der Einwand, daß Dürrenmatt hier sein kürzlich preisgekröntes Hörspiel gleichen Titels nur geringfügig bearbeitet habe, zieht nicht. Denn daß die Gegebenheiten des Stoffes günstig lagen, kann man nicht zum Vorwurf erheben, und außerdem sind die von Dürrenmatt vorgenommenen Änderungen bezeichnenderweise nicht technischer Art, nicht ein Vorgang des ›Einrichtens‹ auf die Kamera hin, sondern sie gehen tiefer: die Hauptfigur kann in ihrer Erschütterung und Gewissensbestürzung mit weit ernsterer Konsequenz gezeichnet werden als im Hörspiel, schon deshalb, weil man sie ›vor sich‹ hat, das heißt, weil sie einen weiteren Weg gehen kann, mit manchem Schritt von uns beobachtet, auch wenn kein Wort dazu fällt.

›Kirche und Fernsehen‹, Bethel bei Bielefeld, 20.4.1957

Television wird heute ja immer gefilmt; es gibt fast keine Television, die wie früher live ist. Ich glaube, das war ein großer Fehler, daß die Television immer mehr in den Film hineingeriet. Ich mag mich noch erinnern, daß mein erstes Television-Stück, *Die Panne*, live gesendet wurde. Die Bühnenarbeiter waren unter dem Tisch, damit man sie nicht sah, und die reichten die Speisen auf den Tisch, so wurde serviert. Das war ein Ereignis.

Ein Film ist nie ein Happening, es ist ein gemachtes Happening. Ein Film ist immer derselbe Film, auch wenn ich ihn mehrmals sehe, Theater ist jedesmal ein Abenteuer, jeder Abend ist anders. Es verlangt eine ganz andere Technik, eine Technik der Zurücknahme.

Ich habe auch Regie für die Television geführt: Es ist viel leichter, Regie in der Television zu machen als auf dem Theater, und ich glaube, daß das Theater immer leben wird, in welcher Form auch immer ...

F.D. in einem Interview mit Radio KPFK, Los Angeles, 30.4.1981

Szenenbilder aus der Fernsehinszenierung *Die Panne,* 1957:

Carl Wery als Staatsanwalt, Willy Rösner als Henker, Nora Minor als Simone, Peter Ahrweiler als Alfredo Traps und Harry Hardt als Verteidiger

Kurt Horwitz als Richter und Willy Rösner als Henker

Ein tieflotender Spuk, ein verhextes Spiel um unbewußte Schuld und lebensgefährliche Gleichgültigkeit. Das preisgekrönte Hörspiel von Friedrich Dürrenmatt wurde von Fritz Umgelter zu einem glanzvollen und beispielhaften Fernsehkammerspiel gestaltet. Dürrenmatts Stück erinnert an Kafkas grausige Novelle *In der Strafkolonie*. Das gespenstische Gericht wird aber bei ihm mit burlesken Federbällen umspielt. Todesurteil und Käseplatte werden mit gleich grotesker Gebärde angeboten und mit Dank aufgenommen. Umgelters Kamera nimmt mit raffinierten Einstellungen das Schlemmermahl der Gerichtsherrn wie die quälerische Selbstpeinigung des Angeklagten aufs Korn. Ausgezeichnete Darsteller erzeugen mit markantem Mienenspiel eine makabre Dr.-Mabuse-Stimmung. Und tatsächlich: Umgelters kunstvolle Regie weckt die Erinnerung an die besten Filme Fritz Langs.

›Frankfurter Neue Presse‹, 13.4.1957

Szenenbilder aus der Fernsehinszenierung *Die Panne,* 1957:

Peter Ahrweiler als Alfredo Traps und Harry Hardt als Verteidiger

Carl Wery als Staatsanwalt, Harry Hardt, Kurt Horwitz als Richter, Peter Ahrweiler und Willy Rösner als Henker

Carl Wery, Kurt Horwitz, Willy Rösner und Peter Ahrweiler

Peter Ahrweiler und Willy Rösner

F. D.
und die Gerechtigkeit

F.D., *Portrait eines Planeten I: Der Weltmetzger*, 1965

DIE WAAGE DER GERECHTIGKEIT
Gore Vidal

Gore Vidal (*3.10.1925 West Point, N.Y.): amerikanischer Schriftsteller. Er schrieb gesellschaftskritische und historische Romane, u.a. *The City and the Pillar* (1948), *Julian* (1964), *Myra Breckinridge* (1968), *Duluth* (1983), *Live from Golgatha* (1992); Filmdrehbücher, u.a. *Ben Hur* (1959); Theaterstücke für den Broadway, u.a. *The Best Man* (1960); verschiedene Fernsehspiele und Kriminalromane (unter dem Pseudonym ›Edgar Box‹).

Wie eine Lawine aus weit entfernten Gebirgen kommt Friedrich Dürrenmatt, ein Schweizer Autor von Kriminalromanen mit einer Begabung für das Theater, und gibt uns ein neues Thema – oder besser noch, er bringt uns ein altes wieder in Erinnerung: die Gerechtigkeit.

Ich habe drei von Dürrenmatts acht Romanen gelesen und zwei seiner sechs Theaterstücke. Ich habe seine Fotografien auf Buchumschlägen betrachtet – ein interessanter und nicht ganz nutzloser Zeitvertreib. Wie jemand sich fotografieren läßt, sagt immer viel über ihn aus. Dürrenmatt ist siebenunddreißig, sieht aber älter aus. Er ist entwaffnend fett (in jedem Roman finden wir mindestens einen hymnisch beschriebenen Festschmaus). Und doch posiert er mit kühlem Blick und geschlossenem Mund. Seine Pose ist die eines Richters und Henkers. Er schreibt seit 1947, und seine Romane sind alle Krimis, moralische Melodramen; zu seinen Theaterstücken zählen auch der Broadway-Erfolg *Der Besuch der alten Dame* sowie das brillante Stück *Die Ehe des Herrn Mississippi*, das off-Broadway durchfiel.

Wenn ich Dürrenmatts Romane als Krimis bezeichne, warum befasse ich mich überhaupt mit ihnen? Daß Dürrenmatt, ein Moralist ersten Ranges, der so leicht ›ernsthafte‹ Romane über die Liebe schreiben könnte, den Detektivroman als die ihm gemässe Form gewählt hat, mag befremden. Dürrenmatts eigene Erklärung läßt aufhorchen. Im Essay *Theaterprobleme* äußert er sich über das stumpfsinnige literarische Klima unserer Zeit, in welchem »sich nur noch Literatur studieren, aber nicht mehr machen läßt« und in dem »die Forderungen, welche die Ästhetik an den Künstler stellt, [...] sich von Tag zu Tag [steigern]«. Mit dem Willen, etwas zu schaffen, aber nicht so, wie es gerade in Mode ist, plädiert er mit entwaffnender Offenheit dafür, daß der Autor vielleicht am besten existieren kann, »indem er Kriminalromane schreibt, Kunst da tut, wo sie niemand vermutet. Die Literatur muß so leicht werden, daß sie auf der Waage der heutigen Literaturkritik nichts mehr wiegt: nur so wird sie wieder gewichtig.« [WA, Bd. 24, S. 71f.] Ein Paradox, das die Hörsäle der Akademie mit frischem Wind durchziehen soll.

Einmal angenommen, wir wissen, was unter Kunst im Roman zu verstehen ist: Hat Dürrenmatt auf seine Weise Kunst im Roman geschaffen? Von den drei Büchern, die ich in Übersetzung gelesen habe (*Das Versprechen*, *Der Verdacht*, *Der Richter und sein Henker*), würde ich dies für die beiden ersten bejahen, obwohl er sich mit dem Genre Begrenzungen auferlegt. Während er im Theater frei und erfinderisch ist, sind seine Romane dem Genre verhaftet, konventionell – in krassem Gegensatz zu den meisten Dramatikern und Romanautoren, die Theaterstücke eher wie Uhren konstruieren und in den Romanen freier sind. Doch Dürrenmatts Romane zeugen von einem eigensinnigen und exzentrischen Geist, der besessen ist von der Idee der Gerechtigkeit. Und wenn sie weniger kraftvoll, weniger brillant als seine Theaterstücke sind, dann weil er sich zum Ziel gesetzt hat, den einfacheren Leser zu verführen, um der anspruchsvolleren Kritik auszuweichen, um eine ernsthafte Vision leichtverständlich zu vermitteln.

Dürrenmatts Romane sind nach dem klassischen Krimimuster gestrickt: Ein Verbrechen wird begangen, der Verbrecher wird entdeckt, der Gerechtigkeit zum Durchbruch verholfen. Bei Dürrenmatts Verbrechen handelt es sich meist um Mord, die Aufdeckung erfolgt zwangsläufig. Nur seine Art von Gerechtigkeit sprengt die Form; hier kommt seine Komödien-Ironie zum Tragen. In *Die Panne*, dem besten seiner Prosawerke, hat ein Vertreter, Alfredo Traps, eine Autopanne. Ein älterer Mann, ein ehemaliger Richter, läßt ihn bei sich übernachten und lädt ihn zum Abendessen ein. Unter den weiteren Gästen sind ein ehemaliger Staatsanwalt, ein ehemaliger Verteidiger und ein ehemaliger Henker. Während eines der besten Dürrenmattschen Festmahle (sechs reichliche Gänge) spielen sie ein Spiel. Traps, ein hundsgewöhnlicher Opportunist, ist des Mordes an seinem Vorgänger in der Firma angeklagt. Sein Vorgänger erlag einem Herzinfarkt, doch ist Traps moralisch dafür verantwortlich. Die alten Männer sind glühende Anhänger des Verbrechens, denn »nur ein Verbrechen ermöglicht die Gerechtigkeit«. In einer verrückten, betrunkenen Szene überzeugen sie den Vertreter, er habe getötet, weil es für ihn nur natürlich war, den Konkurrenten auszubooten, und sie verurteilen ihn zum Tode – ein Urteilsspruch, den er höchst gerecht findet. Dann, als letzte Drehung der Schraube – obwohl Dürrenmatt uns auf die Exekution des Vertreters durch die Hand der alten Männer vorbereitet hat –, vollstreckt der Vertreter das Urteil der alten Männer (zu deren Überraschung) an sich selber und erhängt sich.

In *Das Versprechen* wird ein kleines Mädchen ermordet aufgefunden. (Es scheint erst gestern gewesen zu sein, daß Shirley Temple *On the Good Ship Lollypop* sang; wie gefährlich sind die Zeiten für kleine Mädchen geworden!) Matthäi, ein Polizeiinspektor kurz vor der Pensionierung, verspricht der Mutter des ermordeten Kindes, den Mörder vor Gericht zu bringen. Ein Hausierer wird verhaftet. Er begeht Selbstmord. Die Akte wird geschlossen. Doch Matthäi weiß, daß der Hausierer unschuldig ist, und er fordert Gerechtigkeit; widmet den Rest seines Lebens der Suche nach dem richtigen Mörder. Jahre vergehen. Matthäi wartet geduldig. Er bereitet eine geniale Falle vor. Beinahe fällt der Mörder hinein, entkommt im letzten Moment Matthäis Gerechtigkeit. Matthäi wartet weiter, doch seine Beute entzieht sich ihm bis zum Schluß. Zufällig entdeckt der Erzähler, ein anderer Polizist, die Identität des Mörders: Ironie innerhalb der Ironie!

Dürrenmatt hat seine schäbigen Protagonisten sehr sorgfältig ausgesucht, denn nach seinen eigenen Worten ist »der heutige Staat [...] unüberschaubar, anonym, bürokratisch geworden. [...] Die echten Repräsentanten fehlen, und die tragischen Helden sind ohne Namen. Mit einem kleinen Schieber, mit einem Kanzlisten, mit einem Polizisten, läßt sich die heutige Welt besser wiedergeben als mit einem Bundesrat, als mit einem Bundeskanzler. Die Kunst dringt nur noch bis zu den Opfern vor, dringt sie überhaupt zu Menschen, die Mächtigen erreicht sie nicht mehr. Kreons Sekretäre erledigen den Fall Antigone.« [*Theaterprobleme*, WA, Bd. 24, S. 59f.]

Die Opfer sind Dürrenmatts Helden, denn sie müssen sich in einer Gesellschaft durchschlagen, die unüberschaubar und unpersönlich geworden ist. Doch obwohl für Dürrenmatt das »Universelle das Chaos« ist, und obwohl er Übersinnliches und Dogmen von sich weist (*Die Ehe des Herrn Mississippi* ist eine Satire über wahre Gläubige, die »Hundertprozentigen«, wie er sie nennt), läßt er die Idee der Gerechtigkeit, des Gesetzes gelten. Paradoxerweise sagt er jedoch: Es gibt kein göttliches Gesetz, aber wir mißachten es auf eigene Gefahr. Einfacher gesagt: Wir sind für unsere Taten verantwortlich, selbst wenn es keinen Gott gibt. Wenn der Mensch in einem unmenschlichen Universum, von dem er ein unbedeutender Teil ist, überleben will, muß die Idee der Gerechtigkeit erhalten bleiben, denn ohne Gerechtigkeit herrscht das Chaos, wie Dürrenmatt es uns in *Der Besuch der alten Dame* vordemonstriert.

Friedrich Dürrenmatts Vision ist glasklar und kalt und einzigartig, denn in seinem Eifer für die Idee der Gerechtigkeit ist es ihm gelungen, heute eine der falschen Liebe verpflichtete Zeit auf die Waage der Gerechtigkeit zu bringen.

Aus: ›The Reporter‹, New York, 30.4.1959

Es geschah am hellichten Tag

»Mir ging es eigentlich darum, zu zeigen,
daß diese Welt zu konfus ist,
um mit detektivischem Denken
in ein System gebracht
zu werden.«

ES GESCHAH AM HELLICHTEN TAG

EA des Films:
Berliner Filmfestspiele, 4.7.1958
Regie: Ladislao Vajda

Erstveröffentlichung des Romans *Das Versprechen* in Buchform: 1958

Der Hausierer Jacquier findet im Wald die Leiche eines kleinen Mädchens, des Gritli Moser. Tatbestand: Sexualmord. Kommissar Matthäi verspricht den Eltern, den Mörder zu stellen. Der Hausierer, den alle außer Matthäi für schuldig halten, wird so lange verhört, bis er verzweifelt und sich erhängt, womit seine Schuld erwiesen scheint. Doch Matthäi läßt sich nicht bluffen: Drei ähnliche Verbrechen sind unlängst an der Strecke Zürich–Chur geschehen. Der Kommissar schließt auf einen Reisenden, der Autofahrer und Psychopath ist. Er stellt ihm eine Falle, indem er sich als Tankwart mit einer Haushälterin und deren Gritli ähnlichen Tochter an der Straße Zürich–Chur niederläßt. Im Film stellt Matthäi den Mörder. Im Roman verunglückt der Mörder auf dem Weg zu dem Ort, wo er das Kind treffen will und wo er von Matthäi und der Polizei erwartet wird. Matthäi verfällt der Lächerlichkeit, wartet weiter, trinkt, verkommt. Erst viel später gesteht eine Frau im Spital, daß ihr geistig beschränkter Mann die drei Morde verübt und den vierten geplant hatte, ihn aber – wegen des Unfalls – nicht mehr ausführen konnte.

GIBT ES EINEN SPEZIFISCH SCHWEIZERISCHEN STOFF, DER VERFILMT WERDEN MÜSSTE?

Friedrich Dürrenmatt

Unter einem schweizerischen Film wird offenbar nicht ein Film verstanden, der von Schweizern gemacht wird, womit die Frage nach dem Stoff hinfällig würde – denn warum sollten Schweizer nicht jeden Stoff verwenden können, aus dem ein Film zu machen wäre? (Analog dem, was ich als Theaterschriftsteller betreibe; die Frage, ob einer meiner Stoffe schweizerisch sei oder nicht, bekümmert mich nie.) Offenbar wird darunter ein Film über helvetische Stoffe verstanden, der sich, zweitens, auch zum Exportartikel eignen muß. Das vor allem. Der Forderung nach Geistig-Positivem steht ebenso unerschütterlich die Forderung nach einem guten Geschäft gegenüber. Auf das gute Geschäft kann im Film nicht verzichtet werden, die Produktionskosten sind zu groß, man soll dies auch nicht, doch den positiven Geist, die Idee, mit jedem Film die Menschheit beglücken zu wollen, lasse man fahren. Wird dies gewagt, liegen die Stoffe auf der Straße. Die guten Stoffe, denn nur die liegen dort. Doch bin ich skeptisch. Die Lage ist peinlich. Unsere Tugenden sind für die Welt interessanter als unsere Schwächen, das heißt, wollen wir schweizerische Stoffe exportieren, *müssen* sie sein, wie sie schon sind. Wir können (da der Film ein Geschäft sein muß) nicht uns selber spielen, sondern nur unsere Legende. Ich meine, zum Beispiel: bald werden wir – wollen wir wetten? – einen Pestalozzifilm haben, warum sollte der Film diese ewige Trumpfkarte der geistigen Schweiz nicht ausspielen (die sicher auch ein Geschäft sein wird), dabei täte uns ein Film über die sinnlose Büffelei in unseren Schulen not usw. usw. Doch der Schweizer kann es sich nicht leisten, im Film ein Lied dessen zu singen, von dem er eins singen könnte, er muß jodeln, bald im wörtlichen, bald im geistigen Sinne des Wortes. So treten wir denn in unseren Filmen auf, wie von Bundesräten gesehen, so verherrlichen wir unsere Fiktionen, um an unseren Problemen vorbeizugehen. Zusammengefaßt: die Legende unserer Tugenden erstickt die Möglichkeit, die vielleicht noch in unseren Lastern läge.

Antwort auf eine Umfrage in: ›Die Weltwoche‹, Zürich, 18.1.1957, zitiert nach: WA, Bd. 26, S. 72f.

ES GESCHAH AM HELLICHTEN TAG
Es spielen:
HEINZ RÜHMANN
MICHEL SIMON · GERT FRÖBE
SIEGFRIED LOWITZ
ROSA MARIA SALGADO
HEINRICH GRETLER · BERTA DREWS
die Kinder
BARBARA HALLER u. ANITA v. OW
und EWALD BALSER
Ein Praesens-Film nach dem Roman »Das Versprechen« von Friedrich Dürrenmatt
REGIE: LADISLAO VAJDA · Musik: Bruno Canfora
Drehbuch: Friedrich Dürrenmatt, Hans Jacoby, Ladislao Vajda
VERLEIH: DEUTSCHE FILM HANSA
DFH

Ich habe absolut das Gefühl, daß dieser Film ein Stoff von mir ist. [...] Ich will das Publikum nicht ablenken, indem es auf eine falsche Spur kommt, das Publikum muß von Anfang an wissen, daß z.B. Michel Simon, der Hausierer, unschuldig ist, um gerade die Tragik dieses Menschen zu erleben. Um zu sehen, wie die Schwierigkeit, gerade des Kommissärs, den richtigen Mörder zu finden, wie groß die ist. Das Publikum muß die Technik dieses Kommissärs erleben können.

F.D. in: ›Aktuelle Zeit im Funk‹, RIAS, Berlin, 5.7.1958

NACH EINER ORIGINAL FILMSTORY VON F.D.

Ernst Buchmüller

Als Antwort auf eine Umfrage in der ›Weltwoche‹ schreibt Dürrenmatt im Januar 1957 *Gibt es einen spezifisch schweizerischen Stoff, der verfilmt werden müßte?* und darin den Satz: »Die guten [Film-]Stoffe liegen auf der Straße.« Daraufhin erhält er von Filmproduzent und Praesens-Besitzer Lazar Wechsler im Mai 1957 den Auftrag, ein Filmdrehbuch über einen Sexualmord an einem Kind zu schreiben. Das Treatment ist im Sommer 1957 fertig. Nachdem Leopold Lindtberg die Regie dafür ablehnte (er inszenierte am 11.4.1957 *Die Ehe des Herrn Mississippi* im Zürcher Schauspielhaus), wird Wolfgang Staudte (u.a. *Die Mörder sind unter uns*, 1946) angefragt; für die Hauptrolle des Kommissars Matthäi wird Martin Held verpflichtet. Staudte schlägt den Filmtitel *Es geschah am hellichten Tag* vor, ein Titel, mit dem Dürrenmatt nicht einverstanden ist. Er will den Film *Gott schlief am Vormittag* oder *Schrott geht bummern* nennen, findet bei den Geldgebern aber kein Gehör.

Die Dreharbeiten müssen immer wieder verschoben werden; zuletzt auf Ende Februar bis April 1958. Zu dieser Zeit sind aber weder Regisseur Staudte noch Hauptdarsteller Martin Held frei. Als neuer Regisseur wird Ladislao Vajda engagiert, der seine Mitarbeit an die Bedingung knüpft, daß Dürrenmatt mit ihm das Drehbuch schreibe. Heinz Rühmann, einer der beliebtesten deutschen Schauspieler jener Zeit, wird für die Hauptrolle gewonnen: Rühmann, der endlich eine ›ernste‹ Rolle spielen wollte, sah dafür in diesem Stoff eine gute Chance. Er macht aber zur Bedingung, daß sein eigener Drehbuchautor, Hans

Während einer Drehpause des Films *Es geschah am hellichten Tag*, 1958:

Regisseur Ladislao Vajda und F.D.

F.D., Heinz Rühmann, Maria Rosa Salgado und Michel Simon

Jacoby, als Berater zugezogen werde, damit Rühmann im Film besser zur Geltung komme. Die Praesens-Film verbietet später den Kinos in den Inseraten »Drehbuch: Friedrich Dürrenmatt« zu schreiben, statt dessen muß es heißen »Nach einer Original Filmstory von F.D.«.
Gedreht wird in Zürich und in den Berliner CCC-Filmstudios, die Wald- und Dorfszenen in der Nähe von Zürich, zwischen Bonstetten und Birmensdorf. Die ersten Aufnahmen in diesem Wald können allerdings nicht stattfinden: Die Filmcrew stieß auf eine wirkliche Leiche, die im Wald verscharrt war.
Es geschah am hellichten Tag war der erste Schweizer Film, in dem Michel Simon mitspielte. Die Dreharbeiten waren für ihn ein Alptraum. Der große Schweizer Schauspieler hatte sich im Frühling 1957 durch ein Bartfärbemittel eine Schminkvergiftung zugezogen und litt noch an Gedächtnisschwächen; trotzdem hatte er die Rolle des Hausierers angenommen. Der spanisch-ungarische Regisseur Ladislao Vajda, der sehr schlecht Deutsch sprach, wurde bei den Dialogen von Max Haufler assistiert, einem bekannten Schweizer Schauspieler, der in verschiedenen Filmen mitspielte, die nach Dürrenmatts Vorlagen gedreht wurden.
Dürrenmatt ist vom fertigen Film nicht begeistert: »Man hätte ruhig frecher und burlesker sein dürfen. Rühmann ist mir zu bürgerlich, zu wenig von der Idee besessen.« Trotzdem spielt er das Promotionsspiel mit und reist zusammen mit seiner Frau Lotti an die Filmfestspiele nach Berlin, um den Film am 4. Juli 1958 persönlich vorzustellen; auch Rühmann und Michel Simon sind da, mit strahlenden Gesichtern am Filmball.

Neuchâtel
19. 4. 66.

Lieber Herr Wechsler,

mit grossem Vergnügen reihe ich mich unter die Gratulanten, wünsche ich Ihnen zu Ihrem Siebzigsten weiterhin alles Gute und Schöne. Unsere Beziehungen verliefen nicht ohne Dramatik, mit Stolz darf ich es sagen, denn unsere Dramatik hatte Erfolge aufzuweisen, wir setzten einander zu, es ist, als ob ich einem Ringer-Kollegen die Hand schüttelte. Ich denke an Zürich, an ihre schöne Wohnung in der Voltastrasse, ans Hotel Bellevue in Bern, ans Waldhaus in Tarasp – Stationen meines Lebens, unvermutete zwar aber doch wichtige, nicht zu missende.

Herzlichst ihr

Friedrich Dürrenmatt

DER FILMPRODUZENT LAZAR WECHSLER

Friedrich Dürrenmatt

Ich [...] erreichte auf Umwegen Zürich und traf verspätet Wechsler in seiner Wohnung. Er strahlte etwas ungemein Wohltuendes aus, wie ein gnädiger König. Wir saßen uns in seinem großen Wohnzimmer gegenüber, ich in einem Ledersofa dem seinen gegenüber, es war Raum zwischen uns, hin und wieder, fast in gleichmäßigen Zeitabständen, erhob er sich und ging ins Nebenzimmer, offenbar in sein Büro, um in kurzen Abständen wieder zurückzukehren; als ich ihm folgte, in einen Gedankengang vertieft, den ich entwickelte, sah ich in diesem Büro einen Mann hinter einem Schachbrett sitzen, der wie vom Schicksal zusammengefaltet wirkte: Wechsler spielte, während er sich mit mir im Wohnzimmer unterhielt, mit einem alten Freund im Nebenzimmer Schach. Wechsler hatte schon viele Filme produziert, er hatte die Praesens-Film gegründet, ich liebte die Filme nicht, die er produzierte. Es waren schweizerische Alibifilme, und ich war entschlossen, ihm das zu sagen, aber durch den Unfall und durch sein Mitgefühl war ich dazu nicht fähig, so daß ich eigentlich widerwillig seinen Vorschlag annahm, für ihn eine Filmerzählung zu schreiben. Ich machte mich an die Arbeit, doch rechnete Wechsler nicht mit der Zeit, die ich brauchte, und ich nicht mit der Eile, mit der Wechsler vorging. Er glaubte, ich schreibe ein Treatment, ich begann eine Erzählung zu schreiben. Um über ihr Ende wenigstens in Form einer Skizze verfügen zu können, ließ er mich durch seinen Fahrer nach Vulpera holen, wo er zur Kur weilte, hatte Wechsler doch reichlich voreilig alles engagiert, Regisseur und Schauspieler. Ich schrieb eine Nacht durch, während des Arbeitens fiel mir erst ein, wie der Stoff eigentlich zu schreiben wäre, aber Wechsler wollte auf meinen Vorschlag nicht eingehen, aus dem Stoff wurde *Das Versprechen*, aber verfilmt wurde ein Drehbuch, das auf meiner unfertigen Erzählung beruhte. Wechsler wollte einen moralischen Film, der Sexualverbrecher mußte bestraft werden (hätte ich damals Fritz Langs Film *M [eine Stadt sucht einen Mörder]* gekannt, hätte ich den Auftrag nicht angenommen), aber der Dreh, den ich dem Stoff nun geben wollte, der die Suche nach dem Mörder, all den Scharfsinn des Detektivs und die Falle, die er dem Verbrecher stellte, absurd erscheinen läßt, weil der Mörder längst tot ist, diese Wendung gegen die Gesetze des Kriminalromans, nach welchen ein Mörder nicht sterben darf, bevor er entdeckt worden ist, war gegen die Abmachung. Wollte Wechsler eine logische, berechenbare Handlung, faszinierte mich die Möglichkeit, eine grundsätzlich unberechenbare Welt aufzuzeigen, an der eine grundsätzlich richtige Überlegung scheitert. Um

Glückwunsch F.D.s an Lazar Wechsler zu dessen siebzigstem Geburtstag.

Lazar Wechsler in seinem Büro, um 1966

Ich glaube, daß man zu Zeiten Nestroys oder zur Zeit Shakespeares nicht ins Theater ging, um Literatur zu sehen und zu hören, sondern weil man sich amüsieren wollte. Man wollte eine spannende oder lustige Geschichte sehen, und erst heute, indem sich die dramatische Kunst geteilt hat, ist ein Unterschied zwischen einem Bildungstheater und [...] einer Zerstreuungsindustrie entstanden. Man geht heute ins Kino, um sich zu zerstreuen, und man geht ins Theater, um sich zu bilden, das ist etwas schroff ausgedrückt, und selbstverständlich ist es oft heute so, daß die Zerstreuung eben manchmal viel besser ist als die Bildung.

F.D. in einem Interview über den Film *Es geschah am hellichten Tag*, Südwestfunk, Baden-Baden, 1958

den Film zu verhindern, schlug ich Wechsler einen anderen Stoff vor. Nun fielen mir damals Stoffe mit Leichtigkeit ein. Ich saß in der Hotelhalle. Wechsler und seine Frau hatten sich schon zurückgezogen. Ich überlegte, welche Geschichte ich Wechsler vorschlagen könne anstelle jener, die er verfilmen wollte. Ich hatte ihm immer Stoffe vorgeschlagen. Es waren handfeste Geschichten, die ich Wechsler erzählt hatte, wie jene von einem modernen Wilhelm Tell: Er ist ein Handlungsreisender einer Fabrik für Küchengeräte. In seinem Dorf finden jährlich Tellfestspiele statt, wobei er den Wilhelm Tell spielt und sich dazu einen Bart wachsen läßt, so daß er wie Hodlers Tell aussieht. Nach der letzten Aufführung wird eine Nacht durchgefeiert. Unausgeschlafen muß der Handlungsreisende mit seinem Opel, eine neue Fruchtpresse in den Handel zu bringen, nach Italien reisen. Übermüdet wie er ist, überfährt er gegen Abend, kurz bevor er an seinem Bestimmungsort angekommen ist, mitten auf dem Marktplatz eines Städtchens einen Mann. Er sieht, kurz am Steuer eingenickt, noch ein wütendes, fleischiges, hochrotes Gesicht unter der Motorhaube verschwinden, ein mächtiges Rumpeln, eine erstarrte Menschenmasse, er gibt Gas und fährt durch auseinanderstiebende Menschen davon, hält in der nächsten Stadt, seinem Bestimmungsort, parkt vor dem Hotel, wo er immer absteigt, wirft sich in seinem Zimmer aufs Bett und schläft ein. Am nächsten Morgen erst wird ihm bewußt, daß er einen Menschen überfahren und Fahrerflucht begangen hat. Er wartet auf die Polizei. Niemand kommt. Er geht seinen Geschäften nach. Für die Fruchtpresse interessiert sich niemand. Die Polizei kommt immer noch nicht. Am Abend könnte er weiterreisen. Er bleibt. Die Polizei kommt immer noch nicht. Er bleibt auch am nächsten Tag. Nichts. Die Fahrerflucht

Dreharbeiten zum Film *Es geschah am hellichten Tag*, 1958:

Anita von Ow als Annemarie und Heinz Rühmann als Kommissar Matthäi

Regisseur Ladislao Vajda und Michel Simon als Hausierer Jacquier scheint geglückt, aber am dritten Tag kehrt er ins Städtchen zurück. Er gerät in eine große Beerdigung, hält an. Er fragt, wer beerdigt werde? Der Bürgermeister. Wie er gestorben sei? Von einem Auto überfahren. Er schließt sich dem Trauerzug an. Eine offenbar noch sehr junge, aber tiefverschleierte Witwe. Ihm ist, als werde er von allen Seiten aufmerksam beobachtet, als könnte sich die Menge jederzeit auf ihn stürzen. Vor seinem Auto steht ein Polizist. Er weicht in eine Gasse zurück. Kinder folgen ihm. Dann ein Mann, immer mehr. Die Nacht bricht an. Jemand klammert sich an ihn, eine junge Frau. Sie sei die Witwe, flüstert sie, zieht ihn in ihr Haus. »Danke«, sagt sie immer wieder, »danke«, bewirtet ihn, geht mit ihm ins Bett. Frühmorgens schleicht er sich aus dem Haus. Auf dem Marktplatz steht sein Auto. Er setzt sich hinters Steuer, will starten. Da kommen aus allen Häusern und Gassen Menschen, Männer, Weiber, Kinder. Molte grazie, grazie infinite. Er hat das Dorf von einem Tyrannen befreit. Mit Geschenken überhäuft, den Wagen voller Salami, Chianti, Parmaschinken, blumenbekränzt, fährt er zum Städtchen hinaus.

Aus: *Turmbau. Stoffe IV-IX*, S. 35ff.

Es ist kein Aufklärungsfilm über Sittlichkeitsverbrechen, wenn wir auch die eine oder andere Polizeiakte herangezogen haben. Mir ging es eigentlich darum zu zeigen, daß diese Welt zu konfus ist, um mit detektivischem Denken in ein System gebracht zu werden. Die meisten Kriminalromane leiden an der Fiktion, daß die komplexe Wirklichkeit im Denken des Detektivs völlig aufgehen kann. So kommt man dann zu der falschen Perfektion des Detektiv-Helden.

F.D. in einem Interview mit ›Hamburger Abendblatt‹, 5.4.1958

Szenenbilder aus dem Film *Es geschah am hellichten Tag*, 1958:

Heinz Rühmann als Kommissar Matthäi

Anita von Ow als Annemarie und Gerd Fröbe als Schrott

Gerd Fröbe und Heinz Rühmann als Tankwart/Kommissar Matthäi

EINMAL KEIN ›HEINZ RÜHMANN‹ SEIN...
Heinz Rühmann

»Einmal kein ›Heinz Rühmann‹ sein...«, natürlich, das klingt paradox. Ich weiß es, aber darf ich es Ihnen erklären: Sehen Sie, auch Komiker wollen manchmal ernst genommen werden. Denn hinter aller Komik verbirgt sich oft die Tragik, verbergen sich Menschen, die auch die Schattenseiten des Lebens sehen, die aber bestrebt sind, diesen Schatten Glanzlichter aufzusetzen, die das Dunkel durch den Humor des Herzens erhellen wollen. Das gelingt nicht immer, ich weiß es, und die Rolle eines Hauptmanns von Köpenick wird einem nicht wie die tägliche Zeitung ins Haus geliefert. Man muß warten können.

Ich glaube mein Publikum zu kennen, und ich weiß sicher auch, was es von mir erwartet. Und dennoch, so wie jeder nicht immer denselben Anzug tragen möchte, so sind auch Schauspieler bemüht, ihre Rollen zu variieren, den Stempel des Klischees abzuwaschen. Wer wollte es mir also verdenken, wenn auch ich einmal den alten Rollen-Anzug gegen einen neuen tauschen möchte.

In meinem neuen Film *Es geschah am hellichen Tag* hat mir nun kein Geringerer als der Dramatiker Friedrich Dürrenmatt eine neue Rolle in der Gestalt eines Kriminalkommissärs sozusagen auf den Geburtstagstisch gelegt. Aber, haben Sie keine Sorge, ich werde nicht immer den Rollen-Anzug Marke ›Dürrenmatt‹ tragen. Ich werde aber auch nichts zum Trödler geben. Denn selbst ältere Anzüge, neu aufgebügelt, können Sonntagskleider sein.

Verstehen Sie mich recht, ich möchte einmal weg vom Typ des kleinen, verschmitzten Bürgers. Ich will jetzt einen Charakter, einen Menschen mit all seinen guten und schlechten Seiten aufzeigen, ohne daß das Publikum bereits lacht, wenn man nur am Rande eines Bildrahmens erscheint. In diesem Sinne will ich wirklich einmal kein ›Heinz Rühmann‹ sein, so einer wie schon oft gehabt, sondern nichts weiter als ein Schauspieler inmitten eines großartigen Ensembles. Und das ist vorhanden: ein Michel Simon, ein Ewald Balser, eine Berta Drews, ein Heinrich Gretler, ein Siegfried Lowitz – und nicht zuletzt ein Gerd Fröbe. Dazu gesellt sich ein internationaler Regisseur von hohen Graden, Ladislao Vajda, und das Buch eines Dichters, von Friedrich Dürrenmatt. Das ist also kein ›Star‹-Film, denn der Star ist hier der Stoff, ein Buch, in dessen Dialogen man die Handschrift des Dichters und Dramatikers spürt.

Es ist eine schöne Aufgabe, mich einmal wieder als Charakterschauspieler beweisen zu können, einen Menschen zu spielen, den die Menschen verlassen haben. Dieser Mann geht

Der Autor [hat] – nach dem Auftrag der Praesens-Film handelnd – zunächst die Filmstory entworfen und niedergeschrieben und diese dann zu dem Roman erweitert, den er ironisch als ›Requiem auf den Kriminalroman‹ bezeichnet. [...] Matthäi, wie wir ihn aus dem Film kennen, erwischt den Mörder: Matthäi indessen, wie ihn uns der Roman vorstellt, scheitert bei seinem Unternehmen, das ihn völlig außerhalb der Regeln gestellt hat. Er geht, bürgerlich gesehen, unter; er versumpft, und sein detektivischer Spürsinn, seine polizistische Wachheit schläft bei der Tankstelle ein. Widerspricht dieser Ausgang des Romans dem Ausgang, wie ihn uns der Film beschert? Tastet dieses Scheitern Matthäis die Wahrheit an, die des Fahnders Leben und Arbeit im Film ›eigentlich‹ werden ließ? Oder ist es nicht vielleicht so, daß Dürrenmatt in seinem Roman den Fall des ›Mutigen‹, den er in allen seinen Büchern zu Ehren bringt, noch weiter, noch tiefer ins Ausweglose treiben wollte, weil er klar sieht, daß sein moralisches Anliegen im Grunde nur aus der Extremsituation ganz deutlich zu werden vermag. Matthäi scheitert, aber er scheitert als einer, der recht hat. Er wartet bei seiner Tankstelle auf den Mörder, der nie mehr kommen wird, weil ihn der Tod auf dem Wege zu dem Kinde, seinem Opfer, schon ereilt hat. Doch indem Matthäi, nicht wissend, was geschehen ist, vergeblich wartet, hält er mit Beharrlichkeit an seiner menschlichen Kühnheit fest, die ihn als einen ungewöhnlichen Mann herauskehrt und ihn als ›Helden‹ einer Gesellschaft gegenüberstellt, die alles Ungewöhnliche ausstößt.

Martin Schlappner in ›Domino. Schweizer Bücherzeitung‹, Zürich, Oktober, 1958

seinen Weg, trotz aller Hindernisse, trotz aller Enttäuschungen. Er geht ihn, weil er ein Versprechen gegeben hat, das er einlösen will und muß. Dieser Stoff ist kein Thriller, sondern eine psychologisch und menschlich vertiefte, aber zugleich auch spannende und dramatische Kriminalgeschichte mit hervorragenden Rollen, die immer wieder Dürrenmatt erkennen lassen. Sein Pegasus beflügelt uns bei der Arbeit alle. Und auf dem Kutschbock unseres Wagens sitzt Ladislao Vajda, der die Zügel der Regie straff in der Hand hält. Unter seiner Führung weiß sich das Ensemble wohl geborgen und über schlaglochfreie Straßen gelenkt. Eine schöne, erlebnisreiche und interessante Fahrt. Möge sie dies auch für das Publikum werden.

Aus dem Publicity-Heft zum Film *Es geschah am hellichten Tag,* Hamburg 1958

Die Lust des Autors ist, etwas darzustellen. Was für den Maler die Staffelei, ist für den Zelluloid-Autor die Leinwand des Films. Ich kann keine Filme schreiben, aber den Stoff dafür liefern. Der große Film ist immer das Geschöpf der Regie.

F.D. im Publicity-Heft zum Film *Es geschah am hellichten Tag,* Hamburg 1958

Szenenbilder aus dem Film *Es geschah am hellichten Tag*, 1958:

Michel Simon als Hausierer Jacquier

Gerd Fröbe als Schrott und Anita von Ow als Annemarie

F. D.
und der Film

Martin Schlappner (*13.10.1919 Olten): Schweizer Journalist und Filmkritiker. 1956–1984 verantwortlicher Redakteur für Film, Radio und Fernsehen bei der ›Neuen Zürcher Zeitung‹. Verschiedene Publikationen: *Von Rosselini zu Fellini* (1958), *Luchino Visconti* (1975), *Max Haufler* (1982); Vorlesungen an der Akademie für Film und Fernsehen Berlin, Universität Zürich, u.a.

FRIEDRICH DÜRRENMATT UND DIE IHM FREMDE BILDWELT DES FILMS

Martin Schlappner

Als einen ›auteur de cinéma‹ hätte sich Friedrich Dürrenmatt – im Gegensatz zu Marcel Pagnol, der die Stoffe seiner Romane und Bühnenstücke filmisch in eigener Regie verwaltete – nie bezeichnet: obwohl er für Ladislao Vajdas *Es geschah am hellichten Tag* (1958) die Geschichte eines Kindsmißbrauchs und Sexualmordes ausgesonnen und original das Drehbuch dazu abgefaßt hat. Da dieser Film dem nicht entsprach, was Dürrenmatt (damals) als sein Eigentliches durchsetzen wollte, die sarkastische Listigkeit des Erzählens, bereitete der Autor den nämlichen Stoff dann in einem Roman, *Das Versprechen,* ein zweites Mal zu. Literaturgläubige schätzen den Roman seither höher ein als den Film.

Ob Friedrich Dürrenmatt vielleicht einmal vom Autorenfilm, wie er seit Max Lindaus *Der Andere* (1913) als ästhetisches Ideal im deutschen Kulturraum geistert, und von sich als dem Inspirator und dramatischen Entwerfer der Stoffe dieses Autorenfilms geträumt hat? Es ist anzunehmen, daß das nicht der Fall war, wiewohl das Interesse des Schriftstellers am Film feststand, allerdings ein Leben lang höchst zwiespältig blieb.

Die Zahl der Filme, die in der Schweiz und vor allem außerhalb der Schweiz nach Stoffen Friedrich Dürrenmatts entstanden sind, ist beachtlich. Der Bogen der Adaptation spannt sich von Ladislao Vajdas *Es geschah am hellichten Tag* zu Hans W. Geissendörfers *Justiz* (1993). Indem er den Filmern Stoffe seiner Komödien und seiner Erzählungen zur Adaptierung freigab, hat sich der Schriftsteller offenkundig und auf Dauer auf den Film eingelassen. Doch die Ambivalenz, mit der Dürrenmatt dem Medium gegenüberstand, geht mit grundsätzlicher Deutlichkeit aus dem Tatbestand hervor, daß er den Stoff von *Justiz* zunächst zwar für einen Film entworfen hatte, ihn dann aber zu einem Roman veränderte. Dieser allerdings, im Laufe der Jahre mehrfach mutiert, erschien erst in den achtziger Jahren. Als Geissendörfer das Projekt eines Films an den Autor herantrug, machte sich dieser indessen doch Gedanken, ob und wie der Roman in einen Film, vielleicht sogar den ursprünglich geplanten, zurückgeführt werden könnte. Daß in Geissendörfers Drehbuch, das Dürrenmatt erst kurz vor seinem Tode vorgelegt worden ist, das Thema Gerechtigkeit das zentrale Thema geblieben ist, mag Dürrenmatt in seinem Mißbehagen beschwichtigt haben, das er angesichts des im übrigen doch reduzierten Romanstoffes empfunden haben wird. Die Exkurse ins Schweizerisch-Nahe waren weggeschnitten, die Hintersinnung über Sonnenexplosion und Weltuntergang wurden unterschlagen, die Reflexion über die Ästhetik des Kriminalromans ausgeblendet: Das war alles wohl zu verschmerzen, hielt das Drehbuch doch immerhin an der ethischen Überzeugung fest, daß es auch im Moralischen eine Kausalitätskette gebe.

Zu keiner Zeit hat Friedrich Dürrenmatt sich zur Probe bereit gefunden, einen Stoff aus seiner Schreibwerkstatt in eigener Gestaltung in einen Film zu übertragen; oder für einen Film eine Geschichte zu schreiben, die anders als eben im Film nicht vorstellbar gewesen wäre. Im Unterschied zu einem Alain Robbe-Grillet in Frankreich, zu einem Pier Paolo Pasolini in Italien, zu einem Noel Coward in England, hat sich der Schweizer zu diesem Wechselschritt zwischen Literatur und Film nie entscheiden können. Drängte man ihn dazu, wie das nach *Die Ehe des Herrn Mississippi* durch den Schreibenden geschehen war, den Versuch zu wagen, entschlüpfte er mit Witz und unvermuteter Selbstbescheidenheit der Argumentation mit dem Hinweis, ein Schriftsteller könnte sich dem Ärger darüber, daß er die Adaptation einer seiner Vorlagen als wenig geglückt oder gar als mißraten betrachtete, dadurch entziehen, daß er, statt ein ›auteur de cinéma‹ zu sein, sich dem ›cinéma d'auteur‹ zuwenden könnte.

So harrte Dürrenmatt denn in einem Jahrzehnt, den sechziger Jahren, als auch in der Schweiz der Neue Film sich anzukündigen begann und immer deutlicher sich die Abkehr vollzog von den traditionellen Themen des älteren Schweizer Films wie bäuerliches Heimatland, Milieu der kleinbürgerlichen Behaglichkeit oder das ideologische Selbstverständnis vom Land der ›guten Dienste‹, in der – zwar noch heute vorherrschenden – Übereinkunft aus, die Qualität eines Films leite sich von der Qualität der ihm zugrundeliegenden Literatur ab. Dieses Beharren erklärt denn auch, daß er der bloßen Inszenierung des Bühnenstücks, *Die Ehe des Herrn Mississippi,* keinen Widerstand leistete, als es dem Produzenten wie dem Regisseur als beweisbar erschien, daß einzig der weltweite Erfolg dieses moralischen Überbrettls und dramatischen Pamphlets auf der Bühne den Erfolg auch eines Films gewährleisten würde. Umgekehrt war es dennoch mühsam, Dürrenmatt davon zu überzeugen, daß der Film so übel in der Tat denn doch nicht sei.

In Hollywood ist oft weit weniger die Qualität eines Films für dessen Erfolg verantwortlich als vielmehr die Werbung, die die ›Traumfabrik‹ jeweils auszubreiten imstande ist. Ein einziger Film unter den Filmen nach Friedrich Dürrenmatts Stoffen – *The Visit* (1964) von Bernhard Wicki nach dem Bühnenstück *Der Besuch der alten Dame* gedreht – wurde zu einem weltweiten Erfolg. Der für eine Weile in Los Angeles ansäßig, doch nie wirklich heimisch gewordene Schweizer, den überdies die

Freundschaft zu Dürrenmatt zu mehr verpflichtet hatte, als er wirklich halten konnte, bestätigte seine Begabung für das starke, machtvolle, expressive Bild. Indessen sah er sich dem Moralkodex Hollywoods ausgeliefert, kam also um die Verharmlosung der mörderischen Geschichte nicht herum, geriet dafür in die Wirbel einer thrillerhaften Umdeutung; schließlich scheiterte er daran, daß Ingrid Bergman die falsche Besetzung war.

Obwohl in seiner nach der Art des Regisseurs bildungshungrigen Adaptation von *Der Richter und sein Henker* (1975) Maximilian Schell mit dem Muster des amerikanischen Thrillers zugriffiger zu Rande kam, haftet dieser Film vor allem aus dem einen Grund im Gedächtnis, daß mit einem großartigen Martin Ritt als Kommissär Bärlach ein Schauspieler von sinnlichster Gegenwärtigkeit den Raum füllte. Wein kredenzend, hat Friedrich Dürrenmatt, der sich wiederum am Drehbuch beteiligt hatte, im Film einen Auftritt, der in seiner süffig-ironischen Gebärde alle Ambivalenz des Schriftstellers gegenüber dem Medium erkennbar macht. So gerne er sich hin und wieder über Film geäußert hat, tiefgründige ästhetische Reflexionen zum Medium hat Dürrenmatt dennoch in keinem seiner Statements niedergelegt. Das erklärt sich entscheidend wohl daraus, daß er sich als Maler, der er in gleichem schöpferischem Maß wie Schriftsteller war, seine eigene Bildwelt geschaffen hat, und diese Bildwelt, hätte er je an ein solches Wagnis gedacht, im Film noch einmal, und zwar in neuen, anderen Bewegungsabläufen umzusetzen ist seiner Imagination, zum Glück vielleicht, fern geblieben.

F.D., Titelblatt zum Presseheft für den Film *Der Richter und sein Henker,* 1976

Frank V.

»...so daß sich die nicht unaktuelle Frage stellt,
ob denn – und wie denn –
eine Demokratie kleinerer und größerer Gangster
noch Chancen habe zu überleben.«

Musik von Paul Burkhard

UA: 19.3.1959
Schauspielhaus Zürich
Regie: Oskar Wälterlin

EA der Fernsehinszenierung:
16.2.1967 ARD (NDR)
Regie: F.D.

Frank V. ist kein politisches Stück. Ich will damit etwas ganz anderes: Was sind die meisten Menschen unserer Zeit? Angestellte in Firmen und Banken, zum Teil verheiratet mir ihrem Geschäft. Nur deshalb ist der Frank für die Theaterbesucher im Osten eine interessante Figur. Es geht hier um die Geschichte des Angestellten in der Firma, die äußerste Abkürzung, die ich für unser heutiges Verhältnis zum Staat geben kann. Nehmen Sie die griechischen Klassiker oder Racine, Corneille: Die Familie ist der Urstaat. Das Bild des Vaters – denken Sie an den Begriff des ›Landesvaters‹ – läßt sich in einem Feudalstaat noch auf die Bühne übertragen: aber heute stimmt es nicht mehr. Der Staat ist heute vielmehr unter dem Begriff einer Firma zu sehen. [...]
Frank ist die Gestalt eines Menschen in einer Welt, in der einer den anderen umbringt und in der man seine Handlungsweise so rechtfertigt: damit es unsere Kinder besser haben, den Idealen zuliebe – eben dem Geschäft zuliebe.

F.D. im Gespräch mit Manfred Leier, ›Die Welt‹, Hamburg, 11.1.1967

WIE HELDEN VON SHAKESPEARE

Leider habt ihr stets vernommen
Daß die Welt nicht nach dem Wunsch der Frommen
Daß die Reichen reich, die Armen arm
Und Gott erbarm
In Bälde sich unserer Kälte.
Doch nun laßt den romantischen Quark
Der Mensch ist nicht frei, er lebt im Geschäft
Von Wölfen umstellt, von Hunden umkläfft
Im Kollektiv gefangen
Vom Nächsten beschattet, den er selber bewacht
Mit allen gehangen
Wird er über Nacht
Um seine Menschlichkeit gebracht.
Seid daher stark
Seht teils als Tragödie, teils als Schwank
Die Komödie einer Privatbank
Die Geschichte des Fünften Frank
Niedergeschmiert von Friedrich Dürrenmatt
Musik von Paul Burkhard
Für Jugendliche nicht geeignet
Allen ehrlichen Schurken und Spitzbuben zugeeignet.
Personen: Die ganze Bande
Vom Stift bis zum Prokurist
Ja, selbst den Direktor und seine Frau
Seht ihr leiden in dieser Schau
Sowie einige Kunden, doch die nur am Rande.
Der Grund?
Kommt man euch mit Bettlern, heult jeder Hund
Nur vor unsresgleichen seid ihr objektiv

Mitleid verzerrt und Tränendunst
Armut macht schief
Erst von einer Million aufwärts gibt es klassische Kunst.
Erfahre denn, o Christenheit
Was wir hoffen und lieben
Vernimm, wie wir morden, schau, wie wir schieben
Und zieh den Hut ab, wenn wir fallen
Ehre sei uns allen.
Nicht nur Könige haben's arg getrieben
Nicht nur Minister, nicht nur Generale
Wateten durch Blut, stanken Skandale
Ich bin der Personalchef, ich muß es ja wissen
Es saust mit uns die Welt des Schwindelns und der Wucherzinsen
Unaufhaltsam in die Binsen
Wir sind die letzten Schurken weit und breit
Nach uns nur böse, öde Ehrlichkeit.
Drum
O Publikum
Freu dich noch ob uns auf Erden
Was jetzt nur schändlich ist, wird unerträglich werden.
Wag dich selbst zu sehn in unserem Handeln
Die wir wie du hienieden wandeln.
Verstrickt in Börsenstrategie
Angepöbelt wie noch nie
Von jedem sozialen Wicht
Stehn wir fürchterlich vor dir
Henker zwar, doch Götter schier
Minder groß und blutig nicht
Als Helden von Shakespeare.

Prolog der Fernsehfassung von *Frank v.*, 1967

Zwei kleine Gauner werden von Frank v., dem Besitzer einer Privatbank, zu engen Mitarbeitern gemacht. Sie liquidieren Bankkunden, sobald jene das Konto auflösen wollen, erpressen, inszenieren einen Versicherungsbetrug, wenn Frank untertaucht und durch eine fingierte Bestattung für die Öffentlichkeit verstorben ist. Ein anonymer Erpresser treibt das Gangstersyndikat in den Ruin. Bald müssen sich die Verbrecher gegenseitig ausrauben und umbringen, um die Forderungen zu erfüllen. Zuletzt geben sich die Erpresser zu erkennen: Es sind die wohlbehütet im Luxusinternat aufgewachsenen Kinder des Bankiers, die Frank v. für ein Leben in Ehrbarkeit erziehen wollte und die nun die Vätergeneration an Skrupellosigkeit und Zynismus weit übertreffen. Sie übernehmen das Erbe und werden noch professioneller das blutige Gewerbe fortführen.

Aus: *Reclams Schauspielführer,* Stuttgart, Reclam Verlag 1993

Szenenbilder aus der Fernsehinszenierung von *Frank v.*, 1967:

Hans Korte als Personalchef Richard Egli

Hubert von Meyerinck als Bankier Traugott Frank v.

F.D., *Letzte Generalversammlung der Eidgenössischen Bankanstalt*, 1966

VON DER BÜHNE AUF DEN FERNSEHSCHIRM

Erich Holliger im Gespräch

Frank V. war ein Sorgenkind Dürrenmatts, die ›Oper einer Privatbank‹ entstand 1958 in Zusammenarbeit mit dem Operettenkomponisten Paul Burkhard im Auftrag der Neuen Schauspielhaus AG in Zürich für ihr Zwanzig-Jahr-Jubiläum.
Oskar Wälterlin inszeniert am 19. März 1959 die Uraufführung, die im Vorfeld von der Presse als »Weltereignis« angepriesen wird: die Premiere ist – trotz erstklassiger Besetzung mit den allerbesten Schauspielern bis in die kleinsten Rollen – ein Mißerfolg. Auch die Aufführungen von München und Frankfurt fallen bei Publikum und Kritik durch.
Vielleicht war die Ambition dieses Stückes zu groß: Das Grundthema ist eine Paraphrase aus Shakespeares *Titus Andronicus*: »Man kann kein Geld verdienen, ohne dabei seine Moral zu verlieren.«
Das Wort ›Privatbank‹, meinte Dürrenmatt bei einer Pressekonferenz vor der Uraufführung, könne ungeniert durch Begriffe wie ›kleine‹ und ›große Diktatur‹ oder auch ›Zustände im eigenen Lande‹ ersetzt werden. Die Bank sei für ihn lediglich das Modell eines Machtsystems.
Dürrenmatt hat *Frank V.* immer wieder umgearbeitet, am radikalsten für die Inszenierung, die am 28. November 1963 am Bochumer Schauspielhaus unter der Intendanz von Hans Schalla mit Regisseur Erich Holliger stattfinden sollte. Holliger, mit Dürrenmatt durch eine langjährige Freundschaft verbunden, wußte, daß der Dramatiker nach all den Mißerfolgen *Frank V.* einmal modellhaft inszeniert haben wollte.
Die Schauspieler schätzten zwar Dürrenmatt, nicht so sehr aber das Stück; statt daß Paul Burkhards Chansons von einem Orchester begleitet wurden, entschied man sich für eine Hammondorgel-Version; der Intendant Hans Schalla war eifersüchtig auf Dürrenmatt, der plötzlich zum Zentrum des Theaters wurde.
Und dann sagte sich Kardinal Frings zur Premiere an. Holliger und Dürrenmatt wurden zu Schalla bestellt, und dieser meinte, eine Szene – in der Frank V. als verkleideter Priester auftritt und zusammen mit seiner Frau den Prokuristen mit einer Giftspritze tötet, damit dieser seine Morde keinem richtigen Priester beichten kann – müsse für Kardinal Frings gestrichen werden. Im katholischen Westfalen gehe das nicht über die Bühne. Darauf Dürrenmatt lakonisch: »Möchten Sie statt dem verkleideten Priester lieber einen Kaminfegermeister?« Es kam zum Streit zwischen Regisseur, Dichter und Intendant; Schalla legte kurz vor der Hauptprobe brieflich fest, daß er die Regie übernehme, und wies sowohl Holliger als auch Dürrenmatt aus dem Haus;

Mit Ingrimm hat Dürrenmatt 1963 sein Stück *Frank V.* in einer Rede gegen dessen Kritiker verteidigt. Das Stück, so folgerte der Autor bitter, erleide ein ähnliches Schicksal wie der Prokurist Böckmann: es werde (von der Kritik) abgespritzt.
Es steht zu fürchten, daß Dürrenmatt für die Beurteiler seiner Fernsehinszenierung von *Frank V.* einen ähnlichen Grimm, eine erhöhte Bitterkeit wird aufbringen müssen. Denn obwohl vom Autor inszeniert und hoffnungsvoll auf ein neues Medium übertragen, entfaltete die Komödie von *Frank V.* auch jetzt wieder vor allem ihre Schwächen, ihre inneren Widersprüche, die es – so scheint es – als eine Art unheilbare Krankheit von Fassung zu Veränderung mit fortschleppt.

Hellmuth Karasek in ›Stuttgarter Zeitung‹, 18.2.1967

worauf Dürrenmatt postwendend eine einstweilige Verfügung erreichte und das Stück für Bochum sperren ließ. Es kam zum Skandal, und die Bochumer Fassung von *Frank V.* wurde nie aufgeführt.

...Bis Dürrenmatt vom Norddeutschen Rundfunk angefragt wurde, eines seiner Stücke fürs Fernsehen zu inszenieren. Das war *die* Gelegenheit für ihn, zu beweisen, daß *Frank V.* bis jetzt Unrecht geschehen war. Er schrieb die Bochumer Fassung für das Fernsehen um und inszenierte 1966 während fünf Wochen im Hamburger Studio.

Es ging ziemlich chaotisch zu: Gleich zu Beginn der Dreharbeiten holte sich Dürrenmatt zusammen mit seiner Hauptdarstellerin Therese Giehse eine Austernvergiftung und mußte mit hohem Fieber in die Intensivstation des Hamburger Krankenhauses eingeliefert werden.

Auch im Fernsehstudio ging nicht alles rund: Dürrenmatt wurde von den Profis als Fernsehregisseur nicht ganz ernst genommen: Er war unsicher, hatte wenig Ahnung vom Medium, von Kameraführung und Bildeinstellungen. Ohne die tatkräftige Unterstützung einer jungen Regieassistentin wäre diese Produktion sehr wahrscheinlich kaum zustande gekommen.

Regisseur Erich Holliger im Gespräch mit Ernst Buchmüller am 12.10.1995 in Basel

Mit Therese Giehse, Hamburg 1966

F.D., Skizzen zu *Frank V.*, um 1958

DIE CHANSONS VON ›FRANK V.‹

Friedrich Dürrenmatt

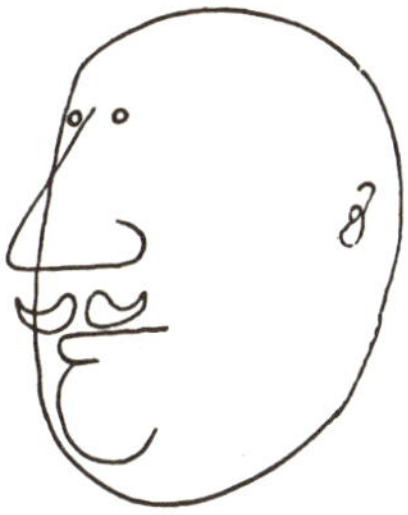

Was ich damals in jener Nacht in Paris an Bühnenungeheuerlichkeiten erlebte, war das Theater, das ich mir erträumte [Peter Brook probierte in Paris *Titus Andronicus*], das Theater in seiner möglichen Unmöglichkeit, das Theater als Weltspiegel, verzerrt und übertrieben, doch durch Verzerrung und Übertreibung wahr, der Wirklichkeit gewachsen, das Theater als schreckliche Gegenwelt, in der unsere schreckliche Welt darstellbar wird. Alles war sinnlos und sinnvoll zugleich, die Welt war Bühne und die Bühne Welt, und gleichzeitig wurde mir bewußt, daß diese Welt nicht mehr zu beschreiben war, wie sie Shakespeare beschrieb, daß es eine andere Sprache, andere Verfremdungen und Verzerrungen brauche, sie darzustellen. Ich war zu erregt, um das Ende der Probe abzuwarten. Ich verließ das Theater um drei Uhr morgens. Ich kam vom Wunsche nicht mehr los, etwas Wildes, Groteskes, Shakespearehaftes zu schreiben, ein Stück für die Gegenwart. Der Eindruck der *Titus-Andronicus*-Probe, diese Vision, wie Theater sein sollte, grundierte den Hintergrund, vor welchem sich *Frank V.* abspielt. Shakespeares Stücke spielen in einer hierarchischen Welt, auch *Titus Andronicus*, Kaiser, Kaiserin, Prinzen, Feldherr, Offiziere, Volk, diese Hierarchie galt es in die Gegenwart zu transponieren, sie liegt nicht mehr dem Staat zugrunde, sondern einer Firma, einer Privatbank, der Direktor und seine Frau, ihre Kinder, Prokurist, Personalchef, Bankangestellte, Kunden. Auch lockte mich das Abenteuer, das Chanson als dramaturgisches Mittel einzusetzen. Ohne die Handlung sind die Chansons in *Frank V.* unverständlich. Doch zu ungeduldig, eine Handlung aufzubauen, begann ich eine Handlung zu improvisieren, ohne sie niederzuschreiben. Hatte ich einmal die Konzeption eines Stoffes, schrieb ich noch nie ein Exposé, so wie meinen Bildern und Federzeichnungen nie eine Skizze oder eine Studie vorangingen. Daß ich mich im Schreiben immer wieder verrenne, erschwert die Arbeit. Doch geht die Phantasie nicht nur assoziativ ans Werk, sondern vor allem dialektisch, im Sinne Kants freilich, hielt er doch die Dialektik für ein Pseudophilosophieren, insofern sie allein durch die Vernunft, ohne die notwendige Stützung auf die Erfahrung, zu Erkenntnissen gelangen möchte. Dieses »Schein-Denken« ist der Phantasie eigentümlich: Sie baut ihre Reiche vor allem durch Logik auf, weshalb es ihr nicht möglich ist, die Welt darzustellen, sondern nur mögliche Welten: Die dialektische Phantasie ist unvorausberechenbar, sie kann von einer These eine Antithese und von dieser eine weitere Antithese bilden und so fort, oder von der gleichen Grundthese, gleichsam wie die Stacheln eines Igels, immer neue Anti-

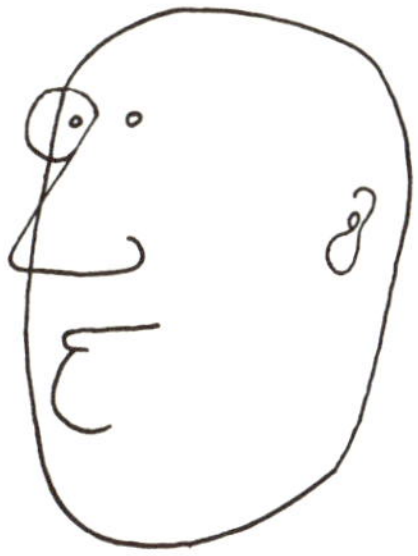

Ein gedanklich schwaches, aber ein situationsreiches, ein theatralisches Stück, das ein glänzender Regisseur mit Hilfe einer grandiosen Schauspieler-Schar, Meyerinck und Korte, Trenk-Trebitsch und Maertens, Frau Schwiers und Frau Giehse, amüsant inszenierte. Ein Stück mit einer wirklich großen, hochpathetischen Szene – der Episode am Bett des sterbenden Prokuristen: Da hört man das Stöhnen des Sünders, den Greisengesang des Bankiers, der im Operetten-Stil sein ›ave pia anima‹ artikuliert, da huscht im Hintergrund – unscharf in Kontur – ein Schatten umher, da stößt der Teufel dem Büßer die Nadel ins Herz, da zeigt der Autor, was er kann, wenn er ernst zu machen beginnt.

›Die Zeit‹, Hamburg, 24.2.1967

Paul Burkhard, Partiturseite des Klavierauszugs zu *Frank V.*, 1958

Mit Komponist Paul Burkhard, Münchner Kammerspiele, 1959

F.D., Linolschnitt zu *Frank V.*, 1959

thesen entwickeln. Ich schrieb die Texte der Chansons, und kaum hatte ich Paul Burkhard die erste Strophe vorgelesen, setzte er sich an den Flügel und komponierte. Er war nach Neuchâtel gekommen, wir wanderten jeden Tag über das große Moor zwischen Witzwil und Bellechasse, schnurgeraden Feldwegen entlang, bald in der Nähe der einen, bald der anderen Strafanstalt, auf der Ebene Gruppen und Grüppchen von Gefangenen; das Lied der Frieda Fürst entwarfen wir anläßlich einer Autofahrt nach Yverdon. Wir arbeiteten etwa zehn Tage lang, während dieser Zeit entwarf ich nur eine Szene: Sie entstand schnell, gehetzt, in einem Zug, in wenigen nächtlichen Stunden, die Ermordung des Prokuristen Böckmann durch das Ehepaar Frank, nachträglich war nur Unbedeutendes zu ändern, Stilistisches. Das Schwierige war das Trostlied, das der auferstandene Bankier singt, als Priester verkleidet, während seine Frau den sterbenden Freund mit einer Spritze tötet, damit es nicht zur Beichte kommt, sie traut auch dem Beichtgeheimnis nicht. Ich textete ein Lied Paul Burkhards um, das »Gebet eines Negers«, daraus entstand »Es ist Nacht, tiefe Nacht, ohne Ende Nacht« usw. Burkhard sang mir am Flügel das umgetextete Lied vor. Ich hatte das Gefühl, ich hätte ihn mißbraucht. Doch an den meisten Szenen arbeite ich lange und langsam, besonders an Szenen, deren Funktion nur eine dramaturgische ist. Ich taste mich nur mühsam voran, stehe vor Schwierigkeiten, die ich nicht voraussehen konnte, vor Unwahrscheinlichkeiten innerhalb der Fabel, die mir erst nachträglich auffallen, deren Beseitigung oft genug den Umbau der Handlung nötig macht. Die Arbeit scheint nicht vorwärtszukommen, man stellt sich selber Fallen, quält sich an Szenen herum, von denen man später nicht weiß, was denn daran so kompliziert gewesen sein soll. In der Erinnerung scheint die Zeit vertrödelt zu sein.

Aus: *Turmbau. Stoffe IV-IX*, S. 44ff.

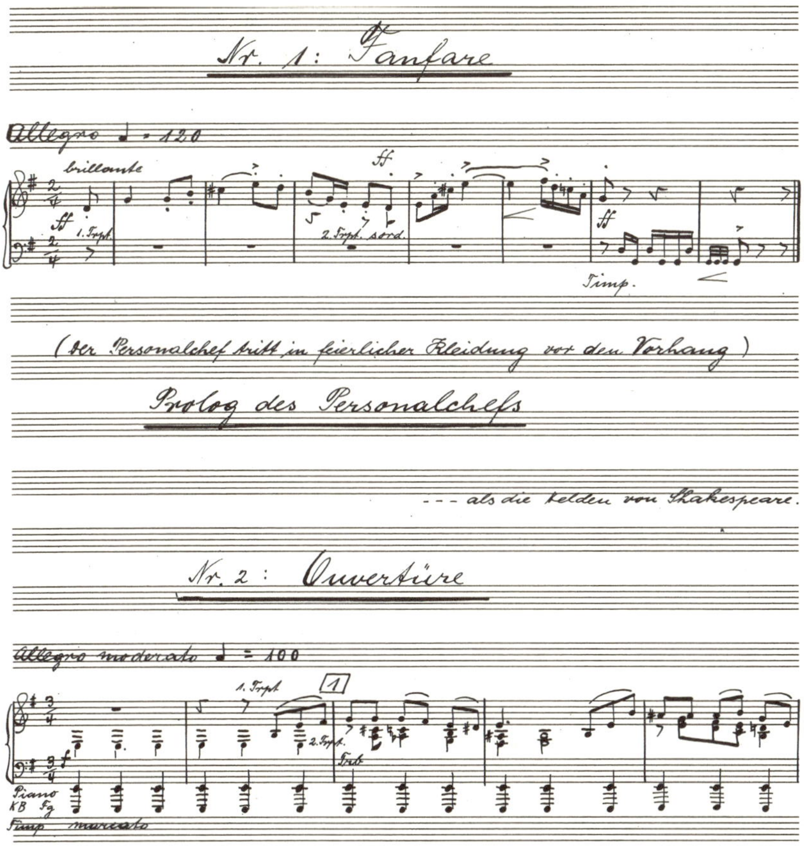
Nr. 1: Fanfare
Allegro ♩ = 120
brillante
ff
1. Trpt.
2. Trpt. sord.
Timp.
(der Personalchef tritt in feierlicher Kleidung vor den Vorhang)
Prolog des Personalchefs
--- als die Helden von Shakespeare.
Nr. 2: Ouvertüre
Allegro moderato ♩ = 100
1. Trpt.
1
2. Trpt.
Trb
f
Piano
KB Fg
Timp marcato

MEINE FIGUREN SINGEN IHRE AUSREDEN

Friedrich Dürrenmatt

Der Untertitel dieses Stückes, ›Oper einer Privatbank‹, verführt dazu, in dieser Komödie mit Musik einen Nachfolger der *Dreigroschenoper* zu sehen. Aber im Gegensatz zu dieser, deren Figuren ihre Wahrheiten im Sinne Brechts singen, singen meine Figuren ihre Ausreden: Sie singen, wenn sie morden. Hinter dieser Oper steht, wie hinter keiner anderen meiner Komödien (die Shakespeare-›Bearbeitungen‹ ausgeschlossen) Shakespeare. Und wie einen Shakespeare sollte man sie auch inszenieren. Das gelang noch niemals. Es ging mir darum, in der Moderne ein ähnlich hierarchisches Gebilde zu finden, wie wir es in den Shakespeareschen Königsdramen dargestellt sehen. Ich fand es als Schweizer in der Bank: *Frank V.* ist die Komödie einer hierarchischen Gesellschaft, die sich unter dem Druck mißlicher Umstände demokratisieren muß, so daß sich die nicht unaktuelle Frage stellt, ob denn – und wie denn – eine Demokratie kleinerer und größerer Gangster noch Chancen habe zu überleben. Die Szene, in der Frank V. und Ottilie den sterbenden Prokuristen Böckmann ermorden, damit er nicht beichten kann, halte ich für meine beste Szene.

Aus: *Friedrich Dürrenmatt interviewt F.D.*, WA, Bd. 25, S. 150

Bei den Dreharbeiten zur Fernsehinszenierung von *Frank V.*, 1966

Am Anfang war der Tresor, das festverschlossene Sinnbild der Sicherheit, und dieses Sinnbild geisterte im Kopfe eines Mannes und wollte mehr sein als nur ein Einfall oder ein Bild. Es ist bezeichnend, daß ein solches Bild oder Symbol, wie immer man will, bei Dürrenmatt zuerst da ist und nicht irgendeine Idee oder eine Absicht – eine Idee zum Beispiel, ein Theaterstück gegen oder über das Geld zu schreiben und sich damit zu den berühmten Verächtern des Fetischs Geld zu stellen, oder die Absicht, die Gesellschaft unserer Zeit in ihrer Sozial- und Wirtschaftsmoral unter die Lupe und erhöht auf die Bühne zu nehmen. Nicht davon geht ein Dürrenmatt aus, sondern von einem Bild, das nun die Logik der Weiterentwicklung bestimmt. Nicht daß dieser Bildeinfall dann auch am Anfang des eigentlichen Stückes stehen müßte, er kann völlig zurücktreten oder eine Szene ergeben wie in *Frank V.*, wo die Bankleute sich alle um den Tresor einfinden, um diesen und sich gegenseitig zu bewachen. Entscheidend ist, daß das Drama bei Dürrenmatt ein zu einer Welt ausgeweiteter dramatisierter Szeneneinfall ist.

Hugo Loetscher im Programmheft der Uraufführung von *Frank V.*, Schauspielhaus Zürich, 19.3.1959

Szenenbilder aus der Fernsehinszenierung von *Frank V.*, 1967:

Hubert von Meyerinck als Bankier Traugott Frank V. und Therese Giehse als seine Frau Ottilie

Die Schalterhalle der Bank

Conny Palme als Schalterbeamter Schmalz, Willy Maertens als Prokurist Böckmann, Hubert von Meyerinck, Therese Giehse, Walter Bach als Schalterbeamter Häberlin und Ellen Schwiers als Frieda Fürst

Die Physiker

»Der Inhalt der Physik geht die Physiker an,
die Auswirkung alle Menschen.«

DIE IRRENANSTALT

Friedrich Dürrenmatt

Wir übernachteten bei meiner Kusine, deren Mann eine große Irrenanstalt leitete. Es war das erste Mal, daß ich eine Irrenanstalt besichtigte. Ich wurde als Arzt getarnt. Der Psychiater führte mich durch die verschiedenen Abteilungen. Der Eindruck war unheimlich. Ich bewegte mich wie auf einem schwankenden Boden. Schon der Geruch war merkwürdig. Überall lag etwas Drohendes. In einem Saal für Unruhige schritt plötzlich ein Kranker auf mich zu; mich fixierend, aufrecht, unaufhaltsam durchmaß er, wie ein Fatum, die Diagonale des Raums, um zu mir zu gelangen; fast hatte er mich erreicht, als ihn zwei Wärter aufhielten, ihn bei den Armen faßten, beunruhigt, mißtrauisch. Was er denn wolle, fragte ihn der Professor freundlich, nicht beunruhigt, aber doch wissenschaftlich interessiert. Der Kranke fixierte mich weiter, Schweigen allerseits, Spannung nun auch beim Psychiater, nur der Kranke blieb gelöst, heiter, trotz seines starren Blicks. Er wolle dem fremden Arzt nur die Hand drücken, sagte er endlich, natürlich, selbstverständlich – wir waren die Düpierten. Ich hielt ihm die Hand hin, er schüttelte sie, herzhaft, kollegial, kehrte sich um und schritt den gleichen Weg zurück, auf derselben Diagonale. Am meisten beeindruckte mich ein etwa zwanzigjähriger Schizophrener, er lag halb nackt in einer Art Hängematte, mehr in einem Netz, das Glied erregt, steil emporgerichtet, an den Händen Boxhandschuhe, er schlug um sich, zuckend, als wolle er schattenboxen, die Augen blickten starr, die Augenlider waren rot entzündet. Wir übernachteten in einem Zimmer, dessen Fenster über dem Hof der Irrenanstalt lag. In der Mitte des Hofs war ein Gebäude, wahrscheinlich Küche und Heizung zugleich. Um halb vier am Morgen weckte uns ein gewaltiges, zischendes und pfeifendes Getöse, wir stürzten aus den Betten ans Fenster, aus dem Gebäude stieg eine Dampfsäule pfeilschnell in den Himmel. Die Fenster zum Hof hin, alle vergittert, waren dicht besetzt, die Kranken standen Kopf an Kopf und starrten wie wir die unaufhörlich in den Morgenhimmel hinaufstoßende Dampfsäule an. Ich regte mich maßlos auf über die mittelalterliche Weise, mit der man die Kranken hier noch zu wecken pflegte. Meine Frau teilte meine Empörung, wir waren überzeugt, in eine von anderen Gesetzen bestimmte Welt geraten zu sein. Beim Frühstück erfuhren wir, das Ventil des Heizkessels sei weggesprengt worden, zum Glück sei niemand verletzt. Auch das, der Eindruck, den mir diese Irrenanstalt damals machte, dieses doch so scheinbar Nebensächliche, Anekdotische, gerade gut genug, um an einem Stammtisch erzählt zu werden, ist mehr als es ist, bedeutet mehr, wie in der

DIE PHYSIKER

UA: 20.2.1962 Schauspielhaus Zürich
Regie: Kurt Horwitz

EA der Fernsehinszenierung: 5.11.1964 ARD (SDR)
Regie: Fritz Umgelter

Weitere Fernsehinszenierung:
EA der berndeutschen Fassung: 28.1.1987 SF DRS
Regie: Paul Niederhauser

Ästhetik des Grotesken der Identitätssatz nicht mehr gilt. Es sollte darum nicht nur unlösbar mit meinem Besuch in Sierre verbunden bleiben, mehr, es wucherte in mir weiter, verdichtete sich Jahre später zur Atmosphäre einer Komödie, zu den *Physikern*; so sehr hängt in meinem Leben alles voneinander ab, ist alles miteinander verfilzt, erscheint die Literatur vom Leben und das Leben von der Literatur her gesehen ein einziger Schachtelsatz.

Aus: *Labyrinth. Stoffe I-III,* S. 281ff.

In einer privaten Irrenanstalt leben drei Physiker als Patienten. Einer hält sich für Newton, einer für Einstein. Der dritte heißt Möbius, und der spielt den Irren, weil er erkannt hat, daß seine Entdeckungen das Ende der Menschheit bedeuten, wenn sie bekannt und genutzt werden. Er will sie zurücknehmen, indem er sich geisteskrank stellt und ins Irrenhaus geht. Aber die Geheimdienste sind ihm schon auf der Spur: Newton und Einstein sind Agenten der zwei rivalisierenden Weltmächte. Jeder der Drei muß, um sein Geheimnis zu wahren, eine Pflegerin ermorden; zuletzt Möbius die Schwester Monika, die ihn liebt. Doch die Leiterin der Anstalt, eine wahrhaft unheimliche, monströse Rolle, in der alle großen älteren Schauspielerinnen unserer Zeit eine dankbare Aufgabe erblicken, hat die falschen Irren längst entlarvt, die gefährliche Formel an sich gebracht und zu deren Anwendung einen weltbeherrschenden Trust aufgebaut. Fräulein Dr. von Zahnd, die einzige Wahnsinnige, entscheidet über den Untergang der Menschheit.

Aus: *Kritisches Lexikon zur deutschsprachigen Gegenwartsliteratur,* München, edition text+kritik 1991

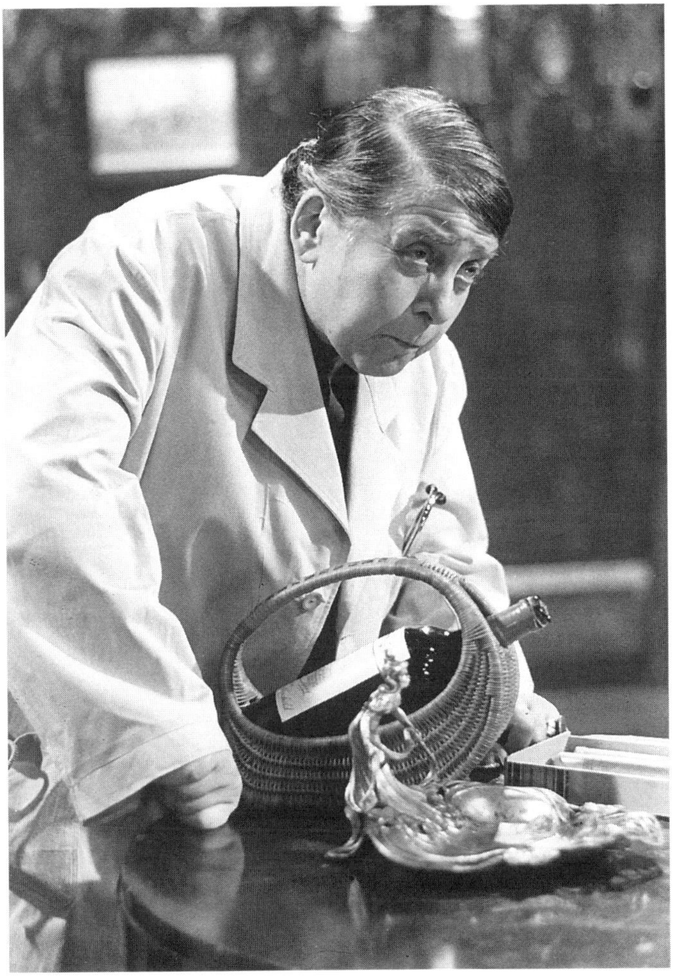

Szenenbild aus der Fernsehinszenierung von *Die Physiker*, 1964:

Therese Giehse als Irrenärztin Fräulein Doktor Mathilde von Zahnd

Aus der schwarzen Komödie wurde an diesem Abend eine Parabel des Schreckens. Der schaurige Wechsel von Ingrimm und Scherz kam, durch die deutende Kameraführung, viel schärfer als auf dem Theater heraus. Der Schrecken war schrecklich, das Heitere heiter: Wenn Möbius den Weltraumfahrersong zum Himmel schrie, dann blieb die Kamera bei ihm, umtanzte Tisch und Gesicht, und dem Betrachter war kein Blinzeln zum Ofen gestattet, wo Newtons Alkoholika standen. ›Vereinzelung‹ hieß die Devise, Demonstration von Aspekten, keine Totalität. Deshalb die Großaufnahmen, die Nasenschatten, Münder, Seile und Hände, deshalb die bis zur brutalen Penetranz gehende Unterstreichung des Wortsinns durch die Regie, deshalb die optische Interpretation: Ein einziger Aspekt will gezeigt sein, alles andere bleibe im Dunkel. Was tausendmal danebengeht, gelang an diesem Abend in vollkommener Weise: Die dezidierte, gnadenlos fixierende Einstellungswahl enthüllte die Essenz des Stücks und brachte dennoch alle Nuancen, wie Möbiussens abweichende Mordmotivation, heraus. Knuth, Ehrhardt und Kieling zeigten, mit sanftesten Mitteln, alle Aspekte der Hoffnung, des Ekels, der Resignation und der Ekstase, von Prospero bis Caliban reicht die Skala: Narretei und Königtum hielten einander die Waage... und dabei wurde niemals naturalistisch gespielt, sondern zitiert und parabolisch erhellt. Therese Giehse bewies, daß eine große Schauspielerin auch dann in jeder Szene glaubhaft sein kann, wenn sie das Stück, im Sinne Brechts, vom Ende her interpretiert: Armselig, liebenswert, burschikos, diabolisch und von der Natur grausam vernachlässigt, gab sie alle Zeit zu erkennen, daß sie verrückt sei und daß die Verrücktheit viele Gesichter besäße.

›Die Zeit‹, Hamburg, 13.11.1964

DIE PHYSIKER UND DAS ORAKEL VON DELPHI

Friedrich Dürrenmatt

Warum mir *Die Physiker* auch noch einfielen, vermag ich nicht zu sagen, es sei denn, mein grüner Tes-Tape-Streifen [Dürrenmatt war zuckerkrank, wenn sich der Tes-Tape Test-Streifen grün färbte, hieß das, daß er zuviel Zucker im Blut hatte.] erinnerte mich an das Orakel, das Ödipus, von Korinth kommend, in Delphi so verwirrte, daß er nach Theben und in sein Schicksal flüchtete, indem er Laios erschlug und Iokaste heiratete, statt sich vorzunehmen, nie einen Mann zu töten, der sein Vater, und nie eine Frau zu heiraten, die seine Mutter sein könnte. Aber Ödipus kehrte nicht mehr nach Korinth zurück, obgleich er nach Delphi zur Pythia gekommen war, weil er zweifelte, daß in Korinth König Polybos und Periboia seine Eltern wären, doch auf einmal zweifelte er nicht mehr: Sein Schicksal war seine Kopflosigkeit. Möbius in den *Physikern* weiß wie Ödipus sein Schicksal nicht durch ein Orakel, sondern weil er sich als Wissenschaftler denken kann, was ihm droht. Wie Ödipus will auch Möbius seinem Schicksal entgehen, die Ausnutzung seiner Forschung durch die Technik, er flüchtet wie Ödipus, wie dieser wählt er den falschen Weg, er flüchtet ins falsche Irrenhaus, die verrückte Irrenärztin hält ihn für normal statt verrückt und nützt seine Entdeckungen aus.

Aus: *Turmbau. Stoffe IV-IX*, S. 31f.

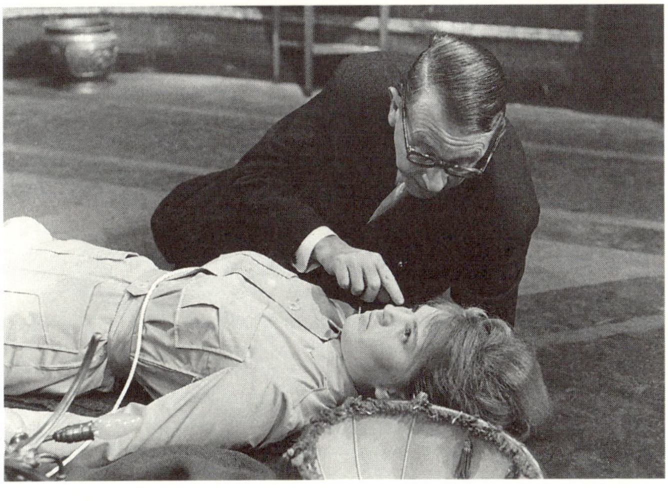

Szenenbilder aus der Fernsehinszenierung von *Die Physiker*, 1964:

Siegfried Lowitz als Kriminalinspektor Richard Voß und Wolfgang Kieling als Patient Johann Wilhelm Möbius

Renate Schroeter als Krankenschwester Monika Stettler und Hans-Werner Kirchner als Gerichtsmediziner

21 PUNKTE ZU DEN PHYSIKERN

Friedrich Dürrenmatt

1 Ich gehe nicht von einer These, sondern von einer Geschichte aus.

2 Geht man von einer Geschichte aus, muß sie zu Ende gedacht werden.

3 Eine Geschichte ist dann zu Ende gedacht, wenn sie ihre schlimmstmögliche Wendung genommen hat.

4 Die schlimmstmögliche Wendung ist nicht voraussehbar. Sie tritt durch Zufall ein.

5 Die Kunst des Dramatikers besteht darin, in einer Handlung den Zufall möglichst wirksam einzusetzen.

6 Träger einer dramatischen Handlung sind Menschen.

7 Der Zufall in einer dramatischen Handlung besteht darin, wann und wo wer zufällig wem begegnet.

8 Je planmäßiger die Menschen vorgehen, desto wirksamer vermag sie der Zufall zu treffen.

9 Planmäßig vorgehende Menschen wollen ein bestimmtes Ziel erreichen. Der Zufall trifft sie dann am schlimmsten, wenn sie durch ihn das Gegenteil ihres Ziels erreichen: Das, was sie befürchteten, was sie zu vermeiden suchten (z. B. Oedipus).

10 Eine solche Geschichte ist zwar grotesk, aber nicht absurd (sinnwidrig).

11 Sie ist paradox.

12 Ebensowenig wie die Logiker können die Dramatiker das Paradoxe vermeiden.

13 Ebensowenig wie die Logiker können die Physiker das Paradoxe vermeiden.

14 Ein Drama über die Physiker muß paradox sein.

15 Es kann nicht den Inhalt der Physik zum Ziele haben, sondern nur ihre Auswirkung.

16 Der Inhalt der Physik geht die Physiker an, die Auswirkung alle Menschen.

17 Was alle angeht, können nur alle lösen.

18 Jeder Versuch eines Einzelnen, für sich zu lösen, was alle angeht, muß scheitern.

19 Im Paradoxen erscheint die Wirklichkeit.

20 Wer dem Paradoxen gegenübersteht, setzt sich der Wirklichkeit aus.

21 Die Dramatik kann den Zuschauer überlisten, sich der Wirklichkeit auszusetzen, aber nicht zwingen, ihr standzuhalten oder sie gar zu bewältigen.

21 Punkte zu den Physikern, WA, Bd. 7, S. 91ff.

Der Staat hat seine Gestalt verloren, und wie die Physik die Welt nur noch in mathematischen Formeln wiederzugeben vermag, so ist er nur noch statistisch darzustellen. Sichtbar, Gestalt wird die heutige Macht nur etwa da, wo sie explodiert, in der Atombombe, in diesem wundervollen Pilz, der da aufsteigt und sich ausbreitet, makellos wie die Sonne, bei dem Massenmord und Schönheit eins werden. Die Atombombe kann man nicht mehr darstellen, seit man sie herstellen kann. Vor ihr versagt jede Kunst als eine Schöpfung des Menschen, weil sie selbst eine Schöpfung des Menschen ist. Zwei Spiegel, die sich ineinander spiegeln, bleiben leer.

Aus: *Theaterprobleme*, WA, Bd. 24, S. 60

Szenenbilder aus der Fernsehinszenierung von *Die Physiker*, 1964:

Kurt Ehrhardt als Ernst Heinrich Ernesti, genannt Einstein, Wolfgang Kieling als Johann Wilhelm Möbius, Gustav Knuth als Herbert Georg Beutler, genannt Newton, und Therese Giehse als Dr. von Zahnd

Siegfried Lowitz als Kriminalinspektor Richard Voß und Gustav Knuth als ›Newton‹

EIN PSALM SALOMOS, DEN WELTRAUMFAHRERN ZU SINGEN

Friedrich Dürrenmatt

Wir hauten ins Weltall ab.
Zu den Wüsten des Monds. Versanken in ihrem Staub.
Lautlos verreckten
Manche schon da. Doch die meisten verkochten
In den Bleidämpfen des Merkurs, lösten sich auf
In den Ölpfützen der Venus, und
Sogar auf dem Mars fraß uns die Sonne,
Donnernd, radioaktiv und gelb.

Jupiter stank,
Ein pfeilschnell rotierender Methanbrei,
Hing er so mächtig über uns,
Daß wir Ganymed vollkotzten.

Saturn bedachten wir mit Flüchen.
Was dann weiter kam, nicht der Rede wert:
Uranus, Neptun
Graugrünlich erfroren,
Über Pluto und Transpluto fielen die letzten
Unanständigen Witze.

Hatten wir doch längst die Sonne mit Sirius verwechselt,
Sirius mit Kanopus,
Abgetrieben, trieben wir in die Tiefen hinauf
Einigen weißen Sternen zu,
Die wir gleichwohl nie erreichten,
Längst schon Mumien in unseren Schiffen
Verkrustet von Unrat:
In den Fratzen kein Erinnern mehr
An die atmende Erde.

Aus: *Die Physiker*, Erster Akt, WA, Bd. 7, S. 41 f.

Zu Beginn war doch das Fernsehen ganz einfach eine Sensation. Alle Sensationen klingen aber eines Tages ab, werden überholt durch neue Sensationen. Zudem: Was ist gute Literatur? Am Fernsehen? Ich glaube, man muß da einmal auch dem Fernsehen zugute halten, daß es nicht zuletzt genau das Publikum ist, das seine Chance verpaßt hat. Das Publikum ist es, das seine Unterhaltung will. Dem Fernsehen bleibt dann nichts anderes mehr übrig, als eben diese Unterhaltung zu produzieren. Wer aber ins Theater gehen will, der setzt sich doch nicht in Pantoffeln vor den Fernsehapparat! Überlegen Sie mal, was gehört denn zum Theater? Daß Sie – unter Umständen – ein Fest daraus machen: Ihre Frau macht sich hübsch, man geht auswärts essen, man ist auf den Genuß eingestellt, und deshalb wird das Theater doch gar nicht mit dem Fernsehen zu vergleichen sein.

F. D. in einem Interview mit ›Tele‹, Zürich, 11. 11. 1971

F.D., *Die Physiker II: Weltraum-Psalm*, 1973

EIN GEDANKE KANN NIE MEHR ZURÜCKGENOMMEN WERDEN

Georg Hensel

[Bei Dürrenmatt, in seiner Komödie *Die Physiker,*] gibt es keine Hoffnungen. Dem Physiker, den Dürrenmatt wohl mit Bedacht nach dem Erfinder des Möbiusschen Bandes benannt hat, diesem Möbius gelingt das, woran Einstein gescheitert ist: die einheitliche Feldtheorie, populär auch ›die Weltformel‹ genannt. Zu ihren möglichen Folgen gehört das herstellbar gewordene Ende der Menschheit. Um den schmutzigen Folgen seiner sauberen Denkarbeit zu entgehen, verkriecht sich Möbius in ein Irrenhaus. Dürrenmatt aber weiß, daß ein Gedanke, nachdem er einmal gedacht ist, nie mehr zurückgenommen werden kann. Schriftsteller können die Welt nicht retten, sie können bestenfalls ihre Agonie beschreiben.

Brecht meinte, der Marxismus habe die Welt enträtselt und somit eindeutige Positionen ermöglicht und gefordert: der Marxismus als Weltformel und Welttherapie. Das ist Optimismus aus dem 19. Jahrhundert. Dürrenmatt hat sich nie als Therapeut betrachtet, immer nur als Diagnostiker. Er zeigt, wie heillos verrätselt die Welt ist; das ist mythisches, vorwissenschaftliches und zugleich wissenschaftliches Denken. Es bewegt sich zwischen dem Labyrinth von Knossos und dem CERN in Genf, zwischen Ödipus und den Quarks, zwischen den Urstoffen der Literatur und unseres Sonnensystems – immer auf der Suche nach der Wahrheit, sei es die Ursache für die mythische Pest in Theben, sei es eine einheitliche Theorie der Materie; immer auch zwischen technischen Nutznießern der Theorie, zwischen mythischen Figuren wie Hephaistos und sogenannten Vätern der Atombombe wie Robert Oppenheimer und Edward Teller.

Friedrich Dürrenmatts Ödipus heißt Möbius. Er ist der Physiker, der vergeblich ins Irrenhaus flieht: Er entdeckt als Urheber des Weltunheils um so gewisser sich selbst, je mehr er sich entkommen will.

Zwanzig Jahre nach Dürrenmatts *Physikern* erzählt der englische Dramatiker Howard Brenton in seinem Stück *Genius*, wie ein amerikanischer Nobelpreisträger sich in eine kleine englische Universität verkriecht. Er will die von ihm entwickelte allgemeine Feldtheorie dem Zugriff des Pentagons entziehen, doch in der britischen Provinzuniversität stößt er auf eine Studentin, ein Genie wie er; sie ist zu denselben Berechnungen gekommen wie er, sie weiß nur noch nicht, daß die Weltkatastrophe daraus entstehen kann. Am Ende bekämpfen die beiden Genies die katastrophale Praxis, der sie den Weg bereitet haben, und können es zur gleichen Zeit nicht lassen, an ihren unheilbringenden Theorien glückselig weiterzurechnen.

F.D., *Kritiker und Dichter*, um 1963

Howard Brentons Stück nimmt sich aus wie eine Fortsetzung der *Physiker*, doch enthält es nichts, worauf Dürrenmatt nicht schon zwanzig Jahre vorher gekommen ist.
In Brechts gemütlicher Welt des gesellschaftlichen Fortschritts kann man Komödien schreiben, die Komödien sind. In Dürrenmatts unbehaglicher Welt, dem Katastrophenuniversum Einsteins, sind nur noch Komödien möglich, die Tragödien sind.
Eine meiner Kolleginnen, die nicht Dürrenmatt, sondern dessen Frau Charlotte Kerr interviewen wollte, wurde von Dürrenmatt für ihre Absicht gerühmt mit dem Satz: »Meine Frau kennt ja Gott und die Welt. Ich kenne nur Gott und auch den nicht besonders.« Gott und die Welt oder beide, was Dürrenmatt lange genug betrachtet, das nimmt unter seinem Blick groteske Züge an.
Wenn er in seinem Haus in Neuchâtel, hoch über dem Neuenburger See, seinen Arbeitstisch, eine gewaltige Viermeterplatte, verläßt, dann steht er vor einem astronomischen Fernrohr, einem Spiegelteleskop für die Augenausflüge in unsere Galaxis. Ein Ptolemäer war er nie. Durch sein Teleskop verliert sich Dürrenmatt gern zwischen den Sternen wie Büchners Märchenkind. Einen Anlaß zum Weinen fand er dabei nie, eher einen Grund zum Lachen. Als Astronom ist er durch langes Hinschauen vertraut mit der Groteske unserer Situation im All. In seinem Arbeitszimmer kann man schwerlich schreiben über unsere derzeitigen Lieblingsthemen, über die Alltagsmiseren der sogenannten Beziehungen, des Ehescheidens und Kindervermeidens – da braucht man schon größere Themen. Was Dürrenmatt auch schreiben mag, alles wird ihm zum Welttheater.

Aus: *Herkules und Atlas*, Zürich, Diogenes, 1990, 1992, S. 30ff.

Die Bühne hat wieder ein brauchbares, Ernst verdeckendes und am Ende selbst in die Fallgruben des falschen Ernstes versinkendes Stück. Da sind Rollen. Da ist Lachen. Da ist Grausen und hin und wieder sogar Wahrheit. Dürrenmatt wurde immer wieder gerufen. Das Schauspielhaus Zürich ist zu beneiden. Nach Frischs *Andorra* ist diese Bühne zum zweiten Male in einem Vierteljahr der wichtigste Ort des deutschsprechenden Theaters. Kein Wunder, daß es, wie man hier liest, seine Subventionen zum Teil zurückgibt. Oh, glückliche Bühnenschweiz.

Friedrich Luft in ›Die Welt‹, Hamburg, 23.2.1962

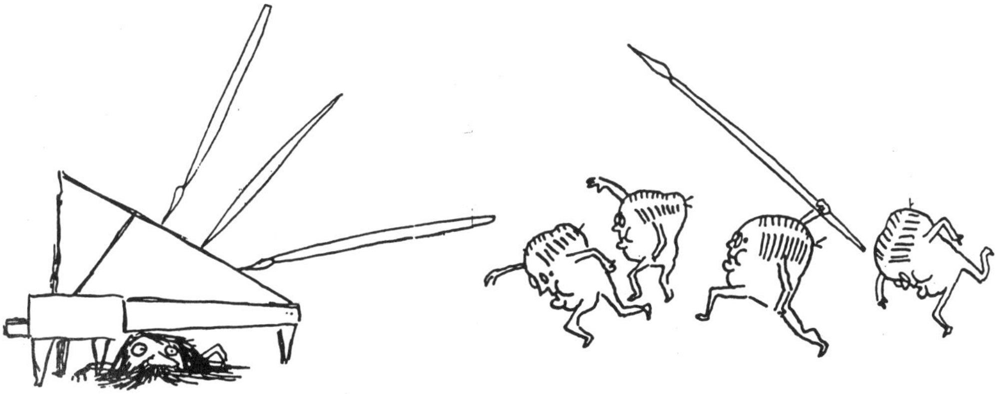

THERESE GIEHSE UND FRIEDRICH DÜRRENMATT

Monika Sperr

Als ›Spezialität‹ der Giehse in den fünfziger und sechziger Jahren [...] galten Dürrenmatt-Rollen. Mit dem *Besuch der alten Dame* am 29. Januar 1956 begann eine Folge Zürcher Dürrenmatt-Uraufführungen für sie. Sie spielte die rachsüchtige Dollarmilliardärin Claire Zachanassian in *Der Besuch der alten Dame*, die Ottilie in *Frank V.*, die verrückte Irrenärztin Mathilde von Zahnd in *Die Physiker* und Frau Nomsen in *Der Meteor* und später alle diese Rollen in der Regie von Hans Schweikart auch in München. Sie nennt es mehr Zufall, nicht Plan und Absicht, daß sie soviel Dürrenmatt spielte. »Er ist Schweizer, ich lebte viel in der Schweiz – das ist nun mal kein großes Land. Wir kannten uns gut, waren befreundet, da hat es sich halt so gefunden.«

Den *Besuch der alten Dame* hält die Giehse für Dürrenmatts »bei weitem bestes und sein einziges wirklich gutes Stück. Er ist ein mehr journalistischer Schriftsteller, er wirft Probleme auf, jongliert mit ihnen sehr amüsant herum, ohne sie wirklich anzupacken. Dabei ist er witzig und hat viel hintergründigen Humor – vor allem aber schreibt er Rollen, daß einem Schauspieler das Spielerherz im Leibe lacht.«

Ich kenne sehr viele Schauspielerinnen, und je älter sie werden, desto besser werden sie. Eine Schauspielerin, die ich besonders verehrte, war Therese Giehse, und die hat sich immer beklagt, daß sie keine Rolle habe wie z.B. König Lear oder Richard III. Die Frauen sind meistens dazu verdammt, gute Menschen zu spielen, während die Männer immer die Bösewichter spielen dürfen, und die tun es leidenschaftlich gern. Jeder Schauspieler träumt davon, einmal Richard III. zu spielen. Um den Traum der Schauspielerinnen zu erfüllen, Monster spielen zu können, habe ich Rollen wie Dr. Mathilde von Zahnd in den *Physikern* oder Claire Zachanassian in *Der Besuch der alten Dame* geschrieben, und sie haben sie sehr gern gespielt.

F.D. in einem Interview mit Radio KPFK, Los Angeles, 30.4.1981

Szenenbild aus der Fernsehinszenierung von *Die Physiker*, 1964:

Therese Giehse als Dr. von Zahnd

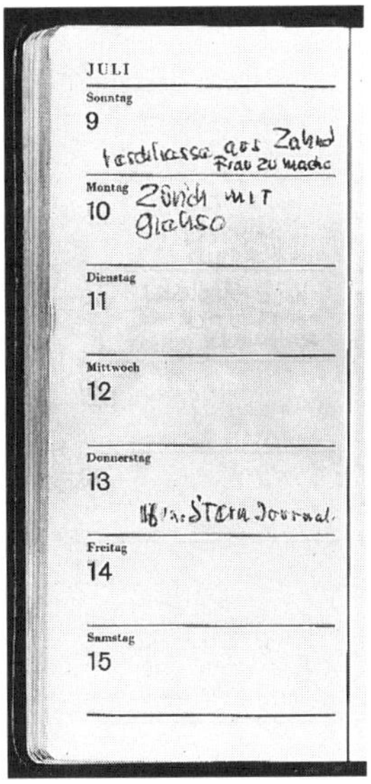

Nach einem Treffen mit Therese Giehse entschließt sich F.D., die Hauptrolle der *Physiker* in eine Frauenrolle umzuschreiben.
Agenda-Eintrag vom Juli 1961.

Eine Rolle schrieb Dürrenmatt für die Giehse um und auf sie zu: die Irrenärztin Fräulein Doktor Mathilde von Zahnd in seinem Stück *Die Physiker*. Bei einem ihrer Besuche las die Giehse das neue Stück und fand von allen Rollen die des Irrenarztes am begehrenswertesten. Das sagte sie Dürrenmatt. Daraufhin verwandelte dieser in einer Nacht den Mann in eine Frau. Ein spontaner Einfall, der sich für beide lohnte: die verbuckelte Irrenärztin gehört auf der Bühne und im Fernsehen zu den vielbewunderten Glanzleistungen der Giehse.
Bei der Fernsehaufzeichnung von den *Physikern* 1963 nahm man für den Giehse-Film *Portrait einer Schauspielerin* (von Regisseur Georg Friedel) Teile aus der Probenarbeit auf. Die Giehse reagierte auf alle Regieanweisungen, die ihr teilweise anscheinend wenig in das eigene Konzept paßten, in bereitwilligster Profi-Haltung, u. a. mit dem Satz: »Von mir aus können wir auch ganz anders. Ich tu' meine Rollen schon ganz gern ein bißchen auslüften.«
Vor der Kamera zu spielen ist für die Giehse von vornherein eine mehr technische als künstlerische Sache. Das Spiel für Millionen vor der Kamera hat für sie nur einen sehr begrenzten Reiz. Das Spiel auf der Bühne für einige hundert lebendige Menschen unten im Parkett ist für sie ein Vergnügen ohne Ende: die ständig neue Herausforderung. Die Giehse wächst am Widerstand. »Na, dann wollen wir den Herrschaften mal was bieten«, ist fast geflügeltes Giehse-Wort vor Beginn einer Vorstellung. Und bieten tut sie immer was, Schlummerlieder singt sie ihren Zuschauern nicht. Therese Giehse ist die seltene Ausnahme einer Schauspielerin, die beim Publikum beliebt ist, obwohl sie es ihm nicht leicht macht. Sie ermöglicht es den Zuschauern zu lachen, selbst wenn sie sie das Gruseln lehrt. Und mit äußerster Raffinesse merkt sie stets alles Komische um sich selbst herum. In der Münchner Aufführung von *Der Besuch der alten Dame* war u.a. Paul Esser ihr Partner. Für Freunde fragte die Giehse im Theaterbüro um Karten nach, die sie nicht bekam, weil die Vorstellung ausverkauft war. Freundlich belehrte sie Paul Esser, der davon erfuhr: »Das müssen Sie sich merken, Frau Giehse, wenn ich spiele, sind die Vorstellungen immer ausverkauft.«
Der Umgang mit Schauspieler-Eitelkeiten will gelernt sein. Den ganzen Jahrmarkt dieser Eitelkeiten nicht mitzumachen fiel der Giehse niemals schwer. Bei einer Umfrage nach der wichtigsten Rolle der Spielsaison 1965/66, die andere Schauspieler zu ausführlicher Selbstbespiegelung benutzten, erklärte die Giehse knapp: »Die wichtigste Rolle war für mich die Abortfrau in Dürrenmatts *Der Meteor*, weil sie so zwielichtig ist.«

Aus: Therese Giehse, *Ich habe nichts zum Sagen. Gespräche mit Monika Sperr*, Rowohlt, Hamburg 1973, S. 99 ff.

Dürrenmatt hat es mit den verschrobenen alten Damen. Therese Giehse weiß, wie man sie darstellt. Sie ist von milder Hartnäckigkeit, brummelt und zischt, scheeläugig und krumm, ein Mensch in pervertierter Menschlichkeit, gespannt wie eine Stahlfeder, ein Wesen, das nur noch Wille aus Leidenschaft ist.

›Badische Neuste Nachrichten‹, Karlsruhe, 14.11.1964

Der Meteor

»Ich zeige,
daß Nihilismus keine Lehre,
sondern eine Haltung
des Menschen ist.«

DER METEOR

UA: 20.1.1966 Schauspielhaus Zürich
Regie: Leopold Lindtberg

EA der Fernsehinszenierung: 24.10.1967 SF DRS
(Co-Produktion SDR)
Regie: Ettore Cella

Der Dramatiker und Nobelpreisträger Wolfgang Schwitter, der kurz vorher in der Klinik gestorben, aber sogleich wieder auferstanden ist, erscheint im Atelier des Kunstmalers Nyffenschwander. Hier will er endgültig sterben, in dem schäbigen Raum, in dem er vor 40 Jahren seine Karriere begonnen hat. Aber Schwitter bleibt so rabiat am Leben, wie er sterben will, dagegen sterben diejenigen, die das Phänomen bestaunen kommen und keineswegs sterben wollen – der Meteor, der nicht vom Himmel, sondern aus dem Totenbett gefallen ist, erschlägt sie alle: den Pfarrer, der vor dem Auferstehungswunder gläubig in die Knie geht; den Maler, dem Schwitter die Frau wegnimmt und den der Hausbesitzer und Schwerkapitalist Muheim die Treppe hinunterwirft; den Arzt, der ihm zweimal den Totenschein ausgestellt hat und dessen Ruf dadurch, daß Schwitter weiterlebt, ruiniert ist; seinen eigenen Sohn; seine Frau, die sich vergiftet, weil sie es nicht mehr verkraften kann, ständig von ihm Abschied zu nehmen; seine Schwiegermutter, die Abortfrau Nomsen, die, moralisch gänzlich wertfrei, ihm als einzige gewachsen ist. Am Schluß des 2. Aktes, als die Heilsarmee ihn mit Blasmusik und Gesang feiert, schleudert Schwitter verzweifelt seinen letzten Schrei ins Publikum: »Wann krepiere ich denn endlich?«

LEONARD STECKEL UND DER ›METEOR‹
Friedrich Dürrenmatt

Der Meteor wurde am 20. Januar 1966 uraufgeführt. Leonard Steckel spielte die Hauptrolle. Es kam für mich kein anderer Schauspieler in Frage. Ich hatte ihn zum erstenmal als junger Schriftsteller in Basel in Gorkis *Jegor Bulytschow und die Seinen* gesehen, in einem Theaterstück, dessen Handlung ich nicht mehr zusammenbringe. Ich sehe Steckel immer noch als sterbenden Jegor im Nachthemd tanzen. Auch hatte er in meiner Komödie *Herkules und der Stall des Augias* Regie geführt, ich saß während einer Probe neben ihm, und er hetzte eine junge Schauspielerin, welche die Iole spielte und einen Monolog zu sprechen hatte, unzählige Male über die Bühne: Hopp, hopp! Die Schauspielerin wurde immer unsicherer, und der Monolog mißriet ihr denn auch bei der Uraufführung. In der Hauptprobe brach Knuth zusammen. Er war im ersten Teil großartig gewesen, zu Beginn des zweiten setzte er sich, kaum aufgetreten, mühsam neben Deianeira nieder und sagte, er könne keinen Text mehr. Der Arzt kam, dann der Krankenwagen. Die Premiere stand in Frage, Knuth konnte dann doch spielen. Im *Meteor* spielte er den großen Muheim. Steckel wußte in der ersten Probe nicht nur seinen Text, sondern gleich das ganze Stück auswendig, es gelang mir nicht, ihn während der Probenzeit zu überzeugen, Knuth, der mit seinem weit geringeren Text Mühe hatte und jünger war, nicht zu soufflieren. Steckel konnte es nicht lassen, er verstand keine Textunsicherheit. Ich bemerkte, wie Knuth litt, aber nie sah ich später einen besseren »großen Muheim«, das plötzliche Uraltwerden im zweiten Teil, wie Knuth es gelang, habe ich nie wieder erlebt. Steckel gestaltete seine Rolle selber. Es war schwer, ihm etwas zu sagen. Er hatte gleich zu Beginn der Proben einen Mantel im Fundus aufgestöbert, der noch von seinem Großvater stammte, der in Berlin Schneider gewesen war. Er war mit diesem Mantel 1933 nach Zürich gekommen. Er war nicht mehr von diesem Mantel zu trennen, auch während der Aufführungen nicht, obgleich ich den Mantel des Nobelpreisträgers gleichsam als Polarmantel sah, um das Absurde zu unterstreichen, daß einer bei heißem Wetter im Pelzmantel auftritt. Steckel spielte den Schwitter wild und mit einer scheinbaren Maßlosigkeit, doch war sie von ihm genau einstudiert, sein Spiel wirkte improvisiert, ohne improvisiert zu sein. [...]
In der zweiten Februarwoche 1971 begann ich im Schauspielhaus mit der Regie für das *Porträt eines Planeten*. Für den Dienstag abend hatte sich Leonard Steckel angekündigt, er wolle uns in Zürich besuchen, er habe vor, nach Sizilien zu reisen. Ich ging in die ›Kronenhalle‹, aber er kam nicht. Der

F.D., *Leonard Steckel als Meteor*, 1965

Zug, den er in München genommen hatte, war entgleist, nur jene, die im Speisewagen Platz genommen hatten, kamen mit dem Leben davon. Steckel war in seinem Abteil geblieben, der große Esser wollte seinen Appetit für die ›Kronenhalle‹ aufbewahren. Am nächsten Morgen kam der kaufmännische Direktor des Schauspielhauses auf die Probebühne im ›Corso‹ und sagte mir, daß Steckel tot sei, er bat mich, es den Schauspielern mitzuteilen. Wir waren nicht mehr imstande, weiterzuproben. Am übernächsten Tage kam Steckels Frau. Sie zeigte mir das zerfetzte, blutbefleckte Notizbuch Steckels. Er hatte darin alle seine Rollen und Inszenierungen aufgeschrieben. Die letzte Notiz, die lesbar war, betraf die Uraufführung [von] *Herkules und der Stall des Augias*; dann schaute sich seine Frau die Aufzeichnung des *Meteor* im Fernsehstudio an. Einige Schauspieler und ich waren zugegen. Mir wurde es kalt, als sich Steckel von Totenkränzen umgeben auf seinem Bett wälzte: »Der Tod rast auf einen zu wie eine Lokomotive, die Ewigkeit pfeift einem um die Ohren, Schöpfungen heulen auf, krachen zusammen, ein Riesenunfall das ganze.«

Ich kam mir wie ein Maler vor, dem eine unersetzliche Farbe verlorengegangen ist. Ich wußte plötzlich, daß ich den *Meteor* nur hatte schreiben können, weil es Steckel gegeben hatte. Die Geschichte des Lazarus, die Lektüre [von Jean Pauls] *Siebenkäs* waren nicht Gründe, sondern nur Vorbedingungen dazu. Ich baute sie in die Strukturen meines Geistes ein, aber der Grund, weshalb ich schrieb, dieser Grund, nach welchem ich immer gefragt werde, lag außerhalb dieser Struktur: in der Möglichkeit, mit einem bestimmten Material etwas zu machen. Der Grund zu zeichnen liegt nicht allein an einem leeren Papier, zu malen, an einer leeren Leinwand, eine Komödie zu schreiben, an einer Bühne; durch Bleistift oder Tusche, durch Farben und durch die Schauspieler wird die Möglichkeit des Zeichnens, des Malens, des Stückeschreibens geschaffen. Papier, Leinwand, Bühne usw. sind die Medien, Bleistift, Tusche, Farbe, Schauspieler usw. sind das Material; die Medien und das Material als die sinnlichen Möglichkeiten sich auszudrücken, verführen den durch Erlebnisse aller Art strukturierten Geist, sich auszudrücken. Leonard Steckel war eine solche Möglichkeit gewesen, der Zug, der in Aichtrang zu schnell in eine Kurve raste, hatte sie mir geraubt.

Aus einer frühen Fassung des Kapitels *Querfahrt* der *Stoffe IV-IX*, Erstdruck in: *Friedrich Dürrenmatt. Schriftsteller und Maler*, Bundesamt für Kultur, Bern, und Kunsthaus Zürich 1994, S. 164 ff.

EIN NATUREREIGNIS (EIN METEOR)

Schulaufsatz von Friedrich Dürrenmatt

Es war in Adelboden. Wir machten eine Tour auf den Wildstrubel. 1 Uhr nachts ging es in Adelboden fort. Zuerst eine Fahrt mit dem Velo, und nach einer halben Stunde waren wir schon am Fuße der Ängstlichenalp. Der Aufstieg begann. Wir hatten Kerzen mitgenommen. Wir mußten aufpassen. Stockdunkle Nacht. Der Pfad war zwar gar nicht so schmal, aber dafür ging es dann streil hinauf. Der Himmel war klar, wolkenlos. Gerade im Zenith Wega, einer der hellsten Sterne, dann der Schwan, das nördliche Kreuz. Sehr schön war auch der große und der kleine Bär und der Drache zu sehen. So schön und so klar habe ich die Sterne nie mehr gesehen. Nichts war da, das das Licht der Sterne trübte.

Wir hatten Rast gemacht. Ich saß auf einem großen Stein, wenige Meter vor mir der Abgrund. Ich schaute die Sterne an. Plötzlich taucht, etwa im Nordwest, ein Stern auf. Blitzschnell überquert er den halben Himmel, einen langen Schweif mit sich ziehend. Sein Kopf ist etwa noch einmal so hell wie Venus. Ich glaube ihn zischen zu hören. (Natürlich Einbildung.)

In der Nähe der Wega ist er verschwunden. Sein Schweif ist etwa noch eine halbe Sekunde lang zu sehen, dann ist alles wie vorher.

Das war ein Prachtsexemplar von einem Meteor. Der verdiente schon die Bezeichnung ›Feuerkugel‹ (so werden die großen Meteoren genannt, die manchmal so stark wie der Vollmond leuchten).

Ich habe schon viele Sternschnuppen gesehen, aber das war der schönste und größte.

Entstanden um 1935/36 [unveröffentlicht]

Ich werde ein neues Stück schreiben. Das Thema: der Tod. Im Mittelpunkt steht ein sterbender Mensch von heute. Das Bewußtsein des nahen Todes verleiht ihm eine ungeheure Kraft, eine Kraft der Zerstörung. Angesichts des Todes übersteigert sich sein Individualismus, jede gesellschaftliche Bindung fällt dahin. Ich zeige, daß Nihilismus keine Lehre, sondern eine Haltung des Menschen ist. *Der Meteor* heißt das Stück. Ein Meteor wird bekanntlich, wenn er in die Lufthülle der Erde eintritt, ungeheuer erhitzt, und er entwickelt einen phantastischen Glanz, ehe er erlöscht.

Aus: *Ausblick ins Jahr 1964*, ›Schweizer Illustrierte‹, Zofingen, 30.12.1963

F.D., *Leonard Steckel als Nobelpreisträger Schwitter im ›Meteor‹*, 1966

Mit Leonard Steckel beim Rollenstudium, 1965

DIE FERNSEHVERSION DES ›METEOR‹

Ettore Cella im Gespräch

Kennengelernt habe ich Dürrenmatt zu seiner Studentenzeit an der Universität Zürich, das war im Winter 1942/43, als er seine erste Erzählung, *Weihnacht,* geschrieben hatte. Wir saßen beide öfter im Zürcher Café ›Java‹. Ich schrieb zu jener Zeit Texte für Radio Beromünster in Zürich, und Jahre später meinte Dürrenmatt zu mir: »Du warst der erste Schriftsteller, den ich kannte.« Wir haben uns dann aus den Augen verloren, erst wieder 1947 bei der Uraufführung von *Es steht geschrieben* im Zürcher Schauspielhaus getroffen, und nochmals 20 Jahre später kam es zur ersten gemeinsamen Fernseharbeit.

Der Meteor wurde am 20. Januar 1966 im Zürcher Schauspielhaus uraufgeführt. Ich arbeitete zu dieser Zeit als Regisseur beim Schweizer Fernsehen und war von dem Stück so begeistert, daß ich mich sehr dafür einsetzte, es für das Fernsehen zu übernehmen. Der Fernsehdirektor fand Dürrenmatt nicht besonders gut, die Theaterleute hatten kein großes Interesse an unserem Medium, meinten, wenn eines ihrer Stücke im Fernsehen gezeigt werde, komme niemand mehr ins Theater, und der Regisseur der Uraufführung, Leopold Lindtberg, wollte auch nichts mit dem Fernsehen zu tun haben. Ich setzte mich trotz aller Schwierigkeiten durch, überzeugte die Kollegen vom Süddeutschen Rundfunk zu einer Koproduktion, und wir begannen mit der Aufzeichnung des *Meteor* am 21. März 1966; – mit wenigen Ausnahmen – in der Besetzung der Uraufführung. Im Theater selber konnten wir nicht drehen, da war jeden Abend Vorstellung, daher bauten wir das Bühnendekor im Fernsehstudio auf.

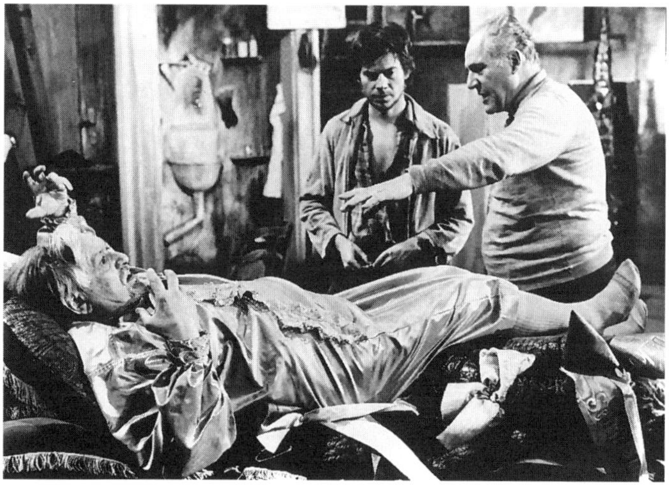

Dreharbeiten zur Fernsehinszenierung *Der Meteor*, 1967:

Leonard Steckel als Nobelpreisträger Wolfgang Schwitter, Peter Brogle als Kunstmaler Hugo Nyffenschwander und Regisseur Ettore Cella

Hauptdarsteller Leonard Steckel (der selber auch Regisseur am Schauspielhaus war) war eigentlich ganz froh, daß Lindtberg nicht Regie führte, so mußte er sich nicht noch einmal gegen seinen Regiekollegen durchsetzen. Zu mir meinte Steckel am Anfang der Dreharbeiten: »Du mußt dir keine große Mühe machen, einfach Großaufnahmen von mir, das genügt.« Steckel kannte ich vom Theater, ich war lange Jahre sein Regieassistent. Er kam zur ersten Stellprobe eines Stücks jeweils mit einem perfekten Konzept im Kopf, und wehe, wenn ein Schauspieler nicht gerade begriff, wie er sich eine Szene vorgestellt hatte, da tobte er darauflos. In jeder Vorstellung suchte er sich einen Schauspieler aus, den er minutiös – fast beleidigend – kritisierte.

Wir drehten den *Meteor* chronologisch, Szene für Szene, zeichneten elektronisch auf Magnetband auf, das zu jener Zeit allerdings noch mechanisch geschnitten werden mußte. Jeder Schnitt war ein schwieriges Unterfangen, und daher wurde so wenig wie möglich geschnitten. Wir hatten für diese Produktion eine knappe Woche Zeit, mehr ließ unser Budget (das zu drei Viertel vom Süddeutschen Rundfunk stammte) nicht zu. Einige der Schauspieler standen jeweils abends wieder auf der Bühne, und so konnten wir nur bis gegen vier Uhr nachmittags drehen.

Am letzten Drehtag erschien Lindtberg im Studio: »Ich hab gehört, du hättest Schwierigkeiten mit Steckel. Paß auf, der wird dir noch einen Streich spielen!«

Nachdem die letzte Einstellung gedreht war, zeigte ich Steckel den Schluß, worauf er sich unheimlich aufregte: »Das ist alles Mist, das kannst du nicht brauchen, das ist scheußlich!«, und er verließ das Studio in Rage. Daraufhin kam Gustav Knuth: »Ist er weg? Gut! Weißt du, warum er ein solches Theater machte? Er wollte die Kisten Bier für die Belegschaft nicht bezahlen.«

Ich habe mit Dürrenmatt noch weitere Inszenierungen fürs Fernsehen gemacht: *Porträt eines Planeten*, die berndeutsche Version der *Alten Dame* und *Die Panne*, spielte als Schauspieler u.a. auch im Film *Es geschah am hellichten Tag* mit. Eigentlich hat Dürrenmatt das Fernsehen, genau wie den Film, nicht besonders ernst genommen. Er hatte irgendwie Angst, daß die Literatur, seine Worte und Sätze, im Konkurrenzkampf gegen die Bilder verlorengingen.

Regisseur und Schauspieler Ettore Cella im Gespräch mit Ernst Buchmüller in Brütten bei Winterthur, 18.10.1995

AN VARLIN
Friedrich Dürrenmatt

In meinem Arbeitszimmer
Hängt deine Heilsarmee
Zwei Guitarren, eine Trompete, eine Fahne
Neun Menschen
Gläubiger als ich

Wenn ich aus meinem Atelier trete
Grinst mir Freund Loetscher entgegen
Er kennt meine grammatikalischen Fehler

Sitze ich im Wohnzimmer
Meiner Frau zuhörend
Wie sie auf dem Flügel improvisiert
Räkeln sich hinter ihr in zwei Sesseln
Zwei Menschen an der Wand
Ein Mann und eine Frau

Esse ich
Blicke ich auf die Neapolitanerin
Die nicht mit dir schlafen wollte
Weil du nicht katholisch bist

Im üppig gebauschten Prunk-Nachthemd einhertobend oder auf dem Bett in komischer perspektivischer Verkürzung sprengte Leonard Steckel als zweimal von der Bahre wiedererstandener Literatur-Nobelpreisträger Schwitter beinahe die Mattscheibe. Die Aufzeichnung der Zürcher Uraufführung von Dürrenmatts Komödie *Der Meteor* konzentrierte sich vorwiegend auf seine strotzende Bildhaftigkeit. Näher als es dem Theaterbesucher möglich gewesen war, sah ihm der Fernseher ins todbereite, aber immer wieder sinnlich explodierende Altersgesicht. Die zerhackten, barschen Sätze erinnerten an Sternheim. Dürrenmatts Kommentar zum Kulturbetrieb und zur literarischen Produktion, in der Person Schwitters direkt ausgedrückt, parodierte vor allem das für alle Arten von Feierlichkeiten auswechselbare Blabla an der Bahre. Willy Birgel stach mit seiner kleinen Verlegerrolle hervor. Nur die Klofrau Nomsen kann es an Geschäftsgeist und Vitalität mit Schwitter aufnehmen – Mila Kopp wurde zu Recht groß ins Bild gesetzt. Geschüttelt zwischen groteskem Ulk und Blasphemie, war der Zuschauer hier doch gezwungen, über den Tod nachzudenken – auch über den eigenen.

›Rheinische Post‹, Düsseldorf, 25.1.1968

Und hinter mir
Leuchtet in Schwarz eine Vespasienne
Durch den Pariser Nebel
Non olet

Stehe ich mir gegenüber
Von Dir gemalt
Trinkt mir ein dicker Leib aus Fett und Wasser
Freundlich zu
Der einmal in einem Krematorium verdampft

Wir sind blind ohne deine Gesichte
Wir allein sind dein Gegenstand
Du weichst nicht ins Gegenstandslose

Du formst unsere Taten, rächst unsere Verbrechen
Indem du uns zeichnest
Wie Gott Kain

Aus: *Literatur und Kunst*, WA, Bd. 26, S.183 f.

Dürrenmatt verband eine intensive Freundschaft mit dem Maler Varlin (Willy Guggenheim *16.3.1900 Zürich, †30.10.1977 Bondo), der ihn auch in seiner Öl-Malerei stark beeinflußte [siehe dazu F.D.s Porträt von Leonard Steckel, S. 181]. Die Heilsarmee in der Schlußszene von *Der Meteor* wurde oft als Reverenz an Varlin gedeutet.

Varlin, *Die Heilsarmee*, 1963/64, Kunsthaus Zürich, Legat F.D.

Der Meteor ist eine im Grunde sehr einfache und auch wieder sehr teuflische Fabel: Ein Mensch, der nicht glaubt, ein Mensch wie wir, wird ständig aus dem Tode erweckt; er erlebt ständig das Wunder: er ist tot und wird wieder lebendig. Und dieser Mensch, weil er nicht glaubt, wird nie darauf kommen, daß er tot war; er wird immer sagen: Das war ein Ohnmachtsanfall oder was auch immer. Das heißt, Lazarus ohne den Glauben wird nie das Wunder akzeptieren können; das Wunder nützt gar nichts ohne den Glauben.

Aus: *Dürrenmatt. Gespräch mit Heinz Ludwig Arnold*, Zürich, Arche 1976, S. 39.

Szenenbilder aus der Fernsehinszenierung von *Der Meteor*, 1967:

Peter Brogle als Kunstmaler Hugo Nyffenschwander und Leonard Steckel als Nobelpreisträger Wolfgang Schwitter

Leonard Steckel und die Heilsarmee

BRIEF AN FRIEDRICH DÜRRENMATT
Varlin

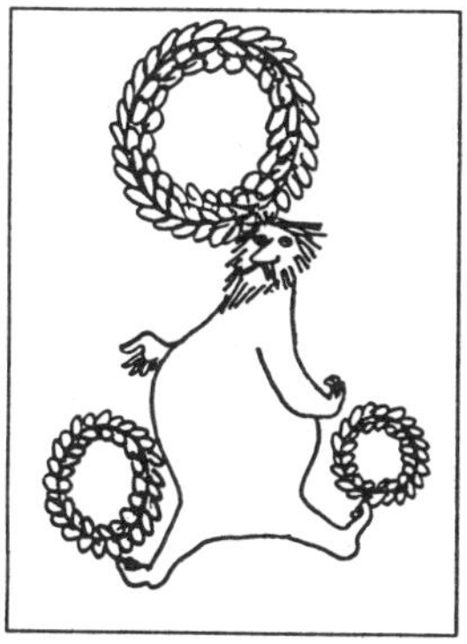

Mein lieber Friedrich,
ich bin daran, eine Komödie zu schreiben, besser gesagt ein komisch-tragisches Schauspiel, möchte es aber nicht veröffentlichen ohne Deine vorherige Begutachtung.

ORT DER HANDLUNG:
Eine Flughalle mit Blick auf eine verregnete Rollpiste. Auf der Bühne sonntägliche Provinz mit schwarz und gelb angestrichenen Schweizern, als Fremde getarnt in modernen Stahlmöbeln sitzend. Durch Hin und Her wird Betrieb vorgetäuscht. Eine elektronische Uhr im Hintergrund läßt beleuchtete Sekunden fallen, von 9 Uhr bis 11 1/4 Uhr. Linkerhand Eingang zum Erfrischungsraum. Stimmung zum Kotzen.

DIE PERSONEN:
1 Arzt
1 Zahnarzt
1 Dame in Weiß
1 Kunstmaler
1 Dramatiker (abwesend)

Die Dame in Weiß, Frau des Zahnarztes, oder Zahntechnikerin, besser noch die Irrenärztin, Fräulein Zahnd als Vorlage. (Das zuvorkommend Welsche müßte in Burschikos-Zürcherisches umgewandelt werden). Die Stimmung ist auch irgendwie irr. Die Personen laufen wie schemenhafte Schatten auf der Bühne herum. Jeder in einer anderen Richtung, treffen sich dann wieder. Nur durch Augenspiel erfährt man, daß sie sich fragen (en attendant Godot), ob der berühmte Dramatiker nicht irgendwo aufgetaucht sei. Der Kunstmaler, durch soviel Nervosität beelendet, verschwindet immer wieder im Erfrischungsraum, sich ein Pflümli genehmigend. Punkt 11 1/4 Uhr, wie von der Tarantel gestochen, verschwinden die Personen, außer dem Kunstmaler, in einem Loch im Bühnenboden. Der Vorhang fällt.
Als ich dann nach Fallen des Vorhanges isoliert-deprimiert die Bahnhofstraße hinauftippelte, war ich mir als Versager bewußt, daß ich Dich und Lotte nicht nur wegen meiner Gedächtnislücke verpaßt hatte. Ich hätte ja wissen müssen von meiner Amerikareise her, daß Prominenz nicht unter gemeines Fußvolk gemischt wird und daß in Spezialräumen ein Abschiedstrunk serviert wird.
Im Sommeranfang ging es auch daneben. Auf meinen Telephonanruf Dich nur en passant zu sehen, gabst Du keinen Bescheid mehr. Ich weiß, was Besuche sind! An meiner Tür hängt ein Zettel: Verschont uns, wir haben alle Migräne. Bei allen großen

Schriftstellern, Balzac als Beispiel, auch bei mir, kommt sehr viel Kommerzielles vor. Also höre, ohne zu erschrecken: Du hast noch 3 Bilder von mir, die ich gerne zurückholen möchte.

1. Eine kleine Pferdemetzgerei, in Paris gemalt
2. Ein junger Mann auf Divan, daneben Mädchen im Fauteuil
3. Ein Kellner in Mitte des Bildes, dahinter der Rhein.
Ich betrachtete diese Bilder als Leihgabe bei Dir.

Bei Übergabe meines Kunstpreises sprachst Du zum Ergötzen der Anwesenden, wie schlimm ich meine Bilder behandle. Du hättest beifügen können, wie ich auch die Möglichkeit, meine Bilder zu katalogisieren, verschlampe. Bei meinen früheren Zürcher Minderwertigkeitskomplexen (als Du eine Zeit lang um mich herum warst, verschwanden die ein wenig) gab ich ja selber nie viel auf meine Bilder, das Ergötzen war dann immer bei den Andern, wenn ich Bilder nie mehr abholte, irgendwo liegen ließ, oder selber zerstörte. Mit alldem, was ich jetzt noch einzutreiben versuche, sofern es noch möglich ist, könnte ich Räume einer Ausstellung füllen.

Dein alter Freund Varlin

Soeben erhalte ich die NZZ und lese Deinen Erfolg in Israel Schalom!

Brief von Varlin an F.D. *vom 5.11.1974*, aus: *Varlin. Briefe und Schriften*, Zürich, Verlag NZZ 1989, S. 107 ff.

F.D., *Varlin auf dem Sterbebett*, 1977

FΔ 22.10.77

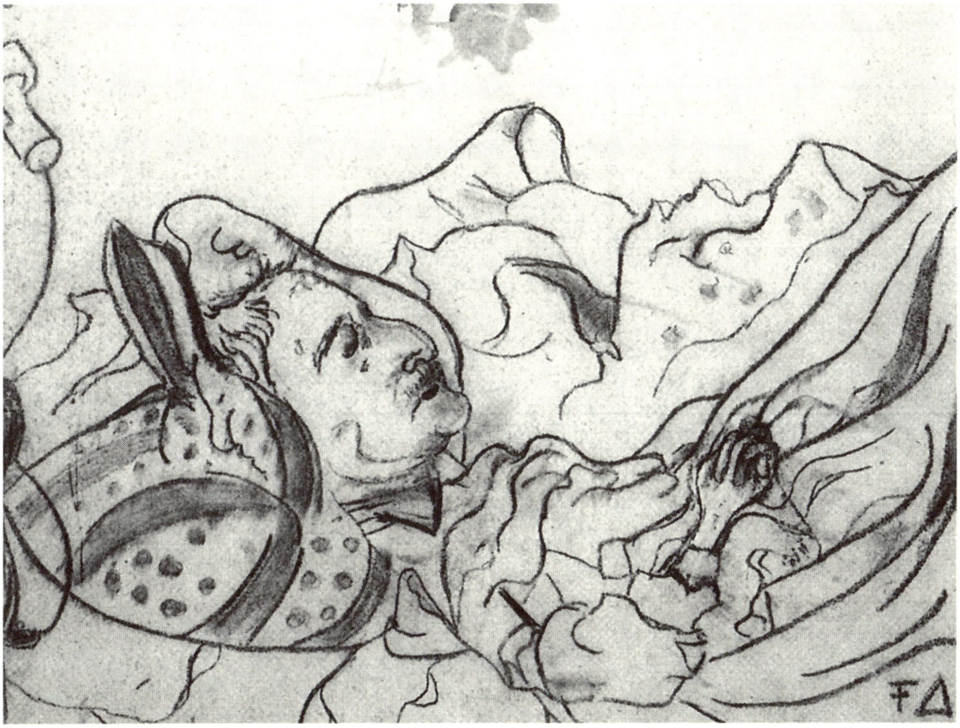
FΔ

Die Wiedertäufer

»Die schlimmstmögliche Wendung,
die eine Geschichte nehmen kann,
ist die Wendung in die Komödie.«

DIE WIEDERTÄUFER

UA: 16.3.1967 Schauspielhaus Zürich
Regie: Werner Düggelin
Komödienfassung von F.D.s erstem Drama *Es steht geschrieben* (UA: 19.4.1947 Schauspielhaus Zürich, Regie: Kurt Horwitz)

EA der Fernsehinszenierung von *Die Wiedertäufer*: 26.10.1973 ZDF
Regie: Werner Schlechte / Heinrich Koch
(Co-Produktion mit den Ruhrfestspielen Recklinghausen, Aufzeichnung nach 21 Vorstellungen, ohne Publikum)

Dürrenmatt greift hier den Stoff seines ersten Stücks *Es steht geschrieben* (1947) wieder auf und schildert die gesellschaftliche Utopie der Wiedertäufer, die 1534 in Münster den Bischof verjagten und einen radikalen Gottesstaat ausriefen. Dieses »Reich Gottes auf Erden« endet schon nach wenigen Wochen in einem wüsten Chaos. Egoismus, Machtrausch und der schrankenlose Freiheitswahn einzelner anarchistischer Sektenmitglieder und die Staatsmacht des Kaisers, der mit seinen Soldaten Münster zurückerobert, ersticken die Hoffnung auf eine neue, gewaltfreie Gesellschaft. Der Schmierenkomödiant Bockelson ruft sich zum König des neuen Jerusalem auf und mißbraucht den Idealismus des Volks für den eigenen Führermythos. Gegenfigur ist Knipperdollinck, der den biblischen Auftrag so wörtlich nimmt, daß er das Amt des Bürgermeisters aufgibt, bettelarm und hilflos die Nachfolge Christi antritt und schließlich als Opfer für den Massenwahn hingerichtet wird.

DIE VORSTELLUNG EINER BÜHNE LÖSTE MIR DIE ZUNGE

Friedrich Dürrenmatt

Ich mußte Schriftsteller werden, nicht nur weil ich mein Denken als Stoff, sondern auch weil ich einen neuen Ausgangspunkt gefunden hatte, von dem aus ich in die Schriftstellerei starten konnte: die Bühne. Im blauweißen Buch *Die Wiedertäufer* aus den Monographien zur Weltgeschichte von Velhagen und Klasing blätterte ich schon im Dorf, es stand in der Bibliothek meines Vaters, die blutige Groteske, die sich im Zeitalter der Reformation in Münster in Westfalen abspielte, bleibt in meiner Phantasie haften, nach der deutschen Katastrophe begannen plötzlich die damaligen Personen zu reden, Bockelson, Knipperdollinck, der Bischof Franz von Waldeck, alle sprachen, die Bühne löste mir die Zunge, nicht die Bühne selber, sondern die Vorstellung einer Bühne, vorher war für mich das Drama eine literarische Form. Indem die Vorstellung einer Bühne mich aus dem Gefängnis meiner Prosa und meines Zeichnens befreite, fand ich meinen Glauben an mich selbst, den Glauben, Schriftsteller zu sein (wie oft sollte dieser Glaube noch erschüttert werden). Ich rannte gleichzeitig von mir fort und zu mir hinein.

Aus: *Turmbau. Stoffe IV-IX*, S. 221f.

›ES STEHT GESCHRIEBEN‹: DER THEATERSKANDAL

Peter Wyrsch

Kurt Hirschfeld, 1947 Vizedirektor des Zürcher Schauspielhauses, erzählt: »Oskar Wälterlin [der damalige Direktor des Zürcher Schauspielhauses], Kurt Horwitz [Schauspieler und Regisseur] und ich waren uns nach der Lektüre von *Es steht geschrieben* sofort einig, daß dieses Stück aufgeführt werden müsse. Und es wurde aufgeführt. Zunächst ließen wir den uns unbekannten Friedrich Dürrenmatt nach Zürich kommen. Bereits die erste Begegnung verlief ungeheuer amüsant. Er sprühte von Ideen. Eine gute Zusammenarbeit bahnte sich an. Für die Aufführung fanden wir mit Therese Giehse und Agnes Fink, den Herren Knuth, Gretler, Seyferth, Kalser, Tanner, Freitag, Gaugler, Wlach, Parker und Schweizer eine nahezu ideale Besetzung, Horwitz führte Regie. Wir hatten unser Möglichstes getan. Und doch ertrugen nicht alle Leute das Ungewohnte, die Ballung von Bildern. Ausgerechnet während der genialsten Szene des Stückes ertönten Pfiffe. Das Publikum randalierte. Wir hatten endlich unseren Theaterskandal. Das war am 19. April 1947, Theaterskandale sind später immer unverständlich.«
Auf der Bühne trug sich folgendes zu. Zwei der Wiedertäufer, die im Jahre 1534 in Münster in Westfalen ihr »Gottesreich« errichtet hatten und damit die Stadt in tiefstes Elend stürzten, der reiche Knipperdollinck, der Hab und Gut verschenkte, und der arme Schneidergesell Johann Bockelson, der sich zum König von Münster ausrufen ließ, begegnen sich kurz vor dem bitteren Ende ihres wahnwitzigen Versuchs bei Vollmond auf dem Dachfirst eines Hauses. Beide tanzen. Knipperdollinck gräßlich zerlumpt, Bockelson in Königsmantel und Krone. Hinter ihnen der ungeheure Mond.

Aus: Peter Wyrsch, *Die Dürrenmatt Story*, ›Schweizer Illustrierte Zeitung‹, Zürich und Zofingen, 1.4.1963

Während der ganzen Vorstellung war eine große Spannung und Unruhe im Publikum zu spüren, doch als Gustav Knuth und ich als Bockelson und Knipperdollinck diese Szene spielten, in der wir auf dem Dach tanzen und den Mond ansingen, ging der Tumult im Parkett erst richtig los. Die Leute schrien: »Aufhören!«, »Schluß!«, »Fertig!«; sie pfiffen so laut, daß wir uns beide verdutzt in unseren Nachthemden anschauten und in normaler Lautstärke miteinander sprachen: »Und jetzt, was machen wir?« fragte ich Knuth; er darauf: »Weitermachen, Heiri, weitermachen!« Irgendwie überstanden wir alle diese Premiere; auch wenn die Meinungen über das Stück sehr auseinandergingen, Knuth und ich waren uns einig: Da muß doch etwas dran sein, wenn ein Autor seinen Einstand im Theater mit einem solchen Gepolter gibt. Die Zeit gab uns recht.

Heinrich Gretler, *Aus meinem Leben*, Interview mit Schweizer Radio DRS, Zürich, 11.9.1963

Am Schluß konnten der Autor und seine Mithelfer einigen Beifall jener Unentwegten entgegennehmen, die ausgeharrt hatten. Große Zuschauergruppen aber gingen still weg und begruben wohl auf dem Heimweg nachdenklich die Hoffnung auf einen Schweizer Dramatiker.

Kritik der Uraufführung von *Es steht geschrieben* in: ›Tages-Anzeiger‹, Zürich, 21.4.1947

Szenenbild aus der UA von *Es steht geschrieben*, Schauspielhaus Zürich, 19.4.1947:

Heinrich Gretler als Bernhard Knipperdollinck und Gustav Knuth als Johann Bockelson

Wir müssen uns weit [...] zurückversetzen, um uns an dieses höhnische Gelächter eines entrüsteten Publikums zu erinnern, das von der Rastlosigkeit und künstlerischen Zuchtlosigkeit eines jungen Elefanten im Porzellanladen der Bühnendichtung angewidert ist.
Die Blitzgescheiten werden uns zwar schon noch beweisen, daß eben diesmal nicht der Dichter (und mit ihm sie selber), sondern das Publikum durchgefallen sei. [...]
Als König Salomon gürpsend sein ganzes Menü bis zum russischen Salat herunterlallte, um dann mit Gretler auf die Wälle der Stadt Münster zu steigen und angesichts einer riesigen Mondscheibe einen kindischen Tanz aufzuführen und die Welt mit krachenden Sätzen aus den Angeln zu heben [...], da ging das gutmütige Lächeln des Publikums in Ekel und offenen Brechreiz über. [...]
Im ehrgeizigen Bestreben, der Schweiz einen neuen Dramatiker zu schenken, ist auch unser Schauspielhaus – wo bleibt sein bewährter guter Geschmack? – diesmal gründlich ausgerutscht.

Kritik der Uraufführung von *Es steht geschrieben* in: ›Neue Zürcher Nachrichten‹, 23.4.1947

F.D., *Die Kritiker I*, um 1963

DAS ENGAGEMENT IM WELTTHEATER
Hugo Loetscher

Der Anlaß, daß Friedrich Dürrenmatt sich seinem Erstling *Es steht geschrieben* zuwandte, ergab sich aus der Anfrage eines Regisseurs, das Stück neu zu inszenieren. Der Autor machte sich mit dem Stift ans Wiederlesen. Aber was als Korrektur geplant war, wurde eine neue Konzeption.
Es ist ja nicht überraschend, daß Friedrich Dürrenmatt seine Stücke bearbeitet. Es hat manchmal den Anschein, als wolle dieser Spötter der Germanisten gerade den Germanisten fürs philologische Seminar besondere Arbeit aufgeben. Das kritische Durchgehen der eigenen Stücke hängt nicht zuletzt mit seiner Methode zusammen, »mit der Bühne zu arbeiten«. [...]
In dieser permanenten Auseinandersetzung mit dem eigenen Werk nimmt die Auseinandersetzung mit *Es steht geschrieben* eine besondere Bedeutung ein. Weil ein neues Stück entstand: *Die Wiedertäufer*, in welchem das erste streckenweise zitiert wird.
Das Thema blieb sich gleich – es ist das Thema der Wiedertäufer, welche in Münster zu Westfalen ihr himmlisches Jerusalem errichten – eine Gemeinschaft, die einmal daran zugrunde ging, daß die Gründer dieser neuen Gemeinschaft ihre Ideale verrieten, und daran, daß die Majoritäts-Christen diese Sektierer umbrachten.
Die Parallel-Lektüre von *Es steht geschrieben* und *Die Wiedertäufer* ist zunächst eine vorzügliche Schule für Dramaturgen. Dafür, wie man aus einem Text, der fürs Theater geschrieben ist, Theater macht. Dadurch nämlich, daß Dürrenmatt in seinem zweiten Stück alles in konkrete Situationen bringt; also nicht mehr von der Bühne herab fürs Publikum schreibt, sondern für die Bühne. Das heißt im einzelnen, daß der Autor nicht mehr mitteilt, was geschieht, sondern das Geschehnis in Szene setzt. Wenn der Bischof im ersten Stück in einem Monolog den Zuschauern mitteilt, er habe Münster zu verlassen, dann nehmen die Zuschauer im zweiten Stück an jener Szene teil, wo dem Bischof die Nachricht überbracht wird, er habe Münster zu verlassen. Und wenn man im ersten Stück erfährt, die Wiedertäufer hätten die Macht in Münster übernommen, dann wird im zweiten diese Machtergreifung Schritt für Schritt vorgeführt.
Das heißt im einzelnen, daß die Monologe dramatisiert werden und die Mitteilungen dialogisiert, das heißt aber auch, daß gerafft wird, die Spielsituation verkürzt. Die Freß-Arie von Bockelson aus dem ersten Stück ist als Menukarte länger als die aus dem zweiten Stück – aber die zweite macht voller. [...]

Was einst ein grausames Spiel religiöser Schwärmerei, sozialer Hoffnung und politischer Rebellion war, ist zwar in den Programm-Sätzen des zweiten Stückes auch noch da – »jene Träume, die halt das Volk so träumt«. Aber sie wurden im wortwörtlichen Sinn Theater – eine Frage des Auftritts und der Regie. Um dies zu erkennen, brauchen wir nicht nach Münster zurückzublicken. *Die Wiedertäufer* sind ein politisches Stück, politischer als jene Stücke, in welchen die aktuelle Politik ihre Probleme diskutiert. Das ist also Theater auf dem Theater – aber nicht im üblichen Sinn. Nicht derart, daß auf der Bühne gespielt wird und ein Bühnenpublikum das Spiel verfolgt; nicht derart, daß Traum und Wirklichkeit ineinander übergehen und jenes Spiel von Schein und Wahrheit sich abrollt. Sondern Theater und Wirklichkeit sind eins geworden, weil die Welt selber eine Bühne ist, auf der der Gaukler sogar den eignen Weltuntergang inszenieren kann, in jenem Grade Bühne, daß der Schauspieler am Ende das ausgehungerte und dezimierte Münster, seinen Spielplatz, als Schmiere bezeichnet.

Das ist nicht Calderónsches Welttheater, wo jeder seine Rolle hat. Sondern es ist ein Welttheater der Macht und damit der Ohnmacht, wo der große Spielplan nicht mehr zu erkennen ist. Der Tanz zwischen Bockelson, dem Schauspieler als Akteur, und Knipperdollinck, dem radikalen Bekenner, findet auf einer

leeren Bühne statt – einer Bühne, die so gottverlassen leer ist, daß der Gaukler sich auf den höchsten Thron setzt.
In diesem Gaukler erkennen sich die Mächtigen, in diesem Falle die Fürsten. Bockelson hat ihnen vorgespielt, wie man Macht ergreift, sie hält und sie auch verliert. Wenn er ihnen Münster übergibt, ist das sein letzter Auftritt, er, der immer dafür war, daß man sich fürs Spiel ganz einsetzt. Auf den Applaus bedacht, erntet er Applaus, zuletzt von denen, die er lange aus Regiegründen als Gegner brauchte. Seine Niederlage findet immer nur auf einer Bühne statt, welche die Welt bedeutet, und deswegen kann er weiterziehen, wohin das Spiel ihn treibt.

Aus dem Programmheft zur Uraufführung von *Die Wiedertäufer*, Schauspielhaus Zürich, 16.3.1967 [gekürzt]

F.D., *Die Wiedertäufer*, um 1952

KRONE UND OCHSENBLUT

Ernst Schröder

Ein denkwürdiges Mittagessen im ›Vorderen Sternen‹. Der Autor hatte sich entschieden, die Tanzszene zwischen dem Verführer und dem Verführten, zwischen dem Demagogen und dem von der Gnade Ergriffenen vom Schluß des alten Stückes auf meinen Wunsch hin auch in die neue Fassung zu übernehmen. Sie war übers Wochenende in Neuchâtel neu geschrieben worden, und er hatte sie mitgebracht. Ich fand darin den ironischen Lieblingssatz meiner Rolle: »Gepriesen sei deine Verzweiflung, ärmster meiner Untertanen. Sie hält sich ans Religiöse und bordet nicht in politische Forderung über. Du bist würdig, meine Schleppe zu tragen...« Darüber hinaus war ich glücklich, weil mein Einfall akzeptiert wurde, daß der Schauspieler gemäß seiner Rolle, die Krone auf dem Kopf und mit einer riesigen Königsschleppe aus dem Fundus des bischöflichen Theaters ausgerüstet, beginnt, sich Gesicht und Körper mit Ochsenblut zu schminken – zum Akt der Übergabe der Stadt Münster an die Fürsten. Auf Anhieb war die Szene auf der Probe gelungen. Dichte Stunden zwischen Autor und Akteur. Im Miteinander dieser beiden liegt für Dürrenmatt der Sinn des Theaters und auch seine Wirkung. Einige Zweizeiler der aus Hybris dichtenden Antipoden fehlten ihm noch. Uninteressiert bestellte er heute sein Essen. Fleischsalat, gemischter Salat, Bouillon, Siedfleisch, wahllos, ohne Reihenfolge. Ehe er mit einem Gang fertig war, schrieb er schon, schrieb mit seinen barocken Druckbuchstaben die fehlenden Verse. Ich staune. Er zündet die Havanna an, schreibt, löffelt Suppe, schreibt. Ißt Siedfleisch, schreibt. Langt unbemerkt plötzlich nach dem Brot, reißt es stürmisch auseinander, vergißt seinen Diabetes und sündigt. Kein einziges Mal in diesen Monaten habe ich ihn Brot essen sehen. Ich bin sicher, er merkt es gar nicht. Konsumieren und Produzieren ist ihm eins, wie Welt und Bühne ihm eins sind. Strahlender Laune bestellt er neuen Wein, liest uns die neuen Verse vor und duldet gern die zuhörende Serviererin. Der Verführer und der Verführte: zwei, die plötzlich von den verschiedenen Enden der Welt zu dichten anfangen. Ich kann über die gewagte Banalität ihrer Reime nur staunen. Dürrenmatt sieht mir das an und sagt, diese Verse dürfen nicht schön sein im literarischen Sinn, sonst geht der Inhalt der Szene verloren. Während ich darüber nachdenke, fällt mir Brecht ein, wie er zu einem Schauspieler auf die Bühne hinaufrief: »Bitte, sprechen Sie nicht so schön, ich verstehe Sie sonst nicht.« [...]
Es wurde eine harte Premierenschlacht. Wie eine Betonmauer fühlt man auf der Bühne die da unten im Parkett versammelten zugereisten Kritiker und Experten. Die Schauspieler können

sich die Fäuste daran wundschlagen, aber sie können diese Mauer nicht einschlagen. Als ich Wieman am Schluß den Satz sagen höre: »Die Gnade, Knipperdollinck, zwischen blutigen Speichen hervorgekratzt, klagt mich an«, fühle ich, daß das Wort Gnade, vor internationalen Intellektuellen öffentlich ausgesprochen, heute ein Tabuwort ist. Ich denke noch darüber nach, da erst merke ich, daß ich ohne Krone getanzt habe. Verschenkt die Lieblingsszene. Ich bin traurig, als hätte ich den Autor um sein Bestes geprellt. Dürrenmatt hingegen ist heiter und bagatellisiert die vergessene Krone. Von der dritten Aufführung an entscheidet sich das Publikum für einen großen Erfolg des Stückes.

Aus: Ernst Schröder, *Das Leben verspielt*, Frankfurt a. Main, S. Fischer Verlag 1978, S. 189ff.

Szenenbild aus der Fernsehinszenierung *Die Wiedertäufer*, 1973:

Günter König
als Johann Bockelson

KÖNIG BOCKELSON
Friedrich Dürrenmatt

Ich speiste eben ausgezeichnet
Schlang Koteletts, Entrecôtes und blutige Roastbeefs
In mich hinein, stopfte mich, so schien es, mit der ganzen
  Tierwelt voll
Begrub sie unter Mais und Sauerkraut und Bohnen
  und unter Körben von Salat
Die wiederum begrabend unter runden Käseleibern
Und deckte alles zu mit einem See von Schnaps
Und einem Ozean von Bier
Die Hungerjahre, dahingelebt auf kleinen Bühnen
Erfolglos, ausgepfiffen, mit magerer Gage, sind vorüber
Nie nährte mich die Kunst, bescheiden bloß Zuhälterei
Nun mästet mich Religion und Politik: Doch sitz
  ich in der Falle
Ich wurde Täufer aus beruflicher Misere
Ich brachte, arbeitslos, verworrenen Bäckern, Schustern,
  Schneidermeistern
Rhetorik bei, sah zu, wie sie die Welt aufwühlten
Mit gläubigen Ideen, als wär sie Schlamm
Ließ endlich sie den Krieg entfesseln
Ja wurde aus einem losen Einfall gar ihr König.
Jetzt, hol's der Teufel, glauben sie an mich
Mit Titeln überhäuft, grotesken Würden, Ämtern, Idealen
Und die erzürnten Fürsten, aufgeschreckt
Weil ihre installierte Ordnung wankt
Verwechseln mich mit meinen Rollen
Halten mich für einen rasenden Herakles, für einen blutigen
  Nero, finsteren Tamerlan
Noch seh ich keinen Ausweg, lass mich treiben
Wohin mein Spiel mich treibt
Umstellt von Frömmigkeit und grausem Plunder
Es machen alle mit. Das ist das Wunder.

Aus: *Die Wiedertäufer*, Teil II, 14. König Bockelson, WA, Bd. 10, S. 88f.

»Dieser Bischof hatte die beste Theatergruppe Europas. Für ihn, der soviel in das Menschenleben einzugreifen hat, ist das Theater der Ort, auf dem er diesem Leben zusehen kann, seinen Ereignissen und Katastrophen, ohne selbst schuldig zu werden.« Das Theater: ein Ort des Vergnügens, des Ausruhens, des Betrachtens: der Anschauung? Solches Theater ist nicht das Dürrenmattsche, das wie eine Schaubude direkt neben der Weltgeschichte steht, in der die Clowns auf ihre Rollen warten.
Man spürt auf einmal an seinem [Dürrenmatts] Ton, was ihn veranlaßt hat, das alte Stück neu zu machen. Er hat dem Bischof (und sich?) bewiesen, daß man sich mit Hilfe des Theaters nicht draußen halten kann. Bockelson ist mächtig geworden. Er hat ihn zum Schauspieler gemacht, den der Bischof einst nicht in seine Truppe aufnahm. In der Maske des Wiedertäufers kehrt Bockelson wieder und inszeniert dem Bischof in seinem Münster das große Wiedertäufer-Schaustück inmitten der Realität. Das Schaustück, das den Bischof bis an den Rand des Lebens bringt, bis in den Einsturz all seiner Überzeugungen. Das ist's, was den Autor noch immer (und wohl noch langhin) an dieses Stück fesselt: der schockierende Umschlag vom Theater in Wirklichkeit und der Rückschlag von Wirklichkeit in Theater. – In anderer Uniform als den Schwarzkitteln der Wiedertäufer ist uns das noch ein nahes Ereignis.

Günther Rühle in ›Frankfurter Allgemeine Zeitung‹, 23.3.1967 [nach der Uraufführung von *Die Wiedertäufer* im Zürcher Schauspielhaus]

MODELL SCOTT
Friedrich Dürrenmatt

Shakespeare hätte das Schicksal des unglücklichen Robert Falcon Scott doch wohl in der Weise dramatisiert, daß der tragische Untergang des großen Forschers durchaus dessen Charakter entsprungen wäre, Ehrgeiz hätte Scott blind gegen die Gefahren der unwirtlichen Regionen gemacht, in die er sich wagte, Eifersucht und Verrat unter den anderen Expeditionsteilnehmern hätten das Übrige hinzugetan, die Katastrophe in Eis und Nacht herbeizuführen; bei Brecht wäre die Expedition aus wirtschaftlichen Gründen und Klassendenken gescheitert, die englische Erziehung hätte Scott gehindert, sich Polarhunden anzuvertrauen, er hätte zwangsläufig standesgemäße Ponys gewählt, der höhere Preis wiederum dieser Tiere hätte ihn genötigt, an der Ausrüstung zu sparen; bei Beckett wäre der Vorgang auf das Ende reduziert, Endspiel, letzte Konfrontation, schon in einen Eisblock verwandelt, säße Scott anderen Eisblöcken gegenüber, vor sich hinredend, ohne Antwort von seinen Kameraden zu erhalten, ohne Gewißheit, von ihnen noch gehört zu werden.
Doch wäre auch eine Dramatik denkbar, die Scott beim Einkaufen der für die Expedition benötigten Lebensmittel aus Versehen in einen Kühlraum einschlösse und in ihm erfrieren ließe. Scott, gefangen in den endlosen Gletschern der Antarktis, ent-

Szenenbilder aus der Fernsehinszenierung *Die Wiedertäufer*, 1973:

Walter Richter als Knipperdollinck und Kornelia Boje als seine Tochter Judith

Günter König als Johann Bockelson

fernt durch unüberwindliche Distanzen von jeder Hilfe, Scott, wie gestrandet auf einem anderen Planeten, stirbt tragisch, Scott, eingeschlossen in den Kühlraum durch ein läppisches Mißgeschick, mitten in einer Großstadt, nur wenige Meter von einer belebten Straße entfernt, zuerst beinahe höflich an die Kühlraumtüre klopfend, rufend, wartend, sich eine Zigarette anzündend, es kann ja nur wenige Minuten dauern, dann an die Türe polternd, darauf schreiend und hämmernd, immer wieder, während sich die Kälte eisiger um ihn legt, Scott, herumgehend, um sich Wärme zu verschaffen, hüpfend, stampfend, turnend, radschlagend, endlich verzweifelt Tiefgefrorenes gegen die Türe schmetternd, Scott, wieder innehaltend, im Kreise herumzirkelnd auf kleinstem Raum, schlotternd, zähneklappernd, zornig und ohnmächtig, dieser Scott nimmt ein noch schrecklicheres Ende, und deshalb ist Robert Falcon Scott im Kühlraum erfrierend ein anderer als Robert Falcon Scott erfrierend in der Antarktis, wir spüren es, dialektisch gesehen ein anderer, aus einer tragischen Gestalt ist eine komische Gestalt geworden, komisch nicht wie einer, der stottert, oder wie einer, der vom Geiz oder von der Eifersucht überwältigt worden ist, eine Gestalt, komisch allein durch ihr Geschick: Die schlimmstmögliche Wendung, die eine Geschichte nehmen kann, ist die Wendung in die Komödie.

Aus: *Dramaturgische Überlegungen zu den ›Wiedertäufern‹*, WA, Bd. 10, S. 127f.

Gewohnheitsmäßigen Fernsehern wird in dieser Gemeinschaftsproduktion der Ruhrfestspiele und des ZDF Theater mit fließenden Überblendungen, moderatorhaft zeigenden Ankündigungen, lautbelachten Gags (»Vielweiberei ist ein Regieproblem«) nahegebracht; Klaus Boltze hat für präzisphantasievolle Choreographie gesorgt, Ekkehard Grüblers Kostüm-Orgie nimmt die Rottöne für die höhere Geistlichkeit aus dem gleichen Topf wie die in Scharlach, Purpur und Karmesin spielenden Roben von Bockelsons Harem. Regisseur Heinrich Koch macht wirkungsvolle Massenregie: im ersten Bild, wenn die Wiedertäufer unter ihrem Propheten Matthison gewaltig aufmarschieren, im dritten, wenn Markt und Richtplatz sich mischen und die großartige Lina Carstens ihre volkserhaltenden Zwiebeln anpreist. Bockelsons choralverklärte »Siegerehrung« als König wird später durch die verzweifelten Hungergesänge der kriegsbelagerten Münsteraner kontrapunktiert. Ästhetischer Glanzpunkt: die zweigeteilte Bühne mit waffenklirrenden Herausforderern und wehrlosen Bürgern.

›Rheinische Post‹, Düsseldorf, 19.5.1973

König Johann

»Ein böses Stück,
ich bestreite es nicht,
doch wird es von unserer Zeit
bestätigt.«

KÖNIG JOHANN

UA: 18.9.1968 Basler Theater
Regie: Werner Düggelin

EA der Fernsehaufzeichnung: 20.1.1971 ORF
Regie: Vaclav Hudecek / Georg Madeja
(Aufzeichnung einer Aufführung des Volkstheaters, Wien)

Weitere Fernsehinszenierung:
EA: 20.1.1971 ZDF
Regie: Oswald Döpke
(Aufzeichnung einer Produktion des Thalia-Theaters, Hamburg)

[Dieses Stück] stellt den verzweifelten Versuch des Bastards, des illegitimen Sohnes Richard Löwenherz' mit der Lady Faulconbridge, dar, seinem Stiefbruder Johann beizubringen, daß Politik und Verstand sich nicht ausschließen müssen, sondern miteinander vereinbar seien. Der Bastard rechnet jedoch nicht damit, daß eine an sich unvernünftige Welt nicht vernünftig zu handeln vermag, so daß die Versuche König Johanns, vernünftig zu sein, die der Bastard ihm einredet, stets in ihr Gegenteil umschlagen. Die Politik wird immer unvernünftiger, endet in sinnlosen Gemetzeln und führt schließlich dazu, daß König Johann im Interesse der Lords, der Kirche und Frankreichs vergiftet wird, woraufhin er, sterbend, den Bastard verflucht und davonjagt.

Aus: *Friedrich Dürrenmatt interviewt F.D.*, WA, Bd. 25, S. 155 f.

DIE MASCHINERIE DER POLITIK

Friedrich Dürrenmatt

Shakespeares *König Johann* ist eine Bearbeitung des Stückes eines Unbekannten. Da wir dieses Stück besitzen, vermögen wir auch das dramaturgische Vorgehen zu verfolgen, das Shakespeare bei seiner Bearbeitung anwandte. Die Bearbeitung Shakespeares ist nicht eines seiner Meisterwerke, die Bearbeitung mußte offensichtlich in Eile geschehen. Er erzählte seine Vorlage in wenigen Szenen, darum oft rhetorischer, vieles, was im alten Stück dargestellt wird, läßt er berichten. Was nun meine Bearbeitung der Bearbeitung Shakespeares betrifft, so benutzte ich die Übersetzung Schlegels. Ich übernahm die Spielkonstellation Shakespeares, die er schon von seinem Vorgänger übernommen hatte, um sie neu durchzudenken. Ich stellte mir die Aufgabe, die dramaturgische Dialektik des vorhandenen Spielmaterials reiner herauszuarbeiten, die ständigen Peripetien beizubehalten, die auch bei Shakespeare vorhanden sind, und zu einem eleganteren Endspiel zu kommen; das Spiel zu verkürzen, statt des mühsamen Kleinkrieges, mit dem Shakespeare und sein Vorgänger ihr Matt erzielen, es mit wenigen Spielzügen zu erreichen und so die Handlung durchsichtig zu machen. Aus einer dramatisierten Chronik wird ein Gleichnis: die Komödie der Politik, einer bestimmten Politik.
Doch ist Dramaturgie nicht ohne weiteres mit einem Schachspiel zu vergleichen. Im Schachspiel sind die Zugsmöglichkeiten jeder einzelnen Figur durch Konvention festgelegt, in der Dramaturgie sind die Zugsmöglichkeiten der einzelnen Figuren von ihren Charakteren abhängig. Änderungen der Charaktere ergeben auch bei gleicher Ausgangslage eine andere Spiellogik, ein Springer kann sich wie ein Läufer verhalten. So auch bei meiner Bearbeitung. Einigen Figuren ließ ich ihre Charaktere, anderen änderte ich sie, wenn auch eine genaue Analyse meiner Bearbeitung vielleicht zeigen könnte, daß ich überhaupt alle Figuren charakterlich verändert habe. Indem ich zuerst wenig veränderte, mußte ich am Ende alles verändern, eine anders gestellte Weiche scheint den Zug zuerst in die gleiche Richtung zu führen, bis er sich mit der Zeit immer mehr von seinem ursprünglichen Ziel entfernt.
Das neu gesehene Verhältnis Johann–Bastard stellt die Weiche um. Bei Shakespeare erscheint Johann als ein schwacher, grausamer König, der sein Land ins Unglück stürzt, als ein Bühnenbösewicht ohne Glanz und Glück. Ich wertete ihn auf, was sich gewiß historisch rechtfertigen ließe, wenn sich *König Johann* an die Geschichte hielte. Shakespeare und sein Vorgänger taten es nur vage. Ich noch vager, es geht darum, brauchbare Geschichten für die Bühne zu schreiben, nicht, auf der Bühne eine

F.D., *Der Bastard nach der Schlacht mit dem Haupt des Herzogs von Österreich (›König Johann‹)*, 1968

Volkshochschule für Geschichte zu veranstalten. Die Geschichte ist ein Stoff für Geschichten, doch jeder Stoff muß zugeschnitten werden, damit er eine Geschichte wird. Der historische Johann war bedeutend durch seine Fähigkeit, aus fatalen Lagen einen Ausweg zu finden, bei mir findet er diese Auswege zwar nicht selbst, sondern indem er den Ratschlägen des Bastards gehorcht. Doch scheint mir die Fähigkeit, einem vernünftigen Rat zu gehorchen, durchaus unseren Respekt zu verdienen, auch wenn der Vernunft nur gehorcht wird, um den eigenen Kopf zu retten: Viele Politiker sind nicht einmal dazu fähig, sie rennen auf Kosten anderer in ihr eigenes Verderben. Was den Ratgeber König Johanns betrifft, den Bastard Philipp Faulconbridge, so ist er bei Shakespeare und mir ein Außenseiter. Doch durch seine politische Haltung, die er bei Shakespeare einnimmt, wird er für uns doch etwas bedenklich. Nichts gegen diesen wilden Prachtskerl, aber ein Patriotismus um jeden Preis leuchtet uns nicht mehr ohne weiteres ein. Der Bastard ist bei Shakespeare ein Ideologe. Beziehen sich die Könige Johann und Philipp auf Gott, ihre Macht zu begründen, fügt der Bastard als neuen ideologischen Faktor das Volk hinzu. Johann ist für ihn nicht in erster Linie ein Plantagenet, sondern der König Englands, dem, als König Englands, unter allen Umständen die Treue zu halten ist. Doch die ideologischen Formeln Shakespeares Johann = England und Philipp = Frankreich sind für uns nicht aufrechtzuerhalten. Für uns gilt die Formel Johann = Philipp = Feudalismus. Was wir in meiner Bearbeitung erleben, ist der politische Machtkampf innerhalb eines Systems, zu dem nicht nur die Plantagenets und die Capetinger gehören, sondern auch – da sich, ideologisch gesehen, die Dynastien metaphysisch begründen – die Kirche. Der Bastard steht außerhalb dieses Systems, das heißt, es erscheint ihm als System, weil er den Begründungen des Systems nicht glaubt: Gewalt erscheint ihm als Gewalt und nicht als göttliche und damit unverständliche Weltordnung oder als Schicksal. Mein Bastard ist weder Ideologe noch Moralist, für ihn sind die Könige die Machthaber und die Völker die Opfer dieser Machthaber. Was er von den Königen verlangt, ist allein, daß sie vernünftig regieren, er versucht Johann vernünftig zu machen. Indem Johann dem Bastard gehorcht, wird er zum Reformpolitiker. Doch jede Reform ruft den Widerstand des ganzen Systems hervor, so daß jeder vernünftig durchgeführte Zug durch die Reaktion des Systems eine noch schlimmere Lage schafft, die wiederum den Bastard und Johann zu noch tiefgreifenderen Reformen zwingen, bis sie schließlich die Magna Charta vorschlagen. Auch spielt, wie bei jeder Politik, der Zufall mit hinein und der Umstand, daß nie alle Handlungen vorauszuberechnen sind. Zu viele Faktoren sind in der Politik im

F.D., Besetzungs-Skizzen zur UA von *König Johann*, 1967

Spiel, als daß sie narrenfrei sein könnte. Von dieser Dialektik aus ist auch das Ende Johanns zu sehen: er setzt sich innerhalb seines Systems stilgerecht selber schachmatt. Die Reform eines Systems ist immer eine halsbrecherische Angelegenheit, sie stellt, ob sie will oder nicht, das ganze System in Frage.

König Johann ist ein politisches Stück, das ist es bei Shakespeare und das ist es bei mir. Es zeigt die Maschinerie der Politik, das Zustandekommen ihrer Abkommen und ihrer Unglücksfälle, doch ist es ein Spiel unter den Mördern, nicht unter den Opfern. Ich habe auf die naheliegenden Manipulationen verzichtet, die man heute oft bei Shakespeare-Bearbeitungen anwendet, ich habe keine Volksszenen eingebaut, die Opfer, die nicht zur herrschenden Klasse gehören, erscheinen als bloße Zahlen, wieder sind sechstausend oder siebentausend gefallen.

Ein altes Stück, im Grunde nur revidiert, aber im alten Stile gehalten. Bewußt. Damit wird die Möglichkeit, es auf unsere Zeit zu beziehen, um so schrecklicher: Daß uns *König Johann* immer noch angeht, weist unsere Problematik auf. Ein böses Stück, ich bestreite es nicht, doch wird es von unserer Zeit bestätigt.

Prinzipien der Bearbeitung von ›König Johann‹, WA, Bd. 11, S. 201ff.

ZWEI DRAMATURGIEN?

Friedrich Dürrenmatt

Szenenbilder aus der Theateraufzeichnung von *König Johann*, 1971:

Helmuth Qualtinger als König Johann Plantagenet von England und Herbert Probst als König Philipp von Frankreich

Helmuth Qualtinger als König Johann und Egon Jordan als Pandulpho, Kardinal von Mailand

Ist die Technik des Schreibens bei einem Theaterstück subjektiv oder vom Stoff bedingt? Gibt es eine Dramaturgie, die Mächtigen, und eine Dramaturgie, die Opfer dieser Mächtigen darzustellen?

Zwei Fernsehreportagen. Ein alter Mann in einem Asyl irgendwo, versorgt und betreut, wird gefragt, ob er glücklich sei. Er antwortet nicht direkt. Er schweigt. Er denkt nach. Er murmelt, der alte Mann, mit dem er das Zimmer teile, rede nicht mit ihm. Dann schweigt er wieder. Dann sagt er: »Ich mag nicht Kartoffelsalat.« Dann schweigt er endgültig. Der alte Mann macht uns verlegen, ratlos, seine Hilflosigkeit hat etwas Tragisches, wir spüren, hier ist etwas nicht in Ordnung.

Ein anderer alter Mann wird gefragt, ob er glücklich sei, Walter Ulbricht. Er habe mit Millionen deutscher Arbeiter und Bauern den Sozialismus aufgebaut, ja? Er habe mit Millionen deutscher Arbeiter den Traum ihrer Jugend verwirklicht, ja? Auch sei er musikliebend, ja, sportlich, ja, sei in seiner Jugend durch Europa gewandert, ja, habe die Tulpenfelder Hollands bewundert, ja, und die Museen dieses Landes besucht, kurz, er, Walter Ulbricht, sei ein glücklicher Mensch. Die Antwort dieses alten

Mannes ist grotesk, ein Mann ist glücklich, ohne daran zu denken, ob die Millionen, in deren Schicksal sein Metier eingriff, auch glücklich seien: Er erklärt sie und sich für glücklich. Bei den Opfern wirkt das Private tragisch, weil sie nichts als dieses Private haben, sie besitzen nur sich selbst, bei den Mächtigen wirkt das Private komisch, weil die Auswirkungen ihrer Politik ihre privaten Sorgen unerheblich machen und weil es um so schlimmer ist, wenn ihre privaten Konflikte politische Folgen nach sich ziehen. Komisch, tragisch. Die Tragödie will ergreifen, die Komödie uns zum Lachen bringen. Ergreifen kann uns nur etwas, mit dem wir uns zu identifizieren vermögen, in irgendeiner Weise, das uns angeht, lachen können wir nur über etwas, wovon wir uns distanzieren. Der Mensch lacht über den Menschen, wenn er ihm als Clown erscheint, der Clown ist der vom Menschen distanzierte Mensch, der unmenschliche Mensch. Tragisch, komisch. Das Tragische ist das Menschliche, das Komische das Unmenschliche. Darum haben wir es oft mit den alten Tragödien und Trauerspielen so schwer: daß sie keine Komödien sind. *Don Carlos* zum Beispiel. Schiller zeichnet die Mächtigen nach der Manier der französischen Klassiker, aber auch Shakespeare: tragisch. Doch gerade die Mächtigen sind die Clowns unter den Menschen, wenn auch die schrecklichen Clowns: durch ihre Macht sind sie von den Menschen und da-

Vaclav Hudeceks Bühneninszenierung verwirklichte Dürrenmatts Konzept vom Familienstreit in Königskreisen mit beispielhafter Konsequenz. Die Aufführung kam durch ihr gerafftes Tempo und die rasch verwandelbare stilisierte Szenerie dramaturgisch und formal in die Nachbarschaft des Fernsehtheaters.
In diesem Rahmen fand das schauspielerische Ereignis Qualtinger statt: der Rüpel auf dem Thron und im Kampf um diesen; boshaft, bauernschlau, und doch nicht ohne menschliche Dimensionen. Die Television zeigte mimische Nuancen, die im Theater vielleicht untergingen; dafür wurden den Fernsehern – im Fall von Nahaufnahmen etwa – seine Körperhaltung und der Ausdruck seiner Bewegungen vorenthalten: verständlicherweise, weil man eben auf dem Bildschirm meist nur einen Ausschnitt zeigen kann.

›Die Presse‹, Wien, 22.1.1971

mit von ihren Opfern distanziert, getrennt, unmenschlich. Der Königsmantel ist das erhebendste Clownskostüm, das wir kennen. Darum ist die Einsamkeit König Philipps komisch und nicht tragisch, und darum ist das Unternehmen des Don Carlos, mit einem Clown die Welt zum Besseren zu wenden, eine Posse und nicht eine Tragödie. Wie aber sind die Opfer darzustellen? Auch Horváths *Kasimir und Karoline* ist ein groteskes Stück, und dennoch sind alle diese Menschen Opfer. Opfer einer Gesellschaftsordnung, Opfer einer Wirtschaftskrise usw. Ist dieses Stück jetzt nicht falsch geschrieben, sollte es nicht im Stile des *Don Carlos* geschrieben sein, pathetisch, feierlich, voll edler Gefühle, während umgekehrt *Don Carlos* im Stile von *Kasimir und Karoline* geschrieben sein müßte? Wir lebten in einer glücklicheren Zeit, wenn es so wäre: Denn der Mensch muß sich erst bewußt werden, daß er ein Opfer ist. Der Mensch ist nicht frei, er sollte frei sein, ein Unterschied, und es gibt nur ein sinnvolles Handeln: jenes auf diese Freiheit hin. Auch die Opfer sind ›komisch‹, weil es unmenschlich ist, Opfer sein zu müssen, weil die Opfer dadurch, daß sie Opfer sind, von dem getrennt sind, was sie sein könnten: Menschen. Darum gibt es heute vielleicht doch nur eine Dramaturgie: jene der Komödie. Leider.

Geschrieben für ›Zeitung der Basler Theater‹, September 1968, zitiert nach: *Theater. Essays, Gedichte und Reden*, WA, Bd. 24, S. 147ff.

Hier wird ebenso kluges wie hemmungslos komödiantisches Theater gespielt. Echtes Theater. [Regisseur] Hudecek erfaßt die Strukturen und entwickelt sie zu einem hinreißenden Spektakel. Er ist auf der Höhe der Zeit: denkend in der Leidenschaft und leidenschaftlich im Denken. So schmilzt, in der Aufführung, die sehr anspruchsvolle, jedoch ebenso armselige Gescheitheit von Dürrenmatts Bearbeitung dahin. Im klug geordneten dramaturgischen Gerüst ereignet sich wieder das Wunder Shakespeares: des Menschen hoffnungsvolles, wirres und doch vielleicht sinnvolles Toben. [...]
Helmut Qualtinger ist der König Johann: ein schwebender Koloß, ein bebendes Stück Männerleib, fiebernd durch die Spannung zwischen bösen Vorahnungen und lustigen Launen, unheimlich, leise, wissend und töricht: ein allmählich erwachender Mann im Labyrinth seiner Interessen und seiner Triebe. Herbert Probst gibt dem König von Frankreich sehr klare Konturen: so kämpft ein in seiner Durchschnittlichkeit kolossaler Durchschnittsmensch um die Macht. Herwig Seeböck gestaltet diesmal mehr als einen trefflichen Kraft- und Saftmenschen; er artikuliert eine frisch-fröhliche Resignation. Großartig, klug und einfach Egon Jordan als Kardinal. [...] Mit dem Applaudieren haben wir nur aufgehört, als unsere Handteller bereits weh taten vom vielen Klatschen.

›Illustrierte Kronenzeitung‹, Wien, 8. 11. 1970

Szenenbilder aus der Theateraufzeichnung von *König Johann*, 1971:

Helmuth Qualtinger als König Johann von England

Helmuth Qualtinger und Herwig Seeböck als Bastard Philipp Faulconbridge

F. D.
und die
Basler Theater

Hermann Beil (*9.8.1941 Wien): österreichischer Dramaturg und Theaterdirektor. 1965–1968 Dramaturgie-Assistenz an den Städtischen Bühnen Frankfurt; 1968–1974 verantwortlicher Dramaturg an den Basler Theatern; 1974–1979 an den Württembergischen Staatstheatern Stuttgart; 1979–1986 Direktionsmitglied und Dramaturg am Schauspielhaus Bochum; seit 1986 Co-Direktor und Dramaturg am Burgtheater Wien.

»DU MUSST MICH KRITISIEREN!«

Hermann Beil

»Du mußt mich kritisieren«, sagte Friedrich Dürrenmatt zu mir. Er sagte es ganz unvermittelt. Wir saßen auf einer Probe im dunklen Zuschauerraum des alten Basler Stadttheaters. Auf der Bühne probierte Werner Düggelin eine Szene aus *König Johann* von Friedrich Dürrenmatt nach Shakespeare. Dieser Satz fiel mir plötzlich ein, als ich kürzlich Dürrenmatts in den ›Göttinger Sudelblättern‹ erschienenen Aufsatz *Abschied vom Theater* las. Der zwischen zwei bordeauxroten Pappdeckeln veröffentlichte Text aus dem Jahr 1991 enthält einen ironischen Seitenhieb auf mich [»jeder Regisseur hat seinen Beil«]; eine kleine Anspielung, auf die ich natürlich stolz bin. Damals aber, es war im Herbst 1968, gab mir ein Dichter, den ich doch erst seit kurzem die Ehre (jawohl, Ehre!) hatte zu kennen, einen völlig unironischen Auftrag. Ich empfand diese Aufforderung auch als Ehre und doch schier unerfüllbar: Ein junger Dramaturg, dem die Stücke Dürrenmatts noch kurze Zeit zuvor als Schullektüre und Aufsatzthema begegneten, wurde nun als kritischer Gesprächspartner eingefordert.

Brecht ist vor mehr als dreißig Jahren gestorben und von Hellmuth Karasek nachträglich für tot erklärt worden. Brecht hat ihn überlebt. Eine reaktionäre Linke, die es nur noch im Theater gibt, inszeniert weiterhin gegen eine reaktionäre Rechte, die nicht ins Theater geht, zur Beruhigung des Publikums ein Schattenboxen. Getroffen wird niemand, nicht einmal betroffen. Nur in Österreich ist es anders: Es ist unter Bernhards Zorn geraten wie Ägypten unter jenen Jahwes. Die Zeit der Peymanns ist gekommen, *jeder Regisseur schwingt seinen Beil,* jede Maus zeigt ihre Pranke. Zum Glück brauchen die Zuschauer dank des zu verkaufenden Programmbuches nicht zu erraten, welches Stück der Regisseur inszeniert hat, sie können darin auch lesen, was der Regisseur vorgibt, bei seiner Inszenierung gedacht zu haben, und sogar, was ein Dramaturg dachte, was der Regisseur auch noch gedacht haben könnte [...]

Aus: F.D., *Abschied vom Theater*, in ›Göttinger Sudelblätter‹, Wallstein Verlag, Göttingen, 1991

Im Frühjahr 1968 hatte ich Dürrenmatt kennengelernt. Er trat als künstlerischer Berater der Direktion der neuen ›Basler Theater‹ bei, und Werner Düggelin, der künftige Direktor, hatte mich, den künftigen verantwortlichen Dramaturgen, versehen mit einigen spöttischen Ratschlägen, nach Neuchâtel geschickt. Gewissermaßen zum Antrittsbesuch auf dem Olymp. Mit Herzklopfen fuhr ich an den Neuenburger See und dann hinauf zum Pertuis du Sault.

Einem Dichter war ich bis dahin kaum begegnet, geschweige denn einem Dichterfürsten, als der mir doch Dürrenmatt leibhaftig vorkam. Wie spricht man überhaupt mit einem Dichter? Ich wußte es nicht. Und ich weiß auch heute nicht mehr, wie meine Dramaturgensprache damals geklungen haben mag. Auch saß mir Düggelins Warnung als Drohung im Nacken, man müsse bei Fritz schon mithalten können, sonst habe man absolut keine Chance. Wie mithalten? Welche Chance? Um mich wenigstens für eine winzige Chance zu rüsten, kam ich auf die ebenso blödsinnige wie nutzlose Idee, das nächtliche Rotweintrinken täglich zu trainieren. Vierzehn Tage lang. Als ob ausgerechnet Frankfurt, wo ich noch als Assistent an den Städtischen Bühnen arbeitete, der richtige Ort gewesen wäre, die Kunst des Rotweintrinkens, vor allem die hohe Kunst des Bordeauxgenusses, im Schnellverfahren zu erlernen.

Ich versuchte mir eben Kondition und Mut ›anzutrinken‹, aber am Ende bekräftigte ich mir ganz einfach immer wieder den wahren Grund meines Besuches: Es gehe doch nicht um Weinverkostung, es gehe um dramaturgische Erörterung, das allein sei der Anlaß meiner Reise!

Seit einiger Zeit lag mein Spielplanentwurf für unsere erste Saison vor; für die Saison 1968/69, die doch der Beginn eines neugegründeten Theaters sein sollte. Dieser Programmentwurf enthielt einige meiner Lieblingsstücke: *Woyzeck*, *Kasimir und Karoline*, *Trilogie der schönen Ferienzeit*, *Talisman und Purpurstaub*. Ein besonderes Lieblingsstück war für mich Shakespeares *König Johann*. Ich hatte diesen kleinen und dennoch großen Klassiker Düggelin vorgeschlagen, weil ich dachte, es sei das richtige Stück für ein Ensemble, das sich ja erst bilden müsse. Und da wir in Basel das Theater ganz und gar nicht neu erfinden wollten und uns außerdem der Segen des Feuilletons relativ gleichgültig war, verliebten wir uns langsam in die Idee, ausgerechnet mit diesem eher unbekannten Königsdrama unseren Theaterbeginn zu feiern.

Dürrenmatt nun, der sich vom Zürcher Schauspielhaus enttäuscht, ja angewidert abgewandt hatte und der in Basel für sich eine sehr konkrete Theaterarbeit erhoffte, bei der er praktisch tätig werden könne, griff sogleich nach diesem Shakespeare. Interessant war die Methode seines Zugriffs. (Und daß es wirklich eine Methode war, bewies später das ähnliche Verfahren bei Strindbergs *Totentanz* – Dürrenmatts *Play Strindberg*.) Dürrenmatt opponierte zunächst sanft gegen *König Johann*, äußerte Skepsis, entwickelte Neugier, dann Interesse, und schließlich verleibte er sich das ganze Stück ungeniert ein. Aus einer zunächst simplen Übersetzung wurde eine Bearbeitung und somit ein Dürrenmatt. Als dramaturgischer Hebel für die Bearbeitung erschien ihm die Figur des Bastards geradezu prädestiniert. Bei unserem ersten und zugleich immens langen Gespräch, das sich bis in den frühen Morgen hinzog, zu einem Wein aus dem vorigen Jahrhundert führte und schließlich mit einem von Dürrenmatt raffiniert gemischten wohltuenden Schlaftrunk aus Bordeaux und Cognac endete (ob im Verhältnis 2:1 oder 3:1 – wer weiß?), ging es immer wieder um diesen Bastard Philipp Faulconbridge und inwieweit er als ein Prinzip der Vernunft die Antwort auf das kriminelle Spiel der Mächtigen sein könne. Über diese sogenannten Mächtigen ergoß Dürrenmatt an diesem Abend immer wieder sein mächtiges Gelächter. Er durchschaute zu gut, wie lächerlich Mächtige in ihren Unterhosen aussehen.

In der Zeit des dokumentarischen Theaters galt Dürrenmatt bei so manchem sich besonders politisch denkenden Vertreter der reinen Lehre als unpolitischer Fabulierer und Witzemacher. In den Ländern des Ostblocks hingegen feierte Dürrenmatt durchaus Triumphe als politischer Autor, weil er die Ideologien entmystifizierte. Der englische König, der französische König,

Im Namen von Max Frisch~~s~~, Peter
Bichsel~~s~~; Werner Düggelin~~s~~
samt des ganzen Teams des
Basler Theaters dem ich angehöre bitten wir
Sie dringend als einer der integersten Schriftst. Deutschl.
am Sonntag 8 September um
11 Uhr
im Basler Theater an einer
Kundgebung 'Die Schriftsteller
und die Tschechoslowakei'
~~mit uns ein~~
Teilzunehmen. ~~Mit~~

Max Frisch, Peter Bichsel, und ich ~~haben~~ beabsichtigen
~~im Sinn~~ im Basler Stadttheater unter
dem Titel 'Die Schriftsteller und die
Tschechoslowakei' das Wort zu ergreifen.
Wir bitten Sie als einen der integersten
Schriftsteller Deutschlands mitzumachen.
Wir brauchen Ihr Zeugnis. Die Kund-
gebung findet ~~a~~ Sonntag 8 Sept.
um 11 Uhr statt. Im gleichen Sinne
~~werden~~ wenden wir uns auch an Günther Grass.
Mit herzlichen Grüssen

D.

der Kardinal, die Königinnen – sie alle bekamen in einer Bearbeitung erkennbar die Gesichter ost/westlicher Potentaten, denen es nur um kalte Aufteilung der Interessen und Befestigung der Herrschaft ging. Kurz vor der Uraufführung des *König Johann* haben Panzer den Prager Frühling zermalmt. Dürrenmatts Stück war der prophetisch bittere Kommentar darauf. Die Phantasie seines Geschichtenerzählens zielte ja immer auf einen unmittelbar verständlichen dramatischen Kern und gab den entsetzlichen Banalitäten einer historischen Situation ihre oft schmerzende, tiefe Bedeutung.
So rollte er, einmal bei einem Essen in der Basler ›Walliser Kanne‹ sitzend, ein ›Filetsteak Kardinal Schiner‹ vor sich auf dem Teller, die ganze spätmittelalterliche Geschichte der Schweiz auf. Das blutige Steak, benannt nach jenem Bischof von Sitten aus dem 16. Jahrhundert, war ihm durchaus reale Metapher für eine ebenso blutige Kirchenpolitik. Den Appetit verschlug es uns bei seiner sehr drastischen Exkursion allerdings nicht. Dürrenmatts dramaturgische Neugier hatte tatsächlich immer etwas Mitreißendes. *Kasimir und Karoline* bestaunte er bestürzt, überwältigt von Horváths Dialogkunst und fasziniert von Hans Hollmanns Inszenierung. Aus der Gegenüberstellung von seinem Shakespeare und dem von ihm für sich entdeckten Horváth entwickelte er sogar eine kleine Poetik, die Basler Dramaturgie, zumindest in Ansätzen.
Freilich wollte Dürrenmatt durchaus der modernste, der avancierteste Dramatiker der Basler Theater sein, und so konnte er mein Interesse an Handke nicht so recht verstehen. Welche Wirkung meine sehr schwärmerischen Beiträge bei unserer *Johann*-Debatte damals auf ihn gehabt haben, vermag ich nicht zu sagen, aber er war großzügig und ein neugieriger Materialsammler. Immerhin, ich durfte ein paar Verszeilen in seinen *König Johann* hineinschreiben, und das spätere Wortgetöse meines Programmheftartikels akzeptierte er sogar gern.
Die unerwartete Heiterkeit und Gelassenheit unserer ersten Begegnung empfinde ich heute noch als Geschenk. Und mit Wehmut denke ich an die sanfte Fahrt in Dürrenmatts Jaguar durch den frühlingshaften Jura tags darauf, die Fortsetzung unseres nächtlichen Gesprächs. Wie freundlich waren doch Lotti und Friedrich Dürrenmatt zu mir. Und wie erleichtert und beglückt fuhr ich von dannen.
In Basel wiederum sahen wir uns ein ganzes Jahr über sehr oft, fast täglich bis zu seinem Herzinfarkt. Dürrenmatt residierte nur wenige Schritte von Stadttheater und Komödie entfernt in einem großen Dachstudio nahe dem Barfüßerplatz.
Nachts hielt er gelegentlich hof, und tagsüber arbeitete er an seinem Traum von einem ›BE‹ in Basel. Brechts ›Berliner Ensemble‹ war ihm sehnsuchtsvoll herbeigedachtes Vorbild,

Zwei Telegramm-Entwürfe an Heinrich Böll (Einladung zur Manifestation anläßlich der Besetzung der Tschechoslowakei durch Truppen des Warschauer Pakts 1968)

denn über eine unmittelbare und intensive Theaterarbeit suchte er für sich als Schriftsteller zu einer prinzipiell neuen Theatersprache zu finden. Dürrenmatt forschte nach neuen dramaturgischen Strukturen. Einmal lüftete er ganz beiläufig das Geheimnis seiner experimentellen Suche und berief sich auf die Musik: auf Anton Webern. Mit der Bühne und auf der Bühne wollte Dürrenmatt eine solche für ihn neue Sprache der äußersten Verknappung und Konzentration entwickeln.
Eine einzige Spielzeit nur währte das Bündnis Dürrenmatt-Basler Theater. Dürrenmatt erarbeitete sich buchstäblich zwei Welterfolge: *König Johann* und *Play Strindberg*. (Paradoxerweise beruht der Serienerfolg von *Play Strindberg* auf einem wunderlichen Irrtum, denn der Text ist nur eine Art Protokoll der Basler Inszenierung. Dürrenmatt notierte zwar penibel genau jede ›Pause‹, doch kein Textbuch vermag die leidenschaftliche Intensität, die tödliche Stille zwischen Regine Lutz und Horst Christian Beckmann wiederzugeben.) Dennoch: trotz oder sogar wegen dieser zwei Welterfolge, zerschellte das Bündnis an einem Faktum, das Dürrenmatt nicht wahrhaben wollte: Das Basler Theater war und ist ein Stadttheater. Den abrupten, gleichsam gewaltsamen Abbruch der Direktion Löffler/Völker/Stein am Zürcher Schauspielhaus hatte Dürrenmatt einst ausdrücklich mit dem Hinweis billigend zu erklären versucht, Zürich vertrage eben kein Spezialtheater.
Für Basel aber wollte er eine solche Erkenntnis nicht gelten lassen. Durch wen und durch was auch immer angetrieben, Dürrenmatt reklamierte das Basler Theater für sich persönlich, es sollte durchaus sein Spezialtheater und für seine sprunghaft geäußerten Ideen jederzeit bereit sein. Eine der lustigsten dieser Ideen war wohl, Max Frischs *Biedermann und die Brandstifter* zu inszenieren [vgl. Dürrenmatts eigene Erzählung in *Turmbau. Stoffe IV-IX*]. Als Protokollant eines Gipfeltreffens Frisch–Dürrenmatt fuhr ich ins Engadin. In einem ungemein komischen Gespräch malte Dürrenmatt mit breitem Pinsel seine Vorstellung von einer Aufführung aus. Zum bangen Entzücken Max Frischs. Leider blieb der Plan nur eine Anekdote, aber wie Dürrenmatt uns im Garten eines Gasthauses den Feuerwehrchor vorgesungen hat, ist mir heute noch im Ohr.
Einer seiner angestrengtesten Versuche war die Bearbeitung von Lessings *Minna von Barnhelm*. Aus Sympathie ließ sich Düggelin dazu überreden, diese Version zu inszenieren, strich dann auf den Proben allerdings alle Dürrenmattschen Einschübe wieder heraus. Dürrenmatt reagierte verbittert. Der solidarische Enthusiasmus für unsere gemeinsame Arbeit schlug bei ihm um in absolute Gegnerschaft.
War es eine tiefe Verletzung? War es kindlicher Trotz? War es ein gigantischer Irrtum? Oder wurde Dürrenmatt ganz einfach

als Werkzeug mißbraucht zum Opfer einer hundsföttischen Intrige?
Der prinzipielle Konflikt zwischen seinem schönen Traum und den mühevollen Alltagsstrapazen eines mittelgroßen Dreispartenbetriebes führten schließlich zu einem beispiellosen Eklat, dessen Echo nicht nur in den Schweizer Bergen widerhallte. Dürrenmatt versuchte die schlimmstmögliche Wendung für die Direktion seines Freundes Düggelin zu erzwingen. Heute liest sich das Protokoll der öffentlichen Auseinandersetzung wie eine Dürrenmattsche Groteske, damals erschien sie uns als eine unheilbar tragische Auseinandersetzung. Dürrenmatt wollte die Direktion, wenn er sie schon nicht übernehmen konnte, mit einem gewaltigen Knall in die Luft jagen. Es gelang ihm nicht. Vielleicht konnte es ihm deswegen nicht gelingen, weil er doch ganz anders dachte und fühlte, vielleicht scheiterte sein von ihm inszeniertes Spektakel an seiner insgeheimen Zuneigung. Denn wenige Jahre später – Dürrenmatt war wieder ans Zürcher Schauspielhaus zurückgekehrt, inszenierte dort seine neuen Stücke, bearbeitete Klassiker – stellte er in einem großen Interview mit der Zürcher ›Weltwoche‹ ganz lapidar fest, die Zeit am Basler Theater sei die »schönste Zeit seines Lebens« gewesen. Dürrenmatts Ironie auf »den Beil« ist zu meiner Verblüffung in der mittlerweile im Diogenes Verlag erschienen Buchausgabe des *Abschieds vom Theater* gestrichen, aber jenen Satz über die »schönste Zeit seines Lebens« hat Friedrich Dürrenmatt nie dementiert.

DER TRAUM VOM EIGENEN THEATER

Peter Rüedi

Im Herbst 1968 war Dürrenmatt in die Direktion der ›Basler Theater‹ eingetreten und hatte sich mit einem selbstmörderischen Furor in die praktische Theaterarbeit gestürzt. Zu seinen Polaritäten gehörte auch die zwischen der Einsamkeit des Schriftstellerlebens (der Gefangenschaft am Schreibtisch, von der er in einem Brief vom 25.2.1954 an seinen Freund, den Regisseur und Schauspieler Kurt Horwitz spricht) und der Arbeit im Kollektiv. »Wenn man älter wird«, sagte er damals dem ›Tages-Anzeiger‹, »sucht man ein Zuhause, und ein Theater ist eben ein Zuhause.« (Die Familie mag dazu das Ihre gedacht haben.) Der wichtigste Grund aber, weshalb er zur Mithilfe an Werner Düggelins damaligem Basler Neubeginn bereit war, war der Traum, der ihn seit dem Tag verfolgte, an dem er, anfangs der fünfziger Jahre, Brechts Angebot ausschlug, als Dramaturg ans neu gegründete ›Berliner Ensemble‹ zu kommen. Der Traum von einem *eigenen* Theater; die Utopie, an einem Theater nicht nur die eigenen Stücke mehr oder weniger glücklich aufgeführt zu sehen, sondern sie erarbeiten, entwickeln, ausprobieren, ja analog zu Lessings Hamburgischer eine Basler Dramaturgie erfinden zu können. Darum hatte er Brecht immer beneidet.
Dürrenmatts Verausgabung war enorm. Er schrieb (*König Johann* nach Shakespeare, *Play Strindberg*, letzteres zum Teil von Probe zu Probe), er war ein Gesprächspartner für alle und für alle Probleme, er hegte Schauspieler und pflegte Dramaturgen, besuchte die Proben anderer, organisierte Matineen mit und war sich auch für Beiträge in der Theaterzeitung nicht zu schade. Im Frühling 1969 erlitt er, kein Wunder, den Herzinfarkt, den er im Text *Vallon de l'Ermitage* mit soviel Selbstironie beschreibt.
Der Grund für das Zerwürfnis aber, das zur Aufkündigung der Zusammenarbeit mit Düggelin führte, war nicht die Krankheit (sie war allenfalls eine seiner Voraussetzungen). Gründe waren letztlich auch nicht einzelne Auseinandersetzungen, Intrigen und Enttäuschungen, ohne die Theaterarbeit nie abgeht [...]. Der eigentliche Grund war, daß die Bedürfnisse eines Autors andere sind als die der Direktion eines Mehrspartenbetriebs und mittleren Stadttheaters. Brechts ›BE‹ war ein auf den Stückeschreiber maßgeschneidertes Spezialtheater – eines neben vielen in der Großstadt Berlin. Der Basler Dreispartenbetrieb stand unter anderen Zwängen und verlangte ganz selbstverständlich Kompromisse, die Dürrenmatt als Verrat an der Vision *seines* ›BE‹, ›Basler Ensembles‹ erscheinen mußten.

Am 14. Oktober 1969 betrat Friedrich Dürrenmatt mit Rolf R. Bigler, dem Chefredakteur der Wochenzeitung ›Sonntags Journal‹ (deren Mit-Herausgeber F.D. war) eine Pressekonferenz der Basler Theater und erklärte, er wolle nicht länger »das Havanna-Deckblatt für Murtenchabis« sein (wie das traurige einheimische Kraut genannt wird, das im Berner Seeland als Billig-Tabak gezogen wird). Drei Tage später erschien sein Aufsatz *Mein Rücktritt von den Basler Theatern.* Auch in seiner Rede anläßlich der Verleihung des Großen Literaturpreises des Kantons Bern (am 25.10.1969) war das Scheitern des Basler Experiments ein Thema. Verwunden hat er es zeitlebens nie. Basel, sagte er, sei seine glücklichste Zeit am Theater gewesen und seine schlimmste Theatererfahrung. Mit dem Auszug aus der Basler Direktion begann die zunehmende Entfremdung zwischen dem neben Brecht erfolgreichsten deutschsprachigen Nachkriegs-Theaterautor und seinem Medium, dem Theater. Es folgte noch eine fast verzweifelte Rückkehr ans Zürcher Schauspielhaus, Regiearbeit (*Urfaust, Emilia Galotti*), der Versuch, der Parabeldramaturgie durch eine noch über *Play Strindberg* hinausgehende Formalisierung zu entkommen (*Porträt eines Planeten* – eine dramaturgische Flucht nach vorn), endlich *Der Mitmacher*, Dürrenmatts produktivste Theaterniederlage: Indem er in einem immer weiter greifenden Nachwort und einem Nachwort zum Nachwort den Voraussetzungen des Stücks nachging, den Verwerfungen seines Stoffs, begründete er seine späte Prosa (*Mitmacher*-Verarbeitung, Israel-Essay *Zusammenhänge* und die *Stoffe* sind ein zusammenhängender Gesamtkomplex).

Aus dem Nachwort zu: Friedrich Dürrenmatt, *Der Pensionierte*, Zürich, Diogenes 1995, S. 186f.

Play Strindberg

»... ist ein *Totentanz*
ohne Schicksalsdramatik und Bürgerdämonie,
ein Anti-Strindberg-Stück.«

BERICHT ÜBER ›PLAY STRINDBERG‹

Friedrich Dürrenmatt

Sehe Strindbergs *Totentanz* 1948 in Basel mit Maria Fein und Rudolf Forster; nachträglich: Erinnerung an Schauspieler, aber nicht an ein Stück.

1968. Lese die ersten Seiten des Stücks, finde den Theatereinfall interessant, stoße mich an seiner Literatur (Plüsch × Unendlichkeit). Versuche eine dramaturgische Bearbeitung durch Striche, d.h. eine theaterübliche Strindberg-Bearbeitung. Gebe diese auf. Grund: Die üblichen Strindberg-Bearbeitungen durch Striche, Umstellungen, Textveränderungen und Textergänzungen verfälschen Strindberg, was um so bedenklicher ist, weil trotzdem vorgegeben wird, Strindberg ›echt‹ zu spielen. Eine Umarbeitung kommt mir ehrlicher vor.

November 1968 Beginn der Umarbeitung anhand einer Rohübersetzung.

Ich übernehme von Strindberg die Fabel und den theatralischen Grundeinfall. Indem ich Strindbergs literarische Seite eliminiere, wird die Nähe seiner theatralischen Vision zur Moderne deutlich: zu Beckett, Ionesco, aber auch zu meinem *Meteor*. Strindbergs Dialog wird als Vorlage für einen Anti-Strindberg-Dialog benutzt; aus einem Schauspielerstück wird ein Stück für Schauspieler. Der Schauspieler hat nicht mehr dämonische Seelenstudien zu treiben, sondern einen bis ins Extreme verdichteten und verknappten Text auf der Bühne möglich zu machen.

Dezember 1968 Beginn der Proben. Der Text wird zum Teil während des Arbeitens mit den Schauspielern entwickelt und ständig verändert.

Der endgültige Text entsteht durch eine Ausschöpfung der verschiedenen theatralischen Situationen. Aus drei Schauspielern entsteht die Einheit eines exakt spielenden Trios. Schauspielerartistik. Aus einer bürgerlichen Ehetragödie wird eine Komödie über die bürgerlichen Ehetragödien: *Play Strindberg*.

WA, Bd. 12, S. 193

PLAY STRINDBERG

UA: 8.2.1969 Basler Theater
Regie: F.D. / Erich Holliger

EA der Fernsehaufzeichnung:
14.9.1971 ARD (SDR)
Regie: Dieter Schlotterbeck /
F.D. / Erich Holliger

Proben zu *Play Strindberg*, Basler Theater, 1969:

Klaus Höring (Kurt), Horst Christian Beckmann (Edgar), F.D., Regine Lutz (Alice), Erich Holliger (Regisseur)

F.D., Horst Christian Beckmann, Regine Lutz

Klaus Höring, Horst Christian Beckmann, Erich Holliger, Regine Lutz, F.D., Hans J. Ammann (Regieassistent)

Kapitän Edgar und seine Frau Alice könnten gerade silberne Hochzeit feiern, aber ihre Ehe ist eine Zwangsgemeinschaft aus Haß, Bösartigkeit und unaufhörlicher Quälerei. Jeder gibt dem anderen die Schuld an seinem gescheiterten Leben und will die Niederlagen dem Partner heimzahlen. Der Kapitän hat im Beruf versagt, das Lehrbuch, das er einst verfaßt hat, ist ein längst überholter Ladenhüter. Er wurde auf eine kleine Insel abgeschoben und muß hier in einem verfallenen Turm unwichtige Aufseherdienste tun. Alice träumt von Erfolgen als Schauspielerin, die sie durch ihre Ehe versäumt hat. Von der Gesellschaft ausgestoßen, leben die beiden auf der Insel in bitterster Armut. Kurt, der Vetter der Frau, wurde als Quarantänemeister hierher versetzt. Nach seiner gescheiterten Ehe hat er viele Jahre in Amerika verbracht. Er will nur zu einem Höflichkeitsbesuch vorbeikommen, doch das Paar stürzt sich auf ihn wie auf eine Beute. Er wird zum Zankapfel zwischen ihnen.

Aus: *Reclams Schauspielführer,* Stuttgart, Reclam Verlag 1993

Diese Komödie wurde von F.D. gleichzeitig geschrieben und inszeniert. Er folgt Strindbergs Stück *Totentanz,* hebt es aus dem Rhetorischen und versucht, mit den sparsamsten Mitteln, dem Schauspieler beizubringen, nicht so sehr durch das Wort, als vielmehr durch seine Präsenz auf der Bühne zu wirken. F.D. denkt gern an die Probenzeit zurück und erzählt oft davon.

Aus: *Friedrich Dürrenmatt interviewt F.D.*, WA, Bd. 25, S. 156

WIE VIELE RUNDEN HAT EIN BOXKAMPF?

Erich Holliger im Gespräch

Dürrenmatt war am Anfang seiner Zeit am Basler Theater vor allem ein Berater der Regisseure; alle fragten ihn um Rat und Meinung. Ich wollte den *Totentanz* von August Strindberg inszenieren, hatte die ursprüngliche Übersetzung des Stückes gekürzt und leicht verändert und gab Dürrenmatt diese Version zu lesen. Er las laut vor: »Willst du mir etwas vorspielen? Was soll ich spielen? Was du willst. Du liebst mein Repertoire nicht. Du nicht meines. Willst du, daß die Türen offenbleiben?« Darauf Dürrenmatt ungehalten: »Das ist ja ein schreckliches Deutsch! Das heißt doch: Die Tür ist offen. Soll ich sie schließen? Ein unheimlicher Kitschmensch, dieser Strindberg!«
Ich mußte Dürrenmatt die Charaktere des Stückes beschreiben: eine ehemalige Schauspielerin, ein Kapitän, der über Ballistik schreibt. Darauf Dürrenmatt zu seiner Frau Lotti: »Genau wie bei uns: Ein gescheiterter Schriftsteller und eine ehemalige Schauspielerin.« Er war aber irgendwie fasziniert von diesem Stück und schrieb in derselben Nacht die ersten Seiten von Strindbergs Drama in eine einfachere Sprache um. Schon bald war klar, daß wir nicht Strindberg, sondern eine Dürrenmattsche Fassung des *Totentanzes* aufführen würden.
Bei Probenbeginn hatten wir höchstens fünfzehn Seiten des Textes, die Rollen des Ehepaars Alice und Edgar waren gezeichnet, diejenige des Vetters Kurt existierte überhaupt noch nicht. In langen Gesprächen erfragten Regine Lutz und Horst Christian Beckmann von Dürrenmatt genauere Angaben über ihre Rollen, und dieser entwickelte das Psychogramm der Charaktere fast aus dem Stand. Wir kamen recht gut vorwärts, ich mußte Dürrenmatt allerdings immer wieder dazu drängen, weiterzuschreiben und sich endlich der Figur des Vetters Kurt anzunehmen. Dürrenmatt wollte zuerst aus ihm einen einfältigen Parzival machen, einen wie Graf Bodo von Übelohe-Zabernsee aus *Die Ehe des Herrn Mississippi*: »Einer, der noch an die Ehe glaubt.« Die wahre Person des Gangsters Kurt hat sich erst sehr spät während der Proben entwickelt. Klaus Höring, der diese Rolle spielte, deckte Dürrenmatt mit seinen Fragen nach der Person immer wieder auf, daß diese Figur in der neuen Version nicht stimmig war.
Dürrenmatt schrieb in Neuchâtel, wir probierten in Basel, und es ging nicht mehr vorwärts, worauf Dürrenmatt aus dem Projekt aussteigen wollte und mir riet, zusammen mit den Schauspielern, zum Strindberg-Text zurückzukehren. Das konnte und wollte ich nicht akzeptieren, und ich überzeugte ihn, von seinem Schreibtisch weg zu uns ins Theater zu kommen und an den Proben teilzunehmen.

Sechs Wochen vor der Premiere – die Uraufführung des neuen Stücks von Dürrenmatt war schon in allen Medien angekündigt – war das Stück immer noch nicht fertig.
Dürrenmatt kam jeweils morgens um 9 Uhr zur Theatersekretärin, diktierte ihr die neuen Szenen, die er sich in der Nacht ausdachte, in die Maschine; um 10 Uhr trafen wir uns zur Probe, die Schauspieler lasen ihren Text zum ersten Mal, und gegen 11 Uhr war meistens klar, daß der Text so nicht zu gebrauchen war und Dürrenmatt neue Szenen schreiben müsse. Alle Beteiligten waren mit den Nerven langsam am Nullpunkt, wollten nicht mehr weiterarbeiten, und Direktor Düggelin dachte schon daran, die Premiere zu verschieben.
Noch zehn Tage vor der Premiere war der Schluß nicht fertig; Kurts ›Bekenntnistexte‹, daß der Mensch an und für sich ein Gangster sei, funktionierten nicht, waren zu ausufernd, zu plakativ. Und dann sahen wir eines Abends alle gemeinsam in Dürrenmatts Wohnung den Film *Weekend* von Jean-Luc Godard, in dem er, für die damalige Zeit, mit unheimlich schnellen Schnitten arbeitete. Dürrenmatt fragte mich nach dem Film: »Wie viele Runden hat ein Boxkampf?« – »Ich glaube, zwölf.« – »Wir haben ja erst sieben. Wir zerschneiden jetzt das Stück gegen den Schluß mit derselben ›Schnitt-Technik‹ wie Godard,

Ich glaube, das Ganze ist eine didaktische Arbeit mit Schauspielern [...], die Schauspieler dazu bringt, selbst Ideen zu entwickeln, was die drei ganz großartig gemacht haben. Ich würde also sagen, es ist eine gemeinsame Inszenierung, alle haben mitinszeniert. [...] Dies war das Theaterexperiment.
Es ist wichtig, daß das heutige Theater zu solch freien Experimenten kommt. Wir nehmen dabei ein altes Stück als Vorlage, verändern es nach Gutdünken, was vom Theater aus betrachtet legitim ist: Wir setzen den sogenannten Klassiker nicht mehr als etwas Absolutes hin, sondern als Spielvorlage, die wir weiter verändern. Auf diese Weise sind Stücke immer wieder verändert worden; schon Terenz oder Plautus haben ein griechisches Stück genommen, es übersetzt und weiter verändert, auf diese Weise wurden diese Stücke wieder von Molière aufgenommen und weiter verändert, und warum sollten wir nicht den Strindberg aufnehmen und weiter verändern – das ist das Legitimste, und ich kann mir vorstellen, daß irgendwann einmal auch ein Dürrenmatt drankommt und weiter verändert wird.

F.D. in einem Interview mit ›Schweizer Radio DRS‹, Basel, 8.2.1969

Mit Regisseur Erich Holliger, Basler Theater, 1969

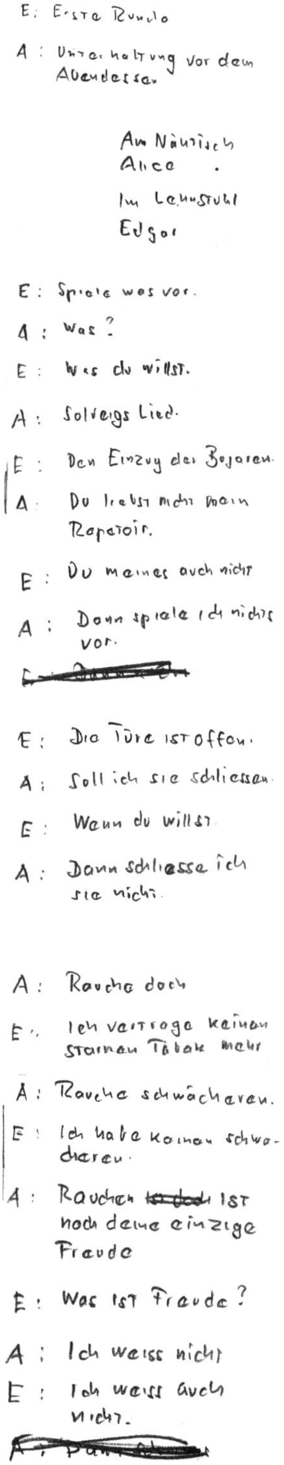
E: Erste Runde

A: Unterhaltung vor dem Abendessen.

Am Nähtisch Alice.

Im Lehnstuhl Edgar

E: Spiele was vor.

A: Was?

E: Was du willst.

A: Solveigs Lied.

E: Den Einzug der Bojaren.

A: Du liebst nicht mein Repertoir.

E: Du meines auch nicht

A: Dann spiele ich nichts vor.

E: Die Türe ist offen.

A: Soll ich sie schliessen.

E: Wenn du willst.

A: Dann schliesse ich sie nicht.

A: Rauche doch

E: Ich vertrage keinen starken Tabak mehr

A: Rauche schwächeren.

E: Ich habe keinen schwächeren.

A: Rauchen ~~ist doch~~ ist noch deine einzige Freude

E: Was ist Freude?

A: Ich weiss nicht

E: Ich weiss auch nicht.

damit es ein Boxmatch in zwölf Runden wird.« Noch in der gleichen Nacht schrieb er den Schluß des Stückes um.

Die Idee des Boxkampfes war allerdings nicht neu. Ursprünglich wollte Dürrenmatt die Aufführung durch einen realen Catch-as-catch-can-Kampf zwischen zwei Männern und einer Frau einleiten; als Versinnbildlichung des Geschlechterkampfes. Der Kampf fand dann nur noch verbal statt, aber der Boxring blieb, und dazu kam ein ganz spezielles Licht. Wir installierten 50 Halogen-Scheinwerfer über der Szenerie, die die Bühne in ein grelles Licht tauchten. Wie durch ein Wunder brachten diese Scheinwerfer die fehlende Energie und Magie der Produktion zurück: Plötzlich waren alle Beteiligten total fasziniert vom neuen Dürrenmatt-Strindberg-*Totentanz* und kämpften mit vollem Einsatz für den großen Erfolg von *Play Strindberg*.

Das Stück ist aber keinesfalls ein ›Übungsstück für Schauspieler‹, wie es Dürrenmatt später bezeichnete, sondern die harte Auseinandersetzung zwischen einem Autor, einem Regisseur, Schauspielern und einem Stück aus der Weltliteratur, das nicht aufgeführt wurde.

Regisseur Erich Holliger im Gespräch mit Ernst Buchmüller, Basel, 12.10.1995

ÜBER DIE FREIHEIT DES THEATERS

Friedrich Dürrenmatt

Sie ist nicht selbstverständlich. Sie wäre selbstverständlich, wenn das Theater finanziell unabhängig wäre. Doch ein subventioniertes Theater ist nicht finanziell unabhängig. Es wird vom Staat bezahlt.
Die finanzielle Abhängigkeit des Theaters führt zur geistigen Abhängigkeit. Diese geistige Abhängigkeit braucht nicht sichtbar zu sein. Sie kann in Bedenken bestehen und in Unterlassungen. Darin, daß ein Theater gewisse Stücke nicht spielt, weil sie vielleicht gewisse Rückwirkungen auf das Theater haben könnten. Im Osten sind die Theater alle subventioniert, aber nicht frei. Auch ein Vorzugstheater wie das Berliner Ensemble, das ein kommunistisches Theater sein will, bekommt mit dem kommunistischen Staate Schwierigkeiten. Die Unruhen in Polen, die zu einem stalinistischen reaktionären Kurs mit Intellektuellenjagd und Antisemitismus der Regierung führten, begannen mit dem Verbot eines Theaterstückes usw.
Auch bei uns sind die Theater subventioniert, wenn vielleicht – relativ gesehen – nicht so großzügig wie im Osten.
Sie sind relativ frei.
Es fragt sich nur, warum.
Im Osten sind die unfreien Theater dennoch ein Träger der Freiheit, weil das Publikum sich auf der Bühne instinktiv selber sieht, sich einbezieht und aus dem Theater den Ort seiner noch möglichen Freiheit macht. Die Freiheit, seine eigenen Schlüsse aus einer Theatervorstellung zu ziehen. Darum können dort auch an sich scheinbar unpolitische Stücke eminent politisch werden. Das Publikum stellt die Freiheit des Theaters wieder her.
Bei uns?
Das subventionierte Theater gibt es aus Konvention. Was aus Konvention existiert, ist eine Institution.
Das subventionierte Theater ist eine Institution. Es entstand aus einer finanziellen Notlage heraus.
Einst war das Theater das einzige Medium der dramatischen Kunst. Das Theater schlug sich nur mit Mühe durch, oder es war ein Hoftheater. Frei war es nirgends, und wenn es frei war, nur vorübergehend. Die Tradition, ein Theater zu haben, übernahmen die Städte. Auch die Bürger wollten ihr Theater haben. Doch das Theater blieb nicht das einzige Medium der dramatischen Kunst. Film, Radio und Fernsehen sind Medien der Dramatik geworden, die Millionen erreichen.
Film, Fernsehspiel und Hörspiel erreichen heute ihr Publikum selbstverständlicher als ein Theaterstück.

Ich bin ein Komödiant, und ich mache gerne das Kalb. Dabei muß ich immer Rücksicht nehmen auf meine angeschlagene Gesundheit. Ich kann eigentlich nie so leben, wie ich möchte.

F.D. in einem Interview mit ›Tele‹, Zürich, 26.12.1985

F.D.s handschriftlicher Textentwurf zu *Play Strindberg*, 1969

Es ist heute nicht mehr selbstverständlich, ins Theater zu gehen.
Das Theater ist heute etwas Exklusives.
In der Oper ist es kulinarisch und im Schauspiel literarisch.
Auch die soziale Gleichstellung der Schauspieler mit den übrigen Bürgern, der höhere Lebensstandard und die Sozialisierung machten das Theater zu einem immer teureren Unternehmen. Es rentierte immer weniger, bis es nicht mehr rentierte. Die Frage ist heute nicht so sehr, was nimmt ein subventioniertes Theater ein, die Frage ist, was gibt ihm der Staat?
1859 zahlte Basel dem Theater 1440 Franken.
Dazu zwei Klafter Eichenholz.
1967/8 zahlte Basel 7 565 500 Franken.
Dafür kein Eichenholz.
Eingespielt wurden 1967/8 fast 2 Millionen Franken.
Das Verhältnis Einnahmen-Ausgaben ist etwa 1:4. Mit den zehn Millionen, die heute dem Basler Theater zur Verfügung stehen, kommt es, wenn es auskommt, nur mit großer Mühe aus.
Doch der Staat ist nicht etwas Anonymes.
Er setzt sich aus den Stimmberechtigten zusammen, die auch steuerpflichtig sind. Diese können über die Subventionen abstimmen, die der Staat der Institution Theater zahlt. Sie können die Subventionen auch verweigern.
Sie haben das Recht, das Theater zu schließen. Sie haben das Recht, ans Theater Forderungen zu stellen. Wer zahlt, hat das Recht, Forderungen zu stellen.
Die Forderungen des Staates dem Theater gegenüber, falls er sie stellt, sind immer die gleichen.
Im Osten ist die Forderung des Staates klar. Der Staat hat eine Ideologie.
Der demokratische Staat besitzt keine Ideologie, doch die verschiedenen Vertreter des Staates haben verschiedene Ideologien. Auch bei uns versuchen verschiedene Vertreter des Staates immer wieder, von ihrer Ideologie her dem Theater Forderungen zu stellen. Demokratische Forderungen. Es ist das Recht dieser Vertreter, vom Theater zu verlangen, es solle zum Beispiel nur staatserhaltende sittliche Theaterstücke spielen, habe Rücksicht auf die Konfessionen zu nehmen, politisch nicht tendenziös zu sein, nicht nur links, usw. Merkwürdig ist nur, daß alle Forderungen an das Theater vom Staate her sich gleichen. Die Nazis, die Kommunisten und das Bürgertum entwickeln im wesentlichen die gleichen Kunsttheorien und stellen sie als Forderung an das Theater auf. Das liegt nicht an den Ideologien, sondern an der Forderung. Jede Forderung von einem allgemeinen moralischen Standort an das Theater fällt gleich aus.
Es gibt viele Theater, die diese Forderungen erfüllen. Im Osten

sind es die Staatstheater, bei uns die subventionierten Theater der Klassiker, der unumgänglichen Moderne und der gedämpften Inszenierungen.
Doch im Osten sind diese Theater im Vorteil. Sie haben ein politisches Publikum, das sie wieder ins richtige Licht rückt.
Wir besitzen dieses Publikum nicht. Die subventionierten Theater sind bei uns im Nachteil. Im Osten ist das Theater auch als Staatstheater notwendig. Es wird vom Staat mißbraucht, doch vom Publikum gegen den Staat verstanden.
Durch seine Theater kommt im Osten der Staat unbewußt mit sich selber in Konflikt. Bei uns sind die subventionierten Theater nur aus Konvention nicht geschlossen.
Bei uns muß sich jedes Theater überlegen, ob es nicht wieder ein Privattheater werden will.
Ein Ensuite-Theater.
Ein Theater der Hits und der Pleiten.
Ein Kellertheater.
Ein Straßentheater.
Beckett und Ionesco haben zuerst für kleine Privatbühnen geschrieben.
Die Dramatik kann auf die subventionierten Theater verzichten.
Doch kann der Staat die Funktion des subventionierten Theaters auch anders begreifen.
Durch seine Theater kann bei uns der Staat bewußt mit sich selber in Konflikt kommen wollen.
Institutionen und Konventionen können einen neuen Sinn bekommen.
Eine Institution, die nicht notwendig ist und dennoch existiert, kann eine Chance sein, mit ihr etwas zu versuchen, was notwendig wäre.

Geschrieben für ›Zeitung der Basler Theater‹, Oktober 1968, zitiert nach: *Theater*, WA, Bd. 24, S. 150ff.

Ich halte die Art und Weise, wie Strindberg die Ehe als ein Weltunglück betrachtet, für problematisch. Ich glaube, die Ehe ist den Regeln des Zusammenlebens der Menschen unterworfen und ist nicht wie bei Strindberg eine Institution, um sich hemmungslos auszutoben.

F.D. in einem Interview mit ›Süddeutsche Zeitung‹, München, 14.9.1971

Strindberg, den spielt heute kein Mensch mehr so, wie er geschrieben ist. Strindberg wurde immer wahnsinnig bearbeitet, gestrichen und umgestellt, und das segelte dann trotzdem unter der Firma Strindberg. Das ist ziemlich unehrlich. Sagen wir lieber geradeheraus: Wir haben das Ganze umgearbeitet und etwas Neues daraus gemacht, das ist viel ehrlicher.
Was nun diese neue Strindberg-Bearbeitung angeht, da könnte man sagen: Wir haben mit Strindbergs Theatermotiven gespielt. Diese Theatermotive sind das, was vom *Totentanz* übriggeblieben ist. Strindberg ist für uns nur noch wegen seiner ungeheuren Theaterphantasie interessant. Der *Totentanz* ist ein literarisches Stück, aus Literatur verfertigt. Diese Monologe, diese Art der Sprache, das ist verflossenes Theater. Was bleibt, ist die Theatersituation, und die ist modern, die hat uns gelockt, weiterzudenken.

F.D. in einem Interview mit ›National Zeitung‹, Basel, 6.2.1969

SPIELEN UNTER DÜRRENMATTS REGIE

Regine Lutz

Im Gegensatz zu ihrem Urbild, der großen tragischen Frauengestalt in Strindbergs *Totentanz*, ist Dürrenmatts Alice eine geniale Kunstfigur. Ein ausgekochter Extrakt, den der Bearbeiter des Originals zu einer grotesken Farce skelettierte. Erhalten blieb von der ursprünglichen Alice nur noch ein grinsendes Gerippe mit zerfetztem Text, dessen Aussage sich pausenlos als halsbrecherischer Balanceakt zwischen grausigen Scherzen und philosophischen Trivialitäten erweist. Bei soviel Geisterbahnkomik lag es nahe, an Brechts Techniken zu denken. Diesmal allerdings, um sein Anliegen – immer vom sozialen Hintergrund einer Figur her auszugehen – listig zu verkehren. So rückte ich der Rolle andersrum zu Leibe, setzte den Hebel beim Vordergründigen – der bloßen Wirkung – an und täuschte damit einen psychologischen Ursprung vor. Die Faszination des überhöhten Brecht-Stils tat ein übriges, diesem hochkarätigen, intellektuellen Bluff einen ungeahnten Tiefgang zu verleihen. Wir pokerten mit dieser Alice so hoch, daß man die ganze Bearbeitung weit eher für einen verbesserten Brecht als für einen durch den Kakao gezogenen Strindberg halten konnte. Durch eine fast überspannte innere Intensität ließ ich die staunenden Zuschauer nicht eine Sekunde zum Nachdenken kommen und gab die teilweise gefährlich platten Aussprüche dieser Alice weit kälter, distanzierter und gläserner von mir als jede Brechtsche Wahrheit vordem. Ich erreichte mit dieser Schärfe, daß sich die haarsträubendsten Banalitäten tatsächlich wie der Weisheit letzter Schluß anhörten.

Die zweite, ganz entscheidende Hilfe zu dieser Kunstfigur bot uns der altbewährte Griff in die Trickkiste der Requisitenspiele. Dürrenmatt erfaßte sofort, wie konkret ein textlich nicht beschriebener Seelenzustand sich allein durch die Art und Weise, wie eine Beschäftigung ausgeübt wird, ausdrücken läßt. So wühlten wir zur Ausstaffierung unserer mageren Alice mit beiden Händen in dieser Wundertüte des Theaters.

Natürlich bemühte ich mich dabei, die Requisiten nach Möglichkeit den schon im Strindbergschen *Totentanz* vorkommenden Utensilien zu entnehmen: So wurde zum Beispiel im Originalstück in der Aufzählung des Mobiliars ein Nähtisch erwähnt. Daraus ergab sich wie von selbst die Idee, während des bruchstückhaften Dialogs mit Edgar im ersten Bild eine Stickerei zur Hand zu nehmen. Durch die verbissene Art des Hantierens mit Nadel und grobem Garn konnte meine wahre, ungeheuer gereizte – und ständig hinter meinem Pokerface verborgene – Gemütsverfassung offenkundig gemacht werden; ob-

wohl der ganze Text nur aus unterkühlten Kommentaren und beiläufigen Konversationsfetzen bestand.
Im dritten Bild tauschten wir dann das bei Strindberg vorkommende Kartenspiel zu zweit gegen eine von mir allein zu legende Patience. Die Differenzierungen im Ausdruck des Kartenablegens (energisch, zögerlich, hastig, ärgerlich oder zufrieden) boten mir unzählige Möglichkeiten, während des scheinbar harmlosen Plänkelgesprächs mit Edgar die tatsächlichen gedanklichen Hintergründe aufzublättern.
In der siebten Runde versinnbildlichte ich meine völlige Gleichgültigkeit während des Herzanfalls von Edgar, indem ich meine ganze Konzentration darauf verwandte, auf der Tischplatte ein Kartenhaus zu errichten. Diese Pyramidenbauerei aus Reihen schräg gegeneinander gestellter Kartenpaare, auf denen jeweils mit äußerster Sorgfalt eine waagrechte Schicht verteilt wurde, um bis zur Spitze immer kürzere Häuschenfolgen aufeinanderzuschichten, war ein zusätzlicher Jongleurakt auf dem Drahtseil der Szene und erwies sich manchmal als eine selbstgestellte und nicht ganz unaufregende Falle.
Trotzdem war mein absurdes Verspielt-Tun neben dem keuchenden Edgar absolut im Sinne Strindbergs, genauso wie meine Wahl der Klavierstücke – Chopins *Valse triste* und Griegs *Lied der Solveig* –, beides Pièecen, die in die Zeit des

Szenenbild aus der Fernsehaufzeichnung von *Play Strindberg*, 1971:

Regine Lutz als Alice, Horst Christian Beckmann als Edgar und Klaus Höring als Kurt

Stückes paßten und in ihrer kultivierten Sentimentalität dem Dürrenmattschen Leitmotiv des Stücks, ›Plüsch mal Unendlichkeit‹, voll Rechnung trugen.
So hangelten wir diese Alice mit List und Lust von Runde zu Runde, und die nach den umgedrehten Formeln Brechts berechnete Vorspiegelung eines menschlichen Wesens mit Tiefsinn gelang zu aller Wohlgefallen.
Spaßigerweise spiegelten die beiden Dichter auch in ihrer persönlichen Art die Kreation dieser Alice – Brecht war hintergründig, Dürrenmatt bravourös. Überall, wo Brecht Ursache ahnen ließ, quoll Dürrenmatt über vor Wirkung. Brecht war als Erscheinung asketisch, Dürrenmatt barock. Wo Brecht ein maßgeschneidertes, aber unauffällig graues Tuchmäntelchen trug, stapfte Dürrenmatt im brasilianischen Otterpelz daher; und wo Brecht zwar ein Sportcabriolet, aber ein gebrauchtes Vorkriegsmodell fuhr, steuerte Dürrenmatt bedächtig eine englische Luxuslimousine auf den Theaterhof. Während Brecht anläßlich seines *Galilei*-Projekts mit Niels Bohr, sicherlich emotionslos, dessen physikalische Experimente beobachtete, ließ Dürrenmatt hemmungslos unsere Probe ausfallen, um mit uns atemlos und aufgeregt im Fernsehen die Rückkehr der ersten Mondastronauten verfolgen zu können. Er brach in Freudenjubel aus, als endlich die farbigen Fallschirme in der Bläue des Himmels sichtbar wurden. Dieser

Autor war noch immer ein fiebernder Bub, während jener Dichter sich nie einen jungenhaften Zug in seiner Arbeit gestattet hätte.
Schon das Lachen verriet die beiden. Brecht lachte dünn, scharf meckernd und stoßweise – ein verfremdetes Gelächter –, Dürrenmatts Lachen hingegen dröhnte tief und satt wie eine sonore Orgel. Aber gerade weil er sich herzlicher und offener gab, war er auch empfindlicher und angreifbarer. Brecht reagierte auf unsinnige schauspielerische Einwürfe nur kühl überlegen und sachlich abweisend, Dürrenmatt dagegen konnte tödlich beleidigt einschnappen. So kränkte ich ihn einmal zutiefst, als ich ihm sagte, daß unser Stück ab Runde fünf »geradezu beängstigend mager« würde. Eine solche Kritik einer eitlen Schauspielerin litt er nicht, er war schwer verletzt, und es gelang mir nur kraft der Raffinesse meiner darstellerischen Phantasie, zu Kreuze zu kriechen und den Grollenden wieder zu versöhnen. Wo Brechts Kräche hart, kurz und vorbei waren, brauchte Dürrenmatts Empfindsamkeit eine lange Versöhnungszeit. Ich glaube, im Gegensatz zu Brecht konnte er weder vergessen noch verzeihen. Trotzdem, oder gerade deswegen, war er soviel dionysischer als der karge Brecht. Man durfte ihn zum Beispiel sehr bald jovial duzen, eine bei Brecht – der selbst die Weigel auf den Proben hie und da noch siezte – geradezu absurde Vorstellung. Dürrenmatt war ungeheuer großzügig und lud alle und jeden generös zum Tafeln ein. Er hielt dabei fürstlich hof, ein bei Brecht undenkbarer Zustand.
Bei diesen Gastmalen liebte Dürrenmatt seine eigene Eloquenz über alles, und wenn man seine Phantasie auch nur antippte, geriet sie bald zur uferlosen Inspiration: Er wurde niemals müde, die ungeheuerlichsten und leider nie zu verwirklichenden Stückepläne zu schmieden. Brecht liebte zwar abenteuerliche Rollenideen auch, hätte sich aber nie die Blöße gegeben, sich derart im Abstrusen zu verirren.
So hätte es der Meister geradezu als grotesk empfunden, mit seinen Schauspielern ein Stück zu probieren, von dem vorläufig nur vier Seiten Text existierten. Dies aber war genau unsere Situation beim Probenbeginn von *Play Strindberg*, die uns einfach zwang, mit dürrenmattschem Humor auf gut Glück zu probieren. Natürlich ließ diese geradezu dilettantische Ahnungslosigkeit, was die Schicksale unserer Rollen betraf, unser aller Phantasie in üppigster Form ins Kraut schießen – ja, ich muß es sagen –, weit ausschweifender als bei den klar vorgezeichneten Rollen Brechts.

Aus: Regine Lutz, *Schauspieler – der schönste Beruf*, München, Langen Müller 1993, S. 275ff.

Um zu zeigen, wie sehr Dürrenmatt von Strindberg beeinflußt wurde, bedurfte es freilich nicht einer Dürrenmatt-Bearbeitung des *Totentanzes*. Doch als Gegengabe des Talents an das Genie ist das Arrangement Dürrenmatts ein Leckerbissen. Zuerst so: Dürrenmatt läßt die drei Protagonisten so genau und deutlich sprechen, wie es Strindberg immer verlangte. Da wird nicht geschludert. Der boshafte Text klingt metallisch. Es sind Fanfaren, die hier losschmettern. Dann die Herausarbeitung der Ehekrise, der Hauptmann mit dem Bojarenkomplex, die Frau mit *Solveigs Lied* am Piano: ein Schlagabtausch, der vom Schirm noch härter tönt als im Theater, obwohl man den ›Boxring‹ im Bilde gelassen hat. Dazu die Reaktion des Publikums. Gelächter, hier falsch, dort echt, aber immer böse. Schadenfreude. In Fernsehers Stube der Widerhall auf das Gelächter: die Einsicht, daß Strindberg genau so ist und daß man ihn keineswegs entstellt hat. Die Sprache entlarvt die Personen, und die Entlarvung ist ein Dauerzustand. Regine Lutz war in der Rolle der Alice das Gift, Horst Christian Beckmann als Edgar die Galle. Und Klaus Höring als Kurt der Stichwortgeber.

Kritik der Fernsehinszenierung von Wolfgang Paul in ›Der Tagesspiegel‹, Berlin, 16.9.1971

Foto der Fernsehaufzeichnung von *Play Strindberg*, 1971:

Regine Lutz als Alice und Horst Christian Beckmann als Edgar

Porträt
eines Planeten

»Nachdenken heißt,
den Blick aufs Gräßliche auszuhalten,
ohne den Kopf zu verlieren...«

PORTRÄT
EINES PLANETEN

UA: 8.11.1970 Düsseldorfer Schauspielhaus
Regie: Erwin Axer

EA der ›Zürcher Fassung‹: 25.3.1971
Schauspielhaus Zürich
Regie: F.D.

EA der Fernsehfassung: 15.11.1971 SF DRS
(Co-Produktion mit SDR)
Regie: Ettore Cella / F.D.

In diesem Drama in 24 Bildern ist die Bühne ein leerer Raum, der die Erde darstellt, am Anfang kurz vor ihrem Untergang, in der letzten Szene kurz danach.
Diese beiden Rahmenszenen werden von vier Göttern bestritten, unbeteiligten Beobachtern gewissermaßen. Dazwischen führen acht Schauspieler, vier Männer und vier Frauen, in 22 Episoden vor, womit Menschen sich beschäftigen, was ihnen wichtig ist, Eitelkeit und Leidenschaft, Ruhmsucht und Machtgier: das Ganze ein Kaleidoskop der Nichtigkeiten, ein Totentanz ohne Würde. Am Ende explodiert die Sonne und macht dem Spuk ein Ende.

Aus: *Kritisches Lexikon zur deutschsprachigen Gegenwartsliteratur,* München, edition text+kritik 1991

DIE SPANNUNG ZWISCHEN DEN SÄTZEN IST MIR WICHTIGER GEWORDEN ALS DIE SÄTZE SELBST

Friedrich Dürrenmatt

Sie sehen eine Aufzeichnung, die als Bericht über die Aufführung *Porträt eines Planeten* im Schauspielhaus Zürich gedacht ist. Diese Aufzeichnung ist als Dokument einer Theaterzusammenarbeit zu verstehen, die zwischen den Schauspielern und mir als Regisseur stattfand. Sie ist nicht Fernsehspiel, sie ist Theater im Fernsehen.
Da das *Porträt eines Planeten* auf eine Handlung verzichtet, lese ich aus dem Vorwort zur [ersten] Buchausgabe folgende Zeilen:
Das *Porträt eines Planeten* konfrontiert den Zuschauer mit der Unwahrscheinlichkeit seiner Existenz. So unwahrscheinlich mein Stück ist, so real ist es auch, wenn es auch unwahrscheinlich wahrscheinlicher ist, daß die Menschheit sich selber zerstört und nicht durch eine kosmische Katastrophe verglüht, wie in meinem Stück; und solches nur, weil die Menschen vergessen, was ich Adam in meinem Stücke aussprechen lasse, daß die Erde eine Chance sei. Eine so unwahrscheinliche Chance und damit eine so unwahrscheinliche Seltenheit, daß die fingierten vier Götter zu Beginn und am Ende meines Stückes unmöglich wissen können, daß der kleine Gelbe Zwerg, den wir unsere Sonne nennen, sich in eine Supernova verwandelt, sich anschickt, die Kostbarkeit unserer Erde zu vernichten, aus dem einfachen Grunde, weil sie nicht zu wissen vermögen, daß es uns überhaupt gibt.
Damit wird das *Porträt eines Planeten* paradoxerweise zu einem Zeitstück. Denn die Erde verdampft im gesellschaftlichen Zustande, worin sie sich im Augenblick der Katastrophe befindet: Der ungeheure Lichtblitz der explodierenden Sonne wird zum Blitzlicht einer kosmischen Kamera, die die Erde zum letzten Male porträtiert; darum *Porträt eines Planeten.* Eine letzte Bestandesaufnahme. Eschatologie als Aufnahmetechnik: Damit beantwortet sich auch die Frage nach dem Sinn eines solchen Stoffes. Die Erde kann nur eschatologisch porträtiert werden: gegenwärtig. Ihre Unordnung wird nur dann radikal dargestellt, wenn sie radikal ihrer Geschichte und ihrer Zukunft entrissen wird, wenn Geschichte nicht mehr als Entschuldigung und die Zukunft nicht mehr als Hoffnung gilt. Vermittels einer Utopie wird die Erde als Wirklichkeit der Gegenwart verhaftet.
Die Aufgabe ist nicht eben leicht, die ich damit der Bühne aufbürde. Den Begriff des Porträts finden wir in der Malerei und in der Bildhauerei, kaum in der Dramatik. Die Erde, porträtiert, weist keine dramatische Handlung auf, und die Bühne scheint

F.D., *Porträt eines Planeten II*, 1970

ohne dramatische Handlung nicht auszukommen. Als Porträt im Lichte ihres plötzlichen Untergangs zeigt die Erde ein Durcheinander von Handlungsmomenten, ein Unmaß von banalen, schrecklichen, gewöhnlichen, außergewöhnlichen, absurden, monotonen, grotesken, unglücklichen, aber auch glücklichen Szenen. Hier haßt, dort liebt man sich, hier wird gehungert, dort ausgebeutet, hier getötet, dort geschwelgt, hier gehofft, dort sind andere verzweifelt. Gegensätzliches häuft sich auf Gegensätzliches. Dem gigantischen Stoff scheinen nur gigantische Mittel gewachsen zu sein, Filmmontagen, die sich jagen, Drehbühnen, Simultanszenen, Stereophonien, Lichteffekte, elektronische Zaubereien, und dennoch scheint jedes Kunstmittel zu versagen.

Doch gibt es eine dramatische List, einen gigantischen Stoff darzustellen: mit den kärglichsten Mitteln. Sind bei einem Stoff unermeßlich viele Szenen möglich, kann er auch mit wenigen dargestellt werden: um so wichtiger werden dann diese wenigen Szenen, mögen sie auch an sich banal erscheinen.

Je älter ich werde, desto mehr ist mir das Theaterliterarische, das Rhetorische, sind mir die schönen Sentenzen und schönen Sätze verhaßt.

Ich versuche dramaturgisch immer einfacher zu zeigen, immer sparsamer zu werden, immer mehr auszulassen, nur noch anzudeuten. Die Spannung zwischen den Sätzen ist mir wichtiger geworden als die Sätze selbst. Meine Dramatik spielt sich zwischen den Sätzen, nicht in den Sätzen ab, vom Schauspieler her gesehen. Ich vertraue seiner Wirkung mehr als der Literatur. Ich spiele ihm Sätze zu, die nichts als das letzte Resultat seines Spiels sein möchten. Ich integriere die Literatur in die Schauspielkunst und nicht die Schauspielkunst in die Literatur. Die Bühne wird bei mir zu einem theatralischen Medium, nicht zu einem literarischen Podium. Noch extremer: Ich schreibe meine Theaterstücke nicht mehr für Schauspieler, ich komponiere sie mit ihnen. Ich gebe die Literatur zugunsten des Theaters auf, Literatur machen heute die Kritiker. Das führt dazu, daß ich das Bühnenbild mehr und mehr eliminiere, der Versuch reizt mich, Theater allein mit dem Schauspieler zu erzielen, der bloß mit den Requisiten arbeitet, die er zum Spielen benötigt. Meine Bühne ist ein Theater der Requisiten, nicht der Kulisse. Nur so scheint mir ein heutiges Theater berechtigt zu sein, als Theater, das sich auf sich selbst reduziert.

Ich bin mir durchaus im klaren, im *Porträt eines Planeten* an die Grenze dessen vorgestoßen zu sein, was eigentlich Theater vermag, ja, daß es unmöglich zu sagen ist, ob dieses Unternehmen glückte oder nicht glückte. Dialektisch manövrierte ich mich in die denkbar unglücklichste Lage. Da der Untergang der Erde von Anfang an feststeht, ist an sich jede Szene sinnlos,

Das *Porträt eines Planeten* ist eine genaue Fuge. Ich habe sie damals für Basel geschrieben als Lehrstück für Schauspieler. Bachs *Kunst der Fuge* ist eine Sammlung von Lehrstücken, nicht etwa im Sinne einer Ideologie, sondern der Methode, wie man eine Fuge schreibt. So will das *Porträt eines Planeten* acht Schauspieler lehren, wie man schauspielert. Die müssen nun alles spielen: Monologe sprechen, Duette spielen; jeder hat seine Aufgaben, und im Zusammenspiel entsteht das ›Porträt‹. Die Schauspieler lernen, mit den knappsten Mitteln Szenen zu gestalten, sie können sich kostümmäßig gar nicht verwandeln. – Es ist ein Glück, daß das Stück in meiner Regie aufgezeichnet worden ist. Da kann man sehen, wie durch das Spiel ein Bild entsteht. Nur im Spiel ist man heute noch fähig, Bilder zu gestalten, allerdings handelt es sich um ein Spiel vor einem grauenvollen Hintergrund.

Aus: Peter Andre Bloch, *Gespräch mit Friedrich Dürrenmatt zum Thema ›Bild und Gedanke‹* in: *Bild und Gedanke. Festschrift für Gerhart Baumann zum 60. Geburtstag.* München, Wilhelm Fink 1980, S. 18f.

oft doppelt sinnlos, da sie an sich schon eine sinnlose Szene darstellt. Auch werden während des Spiels viele Menschen getötet, so daß oft ein Totentanz innerhalb eines Totentanzes stattfindet.
Was zählt, ist daher allein eine Komposition für vier Schauspielerinnen und vier Schauspieler, das Dirigieren eines Oktetts, der Unendlichkeit des Werdens und Vergehens entgegengehalten. Die strenge Form des Werkes ist herauszuspielen, nichts anderes. Es gibt nichts anderes.
Was nicht bedeutet, daß mein Werk tierisch ernst genommen werden muß, im Gegenteil nur große Komödianten werden es richtig spielen können.

F.D. im Vorwort zur Fernsehversion *Porträt eines Planeten* [Transkription; von F.D. gekürzte Fassung des Nachworts zu *Porträt eines Planeten*, WA, Bd. 12, S. 194ff.]

Ein erbarmungswürdiger Abend. Er zeigt die Verwirrung eines Autors, der offenbar am Scheideweg steht, weg vom Komödianten, hin zum religiösen Dramatiker, der aber noch zögert, ihn zu beschreiten, und so beim Traktat landet, das sich gesellschaftskritisch gibt. [...]
Die ganze Dramaturgie des Stückes ist reizvoll: die acht Spieler, je vier Damen und Herren mit biblischen Namen, bei Adam und Eva angefangen, schlüpfen übergangslos in immer neue Rollen. Doch ist es mit dem Inhalt, der die Form zu füllen hätte, überwiegend mäßig bestellt. Wenn das schwarz-weiße Paar, das sein Geheimnis der unerlaubten Verbindung dem Bruder und der Schwester unter dem Siegel der Verschwiegenheit mitteilte, sich glücklich seiner Liebe hingibt, so braucht man nicht lange zu raten. Man weiß, daß der biblische Brudermord noch einmal an ihm vollzogen wird. Es wird abgeknallt. Oder wenn die armen Reisbauern ihren Sohn zu den Aufständischen schicken, kann man sicher sein, daß er fallen wird. Einzelheiten, gewiß, die an den sarkastischen Humor Dürrenmatts erinnern. Aber sie bleiben die Ausnahme. [...]
Dürrenmatt nimmt politische Vernunft für sich in Anspruch: Er will, wofür er Beifall verdient, die Politik entideologisieren. Nur führt der Weg, den er einschlägt, gerade dadurch stracks wieder in die Ideologie, daß sein Bezugspunkt nicht der Mensch als hiesiges, gesellschaftliches Wesen ist, sondern als göttlicher Entwurf. In dieser Perspektive muß denn zwangsläufig die konkrete Realität sich in einen Spiralnebel verflüchtigen.

Hans Schwab-Felisch in ›Frankfurter Allgemeine Zeitung‹, 12.11.1970 [Kritik der UA am 8.11.1970 im Düsseldorfer Schauspielhaus]

Leider ist es für die Opfer ziemlich gleichgültig, ob sie durch Waffen fallen, die aus Gründen der Privatindustrie, oder durch solche, die aus machtpolitischen Gründen hergestellt worden sind. [...]
Die Meinung ist weit verbreitet, daß Südvietnam nach dem Rückzug der Vereinigten Staaten nicht kommunistisch werde, weil es den Südvietnamesen ökonomisch besser gehen werde als den Nordvietnamesen, und die Frage stellt sich nie, welchen Südvietnamesen. Die Vereinigten Staaten denken nie unterhalb der oberen Zehntausend. Darum die vielen Fehlrechnungen. [...]
In den Vereinigten Staaten listete der Staat die Gesellschaft in den Vietnamkrieg und die Gesellschaft den Staat ins Chaos.

Aus: *Sätze aus Amerika*, WA, Bd. 28, S. 107ff.

ADA: Was tust du?
ABEL: Ich schreibe seinen Namen.
ADA: Wann haben sie ihn gebracht?
ABEL: Vor einer Stunde.
ADA: Kann ich ihn sehen?
ABEL: Nein.
ADA: Ich möchte ihn sehen.
ABEL: Es ist besser, wenn du ihn nicht siehst.
ADA: Ich wußte, er würde fallen.
ABEL: Ich wußte es auch.
ADA: Haben wir gesiegt?
ABEL: Nein.
ADA: Sind wir besiegt worden?
ABEL: Nein.
ADA: Werden wir einmal siegen?
ABEL: Nein.
ADA: Werden wir einmal besiegt werden?
ABEL: Nein.
ADA: Dann ist doch dieser Krieg sinnlos.

Schweigen

ABEL: Hast du noch Reis?
ADA: Nicht mehr.
ABEL: Sojamehl?
ADA: Eine Handvoll.
ABEL: Ich habe keinen Hunger.
ADA: Ich auch nicht.
ABEL: Essen wir morgen.

Aus: *Porträt eines Planeten*, WA, Bd. 12, S. 160f.

DER FLIEGENFÄNGER DER KUNST IST IMMER DAS VERGNÜGEN
Friedrich Dürrenmatt im Gespräch

Die ehrlichste Art ist: den Zuschauer zu vergnügen und ihn so hineinzulisten in eine Welt, an die er dann Fragen stellen kann. Der Fliegenfänger der Kunst ist immer das Vergnügen. Die Frage ist einfach: Durchschauen die Fliegen den Fliegenfänger? Je unheimlicher die Welt ist, um so wichtiger ist es, daß ich Distanz davor gewinne. Und Distanzgewinn ist nur durch die Verfremdung der Welt möglich. Durch Distanz wird das Unheimliche darstellbar. Über das Unheimliche, das nicht darstellbar ist, können Sie auch nicht nachdenken. Wenn die Atombombe explodiert, haben Sie keine Zeit mehr, zu überlegen, wie die Atombombe zustande gekommen ist. Sie können die Menschen nur darauf aufmerksam machen, daß es die Atombombe gibt. Sie brauchen also zu jedem Ding, über das Sie nachdenken wollen, Distanz. Nur so können Sie eine Sache sichtbar machen. Das ist vielleicht heute wichtiger denn je. Weil die Wissenschaft in ein Stadium gekommen ist, wo weitgehend auf Vorstellungen verzichtet wird. Die Kunst ist darum menschlich, weil sie Vorstellungen liefert. Diese Vorstellungen sind selbstverständlich nur Bilder, Umschreibungen, sie sind nicht die Sache selbst. Aber anhand dieser Abkürzungen zur Wirklichkeit kommen Sie zum Denken. Jedes Denken beginnt mit dem Erstaunen, mit dem Verwundern, und so ist es auch bei der Kunst. Kunst liefert einen Anlaß, sich über die Welt zu wundern. [...]
Nachdenken heißt, den Blick aufs Gräßliche auszuhalten, ohne den Kopf zu verlieren. Ebenso kann man kein Theaterstück schreiben, wenn man den Kopf verliert. Wenn Sie aus einer panischen Angst heraus schreiben wollen, können Sie nicht gestalten. Der Mensch, der Gefahr läuft, kaputtzugehen, muß in erster Linie wissen, daß er Gefahr läuft, kaputtzugehen. Und wir müssen die heutige Welt daran erinnern, daß sie Gefahr läuft, kaputtzugehen. [...]
Ich glaube, die Bühne hat, wie das Denken überhaupt, die Pflicht, die Wirklichkeit durchschaubar zu machen, das heißt auf immer neue paradoxe Weise. Es gibt keine eindeutige Methode, mit der Sie die Wirklichkeit in den Griff bekommen. Man selbst ist nur ein Teil der Weltbemühungen, die Wirklichkeit zu durchleuchten. Und dabei sind die falschen Wege so wichtig wie die richtigen: weil man durch falsche Wege wieder zu richtigen Wegen kommt, durch Korrektur. Vielleicht sind meine Irrtümer wichtiger als meine Wahrheiten. [...]
[Ein Mensch kann eigentlich nur] versuchen, möglichst anständig zu leben. Das heißt, so zu leben, daß er möglichst wenig

Szenenbild aus der Fernsehaufzeichnung von *Porträt eines Planeten*, 1974:

Helmuth Lohner, Agnes Fink

Immer stärker treten in den letzten Werken Dürrenmatts, nicht zuletzt in seinen ›Bearbeitungen‹, die Strukturen nackt an die Oberfläche. Dürrenmatt läßt sich heute ebenso als Architekt wie als Komponist erkennen. Darin liegt Verwegenheit. Denn schließlich war er innerhalb der modernen Dramatik lange Zeit ein Inbegriff der sinnlichen Fülle, des nie versiegenden Reichtums. Nun scheint er in seinen letzten Stücken diesen Reichtum auf die Zerreißprobe zu stellen und zu beobachten, wie weit der Reichtum sogar noch der Umkehrung in die kunstvolle Armut trotze. »Dessiner, c'est ommettre.« Dürrenmatt folgt dem strengen Rezept. Vielleicht wird sein Schaffen auch wieder einmal zurückkehren zu seiner Fülle, das könnte nicht zuletzt möglich werden gerade durch die Erprobung, die er durch seine sprachliche Askese dem früheren Reichtum aufgezwungen hat.

Elisabeth Brock-Sulzer in ›Die Tat‹, 29.3.1971 [Kritik zur EA der ›Zürcher Fassung‹ von *Porträt eines Planeten*, 25.3.1971, Schauspielhaus Zürich]

Hier gilt es nun, den Absichten des Autors Genüge zu tun: Er hat selbst betont, daß »die Szenen banal erscheinen mögen«. Aber ihm liegt nicht die Einzelszene am Herzen, sondern die Komposition des Werks, das erst aus dem Ineinandergreifen der Szenen, in Konfrontationen und Parallelen, Relevanz gewinnt. Wer sich die Mühe nimmt, das zeitliche Nacheinander der Bilder in eine graphische Darstellung zu übersetzen, die dem Auge ein räumlich wahrnehmbares Mosaik der Szenen erlaubt, der wird daran ablesen, daß Dürrenmatt kein Sammelsurium von unabhängigen Bildern willkürlich aufeinanderfolgen läßt, sondern daß er den Stoff sehr streng komponiert, daß er mit spiegelbildlichen Symmetrien, mit Kontrasten und Parallelen, mit Schwerpunkten arbeitet, sein Gestaltungsprinzip aus den *Physikern* weiterführend.

›Neue Zürcher Zeitung‹, 27.3.1971 [Kritik zur EA der ›Zürcher Fassung‹ von *Porträt eines Planeten*, 25.3.1971, Schauspielhaus Zürich]

andere Menschen ruiniert. Es gibt eine allgemeine und eine persönliche Ethik. Die allgemeine Ethik ist abstrakt sehr leicht aufzustellen. Das Fatale ist nur, daß man ihr nicht gehorcht. Eine Ethik vom Persönlichen her, die gibt es.
Ich kann als Schriftsteller gar nichts anderes machen [als versuchen, meine persönliche Ethik auf die Bühne zu bringen]. Jedes Stück ist eine Selbstdarstellung. Was der Mensch immer wieder versuchen muß, ist, sich selber zu erkennen. Ich weiß nicht, ob man darüber hinauskommt.

F.D. im Gespräch mit Hans Fröhlich, ›Stuttgarter Nachrichten‹, 11.11.70 [zur UA von *Porträt eines Planeten* am 8.11.1970 im Düsseldorfer Schauspielhaus].

Szenenbilder aus der Fernsehaufzeichnung von *Porträt eines Planeten*, 1974:

Wolfgang Reichmann, Agnes Fink, Claudia Wedekind und Helmuth Lohner

Helmuth Lohner und Norbert Kappen

EIN STÜCK VERÄNDERT SICH JE NACH SITUATION UND AUFFÜHRUNGSORT

Friedrich Dürrenmatt

Das *Porträt eines Planeten* wurde am 8. November 1970 in Düsseldorf uraufgeführt. Regie führte Erwin Axer, den ich für einen der besten Regisseure unserer Zeit halte. Von Anfang an sah ich das Stück auf einer leeren Bühne. Es sollte deutlich werden, daß nur mit Schauspielern gearbeitet werde, die, indem sie sich äußerlich nicht verwandelten, ihre Identität nicht aufgeben sollten. Adam sollte durchs ganze Stück Adam, Eva durchs ganze Stück Eva bleiben usw. Doch wählten Erwin Axer und ich für Düsseldorf eine Arenabühne, eine Bühne mitten im Zuschauerraum, mit zwei Luken versehen, durch welche die Schauspieler auf- und abtreten konnten. Auf der Bühne befan-

den sich verschiedene Gegenstände, die während des Spiels gebraucht wurden: eine Kartonschachtel (auf die man sich setzen konnte), eine Kiste, ein Haraß, ein Blechkanister, Zeitungen, ein Telefonhörer, ein Stahlhelm, ein asiatischer Strohhut usw. Über der Bühne hing als Sonne eine Glühbirne. So überzeugend nun auch diese Bühne schien, so scheint sie mir doch nachträglich falsch zu sein: die Einfachheit war nicht gewollt, sondern erzwungen. Eine Arenabühne kann nur einfach sein, eine gewöhnliche Bühne muß es nicht. So wurde aus einer gewollten Einfachheit eine erzwungene. Es stellte sich daher für die Zürcher Aufführung des *Planeten* die Aufgabe, die Düsseldorfer Aufführung auf eine gewöhnliche Bühne zu transponieren, noch einfacher und sparsamer vorzugehen, um die Komposition deutlicher zu machen. Daß dieses Unterfangen keine Kritik an Erwin Axers Regie sein soll und ist, sondern nur ein Weiterdenken, brauche ich nicht besonders zu betonen. Erwin Axer betrat Neuland. Er besaß nichts als meinen Text, und durch äußere Umstände behindert (ich hatte in Zürich den *Urfaust* zu inszenieren), kam ich nicht dazu, meinen Text bei seinen Proben zu verbessern, wie das sonst bei jeder meiner Aufführungen der Fall gewesen ist. [Die Buchausgabe von *Porträt eines Planeten* von 1971 legte nicht die] Düsseldorfer Fassung des Stückes vor, sondern

ein[en] auf deren Erfahrungen revidierte[n] Text: Die Zürcher Fassung.

Was nun die Bühne des *Porträts* an sich betrifft, so ist sie überhaupt nicht endgültig festzulegen. Für die Zürcher Aufführung benützten wir eine gegen hinten runde Spielfläche, die etwa sechs Meter tief war und deren Höhe hinten etwa einen Meter zwanzig über dem Bühnenboden lag. Auf diese Spielfläche führten von allen Seiten Rampen. Sie war umgeben von einem Rundhorizont, der oben mit einer Kuppel abschloß. In den Rundhorizont wurde ein Ausschnitt der Milchstraße gebohrt, so daß, wurde der Rundhorizont von hinten beleuchtet, sie aufflammte. Ferner wurden im Hintergrund, links und rechts vor dem Rundhorizont, zwei oben nach hinten gewölbte Wände aufgestellt, hinter denen sich die Schauspieler umziehen konnten. Links hinten war der Musiker sichtbar, der mit verschiedenen Instrumenten die nötigen Geräusche erzeugte. Auch zeigte es sich während der Proben manchmal notwendig, die Rollen der Schauspieler umzutauschen und den verschiedenen Charakteren anzupassen. Die Schauspieler trugen individuelle, doch ähnliche Grundkostüme, die sie auf die einfachste Weise den verschiedenen Szenen anzupassen vermochten.

Aus dem *Nachwort zu ›Porträt eines Planeten‹*, WA, Bd. 12, S. 198ff.

[Das Fernsehen] ist für mich ein technisches Hilfsmittel, das mir vorher nicht zur Verfügung stand, um eine Inszenierung oder ein Stück von mir kritisch mehrmals betrachten zu können. Es ist so, daß das Fernsehen für mich ein Dokument darstellt. Früher lag ein Stück im Druck vor. Das sagt aber nichts aus über die Zürcher oder Basler oder Kölner Aufführung von ein und demselben Stück. Dann gab es vielleicht Tonbandaufnahmen [Radio] – was wiederum nur akustisch etwas aussagen konnte. Da ist das Fernsehen schon ein rechtes Hilfsmittel.

F.D. im Gespräch mit Walther Kauer, ›Tele‹, Zürich, 11.11.1971

Szenenbilder aus der Fernsehaufzeichnung von *Porträt eines Planeten*, 1974

F. D.
vom Theater zur Prosa

Hugo Loetscher (*22.12.1929 Zürich): Schweizer Schriftsteller. 1958–1962 literarischer Redakteur der Zeitschift ›du‹; 1964–1969 Mitglied der Chefredaktion der ›Weltwoche‹; seit 1965 Aufenhalte in Lateinamerika und in den USA; seit 1969 freier Schriftsteller. Veröffentlichungen (u.a.): *Abwässer. Ein Gutachten* (1963), *Der Immune* (1975), *Die Papiere des Immunen* (1986), *Saison* (1995). Gastdozent an Universitäten in der Schweiz, in Los Angeles und München; Mitglied der Darmstädter Akademie für Sprache und Dichtung; 1992 ausgezeichnet mit dem Großen Schiller-Preis der Schweizerischen Schillerstiftung, 1994 mit dem ›Kreuz des Südens – Orden für Verdienste um die brasilianische Kultur‹. Mit F.D. verband Loetscher eine langjährige und sehr enge Freundschaft.

DIE WELT IN SZENE SETZEN

Hugo Loetscher

Das Schauspielhaus war abgeriegelt. Man fürchtete, Protestierende könnten sich unter die Gäste mischen oder das Theater besetzen. Für diesen Samstagnachmittag im Januar 1981 waren Manifestationen angesagt. Zürich stand im Alarmzeichen von ›Jugend bewegt‹. Die Befürchtungen wegen eines Krawalls im Schauspielhaus waren nicht unbegründet. Als Vertreter der Eidgenossenschaft war Kurt Furgler annonciert, damals Bundespräsident. Er wurde zusammen mit dem Schreibenden, der die Geburtstagsrede hielt, durch einen Seiteneingang eingeschleust. Gefeierter und Publikum fanden sich hinter verschlossenen Türen.

Gefeiert wurde der sechzigste Geburtstag von Friedrich Dürrenmatt. Unter Polizeischutz, man redete von einem Staatsakt. Nicht wegen dieser Umstände war es ein denkwürdiger Anlaß. Die Tatsache, daß ein Bundespräsident offizielle Geburtstagsgrüße überbrachte, machte klar, daß es sich um einen Autor von Bedeutung und nicht nur nationaler handelte. Gleichzeitig war erstauntes Raunen zu vernehmen: Dürrenmatt, gibt's den noch und was macht er?

Unbestritten der Ruhm. Doch er schien vergangenen Zeiten anzugehören. Man sprach vom ›Alten am Berg‹. Dürrenmatt war sehr jung berühmt geworden. Fünfunddreißig war er, als sein Stück *Der Besuch der alten Dame* ihm Weltruhm einbrachte; sechs Jahre später folgten *Die Physiker* und danach *Der Meteor*. Doch dann kamen die Pleiten.

Ein Stück wie *Porträt eines Planeten* wurde in Düsseldorf uraufgeführt und nicht mehr am Schauspielhaus Zürich, wo einst wegen des internationalen Kritikerandrangs eine Premiere an drei aufeinanderfolgenden Abenden durchgeführt wurde. Und was danach wiederum und dennoch in Zürich seine Uraufführung erlebte, 1973 *Der Mitmacher* oder 1977 *Die Frist*, wurde kaum mehr von anderen Bühnen nachgespielt.

Die Bemerkung, er sei vom Sockel gestürzt worden, parierte Dürrenmatt mit dem Satz: Er sei selber heruntergesprungen. Nun war der sechzigste Geburtstag insofern ein Jahr der Bilanz, als seine erste Gesamtausgabe herauskam, eine Sichtung, für die Dürrenmatt zu den einzelnen Werken (und ihren Fassungen) Kommentare schrieb.

Aber die, welche meinten, Dürrenmatt der Vergangenheit überlassen zu können, irrten. Im gleichen Jahr, als man seinen Sechzigsten feierte, erschien *Stoffe* [Neuausgabe 1990 u.d.T. *Labyrinth. Stoffe I-III*], ein gewaltiges Werk, das bewußtmachte, daß wir mit diesem Theaterautor zugleich einen der großen Prosaautoren unserer zeitgenössischen Literatur anzuerkennen

haben, ein Anlaß auch, um sich daran zu erinnern, daß er zuerst mit Erzählungen an die Öffentlichkeit getreten war.
Neu konnte diese Einsicht nicht sein. Prosa hatte durchgehend in seinem Schaffen ihren Platz eingenommen, wobei mit Prosa nicht nur Erzählerisches gedacht werden darf. Man kann bei Dürrenmatt nicht vom Prosaisten reden, ohne den Essayisten zu erwähnen. Die Essays dienten ihm wie sein Monstervortrag über die Gerechtigkeit oder seine Gedanken und Nachgedanken über das Zusammenleben der Religionen für politisch-geistige Positionsbezüge. Der Essay mußte als literarische Gattung einem Autor entsprechen, der als Student Philosophievorlesungen besucht hatte, der den theologischen Himmel durch einen naturwissenschaftlichen ersetzte und sich selber als Gedankenschlosser bezeichnete.
Der Prosa hatte sich Dürrenmatt stets zugewandt, wenn er mit seinem Theaterschaffen in eine Krise geraten war. Bezeichnend, daß er seine Niederlagen nicht wortlos hinnahm. Als sein Stück *Ein Engel kommt nach Babylon* nur einen Achtungserfolg erlebte, dachte er an den Rückzug von der Bühne und publizierte eine theoretische Schrift: *Theaterprobleme*. Als Dürrenmatt 1969 aus der Direktion der Basler Theater ausschied, machte er sich an einen Kriminalroman, *Der Pensionierte*, der unvollendet blieb und postum erschien. Zum erfolglosen *Mitmacher* verfaßte er als Nachwort einen ›Komplex‹ von über zweihundert Seiten, eine seiner wichtigsten philosophisch-essayistischen Arbeiten. Seinem letzten Stück *Achterloo* ließ er *Rollenspiele* folgen, bezeichnenderweise im Untertitel ›Protokoll einer fiktiven Inszenierung‹ geheißen, erarbeitet zusammen mit seiner zweiten Frau, Charlotte Kerr Dürrenmatt.
Wenn die achtziger Jahre, sein letztes Jahrzehnt, eine Dekade großer Prosa wurde, dann nicht nur, weil Dürrenmatt in dieser Zeitspanne neue Werke in Angriff nahm wie *Der Auftrag oder Vom Beobachten des Beobachters der Beobachter* oder die Ballade vom *Minotaurus*. Er griff in dieser Zeitspanne auf Liegengelassenes zurück. Er machte sich erneut an den Roman *Justiz* und schrieb an *Stoffe* weiter, deren zweiten Band, *Turmbau*, er noch vor seinem Tod 1990 vollendete.
Nun hatte er sich aber auch per Theater vom Theater verabschiedet. Als er für sein Drama *Die Wiedertäufer* auf seinen Erstling *Es steht geschrieben* zurückgriff und diesem eine komödiantische Wendung gab, war dies nicht ein weiteres Beispiel für das ständige Überarbeiten seiner Stücke. Der Rückgriff war zugleich eine Schlußklammer hinter einer Art Theater, in der er es zur Meisterschaft gebracht hatte: eines der barocken Einfälle, des abgründigen Humors und der unbekümmerten Spiellust. Dürrenmatt war sich bewußt, daß er sich nur noch wiederholen konnte.

Er machte sich in der Folge an Bearbeitungen von Shakespeare und Strindberg; sein *Play Strindberg* kann man als Vorbereitungsetüde zur Stringenz seiner späteren Stücke betrachten, die mehr von einem dramaturgischen Kalkulator stammten als von einem Erfinder von Figuren und Charakteren. Eine Wendung, die gegenläufig zum Bisherigen war und auch jene, die Dürrenmatt einst undisziplinierten Einfallsreichtum vorwarfen, nach der prallen Fülle seiner frühen Stücke rufen ließ. Man kann sein letztes Stück *Achterloo* als einen Total-Abschied verstehen, als dramaturgische Gespensterstunde seines Bühnenschaffens, in der er nochmals seine Einfälle paradieren läßt, als gälte es, die eigene Parodie zu schreiben.

Was als Abschied Verlust bedeuten mochte, war zugleich Befreiung. Theaterstücke wurden für Dürrenmatt, was die Realisierung betraf, erst auf der Bühne und dank der Proben fertiggestellt, und eine Bühnenrealisierung hieß noch lange nicht Endgültigkeit, sondern konnte eine Version abgeben, der eine nächste Fassung folgte. Eine Schaffensweise in direktem Kontakt mit den Schauspielern, dieses Arbeiten mit der Bühne wurde zum Leidwesen Dürrenmatts immer weniger zugestanden. Das Abwenden vom Theater zur Prosa hin war somit auch das Aufgeben eines Arbeitsplatzes. Die Bühne wurde mit dem Schreibtisch vertauscht. Das bedeutete Alleinsein beim Schreiben; aber dieses einsame, dem weißen Papier Ausgeliefertsein garantierte der Phantasie ungestörte Freiheit.

Nun lassen sich Prosa und Theaterarbeit bei einem Autor kaum trennen, bei dem Einfälle und Ideen, das Fabulierende und das Reflektierende aus der gleichen Grundhaltung hervorgehen – Parallelen mit seinem Schaffen lassen sich nicht nur festhalten, weil eine frühe Prosa wie *Die Stadt* ihre stilistische Entsprechung im expressionistischen Aufbegehren seiner ersten Theaterstücke findet und weil es kaum Zufall ist, daß das erzählerische Schachspiel *Der Sturz* zur gleichen Zeit entstand, als Dürrenmatt seine austarierten Stücke der Spätzeit verfaßte.

Wo und wann sich Dürrenmatt äußerte, stets war der Dramaturg mit von der Partie. Daher sprach er nicht nur im Hinblick aufs Theater von Dramaturgie. Die Bühne war lediglich eine besondere Form des Dramaturgischen. Wenn er auf der Bühne Szenenvariationen durchspielte, war dies eine Form jener Simulation, die ihn auch außerhalb des Theaters beschäftigte – mit kosmischer Geste vom Bernisch-Lokalen bis ins Universum. Einer seiner letzten Texte hieß bezeichnenderweise *Dramaturgie der Vorstellungskraft*. Diese Dramaturgie erfand Spielsituationen, um Möglichkeiten auszuprobieren, angetrieben von einem Erkenntniswillen ›in progress‹, unabhängig von den verschiedenen Gattungen: die Dramaturgie als künstlerisch-literarische Methode der Wahrheitssuche. Bei diesem Ausprobieren unterscheidet sich das Scheitern der Helden nicht groß vom Verwerfen der Modelle. Eine Welt wird in Szene gesetzt. So entstand ein Œuvre, das mit seinen Labyrinthen und Weltuntergängen zu einem Szenarium unserer Zeit wurde.

Der Mitmacher

»In Klubsesseln
kann man eben auch morden.«

DER MITMACHER

UA: 8.3.1973 Schauspielhaus Zürich
Regie: F.D. / Andrzej Wajda

EA der Fernsehaufzeichnung: 2.1.1975 S3 (SDR) (Aufzeichnung der Deutschen Erstaufführung am Nationaltheater Mannheim)
Regie: F.D. / Dieter Schlotterbeck

Doc, einst Biologe, Forscher, ist über Universität, Chemiekonzern als Taxifahrer auf der Straße gelandet, einer Straße von Chicago oder New York. Boss, der Gangsterchef und Mordunternehmer, verschafft ihm ein neues Einkommen. Doc revanchiert sich mit seiner Erfindung: einer Maschine, die Leichen rückstandslos verflüssigt. Fünf Stockwerke unter der Erde lebt Doc, der Mitmacher für Boss, mit seiner Leichenverflüssigungsmaschine. Ein Aufzug ist seine einzige Verbindung zur Oberwelt. Fünf Stockwerke unter der Erde, fern jedes Realismus, ist es möglich, daß sich Doc in Ann, die »Pflanze« von Boss, verliebt, daß Cop, der Polizeipräsident, sich in Boss' Geschäft einmischt, um »eine kurze Weltsekunde lang [...] dem fatalen Abschnurren der Geschäfte Einhalt« zu gebieten. Hier ist es möglich, daß Bill, der junge, aber höchst vermögende Anarchist, seinem Vater Doc wieder begegnet; und hier geschieht es, daß Boss, Cop, Ann, Bill ermordet werden. Der »Nekrodialytiker« Doc überlebt, wenn auch gebrochen: Mitmacher kann man immer wieder brauchen.

EIN RADIKALES STÜCK

Friedrich Dürrenmatt

Ein Stück über das Mitmachen, von einem, der selber mitmacht. Die Personen sind Typen, Endtypen, daher ihre Namen: Doc, Ann, Boss, Cop, Bill, Jack usw.; im übrigen sind es durchaus Figuren unserer Zeit, Feldherren unserer Schlachten und ihre Opfer, die da auftreten, nicht eigentlich übertrieben, sondern zu Gestalten verdichtet. Doc ist ein Wissenschaftler, nicht um damit die Wissenschaft zu kritisieren, sondern um seine Mitmacherei in ein schärferes Licht zu stellen: er ist ein Mitmacher in seiner aktiven, Ann eine Mitmacherin in ihrer passiven Form: Boss der Vertreter einer untergehenden Privatwirtschaft (wie Frank V.), robuster, ungeistiger gewiß, als der schöngeistige Bankier des älteren Stücks, unsentimentaler, doch (wie auch schon sein Vorgänger) von Untergangsahnungen erfüllt, im Gegensatz zu Jack, dazu eine »kaputte Pumpe« (während Frank nur am Geist leidet); Bill, der Rebell in seiner radikalsten Form, eine Bühnenfiktion und gerade deshalb möglich, nicht mehr von einem altväterlichen Marxismus ausgehend, vom 19. Jahrhundert, von der Romantik endlich, sondern von modernen wissenschaftlichen Einsichten her seinen Anachronismus konstruierend, von der Biologie her, ein Neoromantiker, aber wider Willen ein Mitmacher auch er, braucht doch unsere moralisch anarchistische Zeit ihre politischen Anarchisten als ihr Alibi; Cop endlich, ein Henker im Auftrag einer Gerechtigkeit, die es nicht mehr gibt, ein Abkömmling des verachteten Menschen im *Nächtlichen Gespräch*, ein Samson, amputiert, mit einem Bein und einem Arm, der die Säulen des Weltgefüges in seiner Raserei einreißt und sich selber darunter begräbt, für den nur noch im Untergang etwas Heiteres liegt, und der deshalb auch nicht ohne Heiterkeit untergeht: Der einzige, der nicht mitmacht, indem er alle fertigmacht, einer, der im dialektischen Sinne kein tragischer Held sein kann, weil das Allgemeine, der Staat, als moralischer Hintergrund unmoralisch geworden ist, sondern nur noch ein ironischer Held wie Sokrates und wie die Helden an sich heute (ein Verdacht, der zuerst Kierkegaard aufstieg). Ein radikales Stück, eine Konfiguration von Theaterungeheuern, die in ihrer Einseitigkeit nur noch auf dem Theater möglich sind und damit die Bühne wieder möglich machen: sie übertreffen die Wirklichkeit: Im Alltag schaffen kleinere Schurken, harmlosere Mitmacher, weniger radikale Rebellen Kläglicheres, größere Untergänge.

Aus dem Programmheft von *Der Mitmacher*, Nationaltheater Mannheim, 31.10.1973

Der Mitmacher wurde am 8. März 1973 am Zürcher Schauspielhaus uraufgeführt, Regie führte bis kurz vor der Premiere der polnische Filmregisseur Andrzej Wajda. Die Proben wurden immer chaotischer (nicht zuletzt auch, weil Dürrenmatt sich überall einmischte), bis daß der Regisseur wenige Tage vor der Premiere ausstieg und F.D. das Stück als Regisseur zur Uraufführung brachte: *Der Mitmacher* fiel durch, und der Autor wurde vom Publikum lautstark ausgepfiffen. Darauf bearbeitete er das Stück, veränderte, verbesserte, weitete aus und brachte den *Mitmacher* in der deutschen Erstaufführung am 30. Oktober 1973 in Mannheim wiederum als eigener Regisseur heraus. Auch hier fiel *Der Mitmacher* bei Kritik und Publikum durch.

Dürrenmatt widmete dem Debakel drei Jahre später einen Aufsatz mit dem Titel *Dramaturgie eines Durchfalls*. Vor allem aber holte er im *Mitmacher-Komplex*, einem grandiosen und uferlosen theoretischen und erzählenden Prosatext, der vor das Stück zurück (die auf das Jahr 1959 zurückgehende Erzählung *Smithy*) und weit über es hinausgreift, die gigantischen Massen sichtbar macht, die unter der Oberfläche seines wiederum um Abstraktion, Reduktion, Konzentration auf ein ganzes Crescendo von schlimmstmöglichen Wendungen bemühten Stücks verborgen sind: ein Stück Konzeptprosa, das eine Gattung für sich darstellt und seine späten Texte vorausnimmt: Wie der *Komplex* sind sie dem Scheitern am Theater (oder des Theaters an ihm) zu verdanken.

Peter Rüedi in ›Die Weltwoche‹, Zürich, 28.2.1991

Proben zu *Der Mitmacher*, Schauspielhaus Zürich, 1973:

Mit Regisseur Andrzej Wajda

Die Makame ist nicht auf den Reim hin zu sprechen, sondern wild, betrunken, grinsend, der Reim stellt sich von selbst ein, kommt aus dem Sinn, und so ist nur aus dem Sinn heraus zu betonen, das, was Cop in seinem Hohn wichtig erscheint: »Als ich *erspähte* den Dreh, den Boss drehte, *schlug* ich mit Gewalt dem Staatsanwalt die *Bude* ein, *fegte* ihn vom *Schreibtisch* und von seiner *Sekretärin* herunter: *Mensch*, werde munter, *verhafte* den Hai, *loch ein* seine Bande...« usw. Dazu die Musik Vivaldis, von einem Fußtritt Cops ausgelöst, diesmal nicht der Sommer, sondern der Winter, Largo. Während der Makame schleppte Cop in Mannheim die zwei Diplomatenkoffer mit Jacks Überresten herbei, stellte sie auf den Überseekoffer mit Boss' Leiche, vor dem die Leiche Bills lag, setzte sich obenauf, thronend wie auf einem Leichenberg, in der Rechten eine Champagnerflasche, am Haken Anns rotes Abendkleid wie eine Fahne schwenkend. Dann schoß er von seinem gespenstischen Thron herunter, jagte Ratten nach, irgendwo im Hintergrund zwischen den Kisten, kam wieder nach vorn, wurde still, hüllte sich wie frierend in die Plane ein, gegen den Liftschacht gelehnt – gleichgültig in seiner Kälte, unbeweglich, als ihm Doc das Glas Whisky entgegenschleuderte –, erhob sich, setzte sich auf einen Stuhl in der Mitte des Vordergrundes, während sich Doc frierend, nun alles wissend und immer noch alles verleugnend, ganz links auf eine Bank vor den Kühlraum setzte.

Aus: *Nachwort zu ›Der Mitmacher‹*, WA, Bd. 14, S. 220f.

F.D., *Cop*, Zeichnung für das Programmheft zu *Der Mitmacher*, Stadttheater Aachen, 25.2.1989

COPS MAKAME DER GROSSEN KORRUPTION

Friedrich Dürrenmatt

Als ich erspähte den Dreh, den Boss drehte, schlug ich mit Gewalt dem Staatsanwalt die Bude ein, fegte ihn vom Schreibtisch und von seiner Sekretärin herunter: Mensch, werde munter, verhafte den Hai, loch ein seine Bande, sonst wird bald im Lande mehr gekillt als gefickt. Der Staatsanwalt knöpfte sich in Ruh die Hose zu und sagte entzückt in erleuchtetem Ton: Ei, ei, mein Sohn, warum dieser Schmäh? Dreh'n wir mit an dem Dreh – steigen wir zu zwei'n in die Bande mit ein. Ich verlange als Lohn bloß dreißig Prozent von der Organisation, los, hopp, Courage, braver Cop, denk nicht klein, plane groß, den Rest teile mit Boss.

Da rannte ich voll Wut über den staatlichen Wicht vor den Bürgermeister, schrie ihm ins Gesicht, und das ziemlich abrupt: Der Staatsanwalt ist korrupt! Das ist Mist, mein Sohn, sagte der Bürgermeister im gelassenen Ton, man lebt nicht gegen, man lebt mit der Korruption: steigen wir zu dritt in die Organisation, nur so wird die Lage nicht fatal. Doch für mich nur fünfzehn Prozent. Ich bin human. Los, hopp, Courage, lieber Cop, denk nicht klein, plane groß, den Rest teile mit Boss.

Der Schmach gab ich nicht nach. Ohne zu zagen packte ich den Gouverneur am Kragen. Der Grandseigneur hörte sich an, was die Verwaltung getan, trank Likör, verzog kein Gesicht. Mein Sohn, sprach er in verwundertem Ton, deine Empörung verstehe ich nicht. Wir sind Menschen, vom Weibe geboren. Es verliert, wer nicht schmiert, wer das nicht kapiert, geht verloren. Zu viert steigen wir ein in die Organisation. Du siehst, ich bin willig, doch bin ich nicht billig, als Patriot, den jeder und jede kennt, und als einmal beinah und vielleicht möglicher Präsident mach ich es nicht unter dreißig Prozent. Los, hopp, Courage, guter Cop, denk nicht klein, plane groß, den Rest teile mit Boss.

Da sauste ich voll Bitterkeit vor den obersten Richter des Landes, verlangte Gerechtigkeit. Mein Sohn, sei kein Dichter, sagte der Richter im erhabenen Ton, fast wie Gott Vater, der Heilige Geist und sein Sohn, von der Gerechtigkeit faseln nur versoffene Schreiber und geschiedene Weiber, laß die Finger davon. Was nicht sein kann, kann auch nicht sein: Sei keine Sau, sei ein Schwein. Steigen wir zu fünft in die Organisation: Als oberster Richter bin ich nicht stur, fünfundzwanzig Prozent verlange ich nur. Los, hopp, Courage, armer Cop, denk nicht klein, plane groß, den Rest teile mit Boss.

Aus: *Der Mitmacher.* Zweiter Teil, WA, Bd. 14, S. 84ff.

Daß *Der Mitmacher* erst durch diese Makame zur Komödie wurde, in dem Sinne nämlich, wie ich die Komödie verstehe und immer verstanden habe, war mir damals nicht bewußt, ich witterte bloß eine komödiantische Möglichkeit: Erst durch die Makame aber ist der komödiantische Hintergrund gegeben, die Welt der totalen Korruption, erst durch die Makame wird dieser Hintergrund auf dem Theater Wirklichkeit: durch Sprache. Werden in den Monologen durch die Sprache die Gestalten Wirklichkeit, werden es in der Makame die politischen Verhältnisse: sie kommen zur Sprache. Nicht als Zufälligkeit, als Lokalkolorit etwa, sondern als die Bedingung des Stücks: Wäre diese Bedingung nicht, wäre das Stück keine Komödie.

Aus: *Nachwort zu ›Der Mitmacher‹*, WA, Bd. 14, S. 217

IM THEATER IST DIE DENKMÖGLICHKEIT UND DER DENKAKT DAS GLEICHE

Friedrich Dürrenmatt im Gespräch

Gewisse Zweige der Wissenschaft kann ich nicht mehr am Schreibtisch weitertreiben. Ich bin heute abhängig von Laboratorien, von Computern, von ganz bestimmten Maschinen. Es ist nicht mehr wie früher: der Doktor Faustus in seiner Studierstube. Obwohl alle Theaterstücke auf gewisse Grundfiguren zurückgehen. Insofern ist Doc auch ein Ableger von Doktor Faustus. [Ihn und die anderen Charaktere dieses Stücks] möchte ich eigentlich als Typen auf die Bühne stellen. Aber gerade weil sie Typen sind, brauche ich das Theater. Das Theater verwandelt Typen in Gestalten. Der Mitmacher selbst ist ja auch ein Typ, er weist auf ein Typenstück hin.

[*Der Mitmacher*] ist einfach ein Theaterstück. Wir haben die Naivität verloren, im Theaterstück etwas anderes als eine Komödie, als ein Theaterstück zu sehen. [Doc, der Wissenschaftler, wird zum Mitmacher.] Man könnte fragen: Wieso hat er da mitgemacht? Und dann kommt man meistens darauf, daß es gar nicht so genau zu bestimmen ist, weshalb man mitmacht. Nicht nur, um Karriere zu machen, sondern zum Beispiel wirklich nur, um etwas besser zu leben, vielleicht nur aus einer Laune heraus. Und dann kann man plötzlich nicht mehr weiter. Ich glaube, die dramaturgische Schwierigkeit ist die, daß man das Mitmachen nicht zwangsläufig gestalten darf. Zum Mitmachen gehört auch eine gewisse Freiheit, daß man mitmacht. Ich frage: Inwiefern sind wir gezwungen, Mitmacher zu sein? Deshalb ist es eine Figur, von der ich mich nicht abstrahieren kann. In irgendeiner Weise ist man immer in der Lage, mitzumachen in einer Situation, in der man eigentlich nicht mitmachen will. Eine menschliche Grundsituation. Mit dem Mitmacher meine ich uns alle. Das Aussteigen ist etwas, das Cop versucht. Es ist ein verzweifelter Versuch. Und auch in Cop sind verschiedene Figuren von mir zusammengefaßt, ich habe mich direkt selber zitiert. Ich glaube überhaupt, daß die Personen, die man schafft im Theater, so etwas wie die Motive für den Maler sind. Im Grunde hat man ja immer die gleichen Motive.

[Außer Cop gibt es noch eine Figur, die kein Mitmacher sein will, Bill, Docs Sohn,] den Anarchisten: der Versuch des radikalen Nichtmitmachens. Aber die Frage ist: Wird der eben nicht gebraucht? Als Alibi? Macht er nicht in einem gespenstischen Sinn gerade das, was die Gesellschaft braucht, als große Modefigur? Ich glaube, unsere Gesellschaft braucht ihre Anarchisten. Sie braucht gerade die, die offiziell nicht mitmachen wollen. Das eigentliche Nichtmitmachen ist dann ein tragischer Akt der Selbstzerstörung. Dies ist eine Form von

Ich habe eine Figur aufgestellt, den Cop, den nenne ich den ironischen Helden, das habe ich entwickelt aus Kierkegaard, und das führt in mein nächstes Drama hinein, über das ich jetzt immer nachdenke, daß es nämlich nicht nur den tragischen, den komischen, sondern auch den ironischen Helden gibt, den Helden, der etwas ganz Unsinniges macht, und Cop macht etwas total Unsinniges, etwas, das überhaupt keinen Sinn mehr hat: Das Geschäft von Doc macht er kaputt, aber nachher läuft die Korruption weiter. Er ist ein ironischer Held, d.h., er weiß genau, was er tut, und er macht es nur noch sich selbst zuliebe – und warum? Er macht es nur noch sich selbst zuliebe aus einer Begründung, die vielleicht – ich weiß es nicht – veraltet ist, ich weiß nicht, ob man sie überhaupt aussprechen kann: Er macht das, um sich selbst noch achten zu können, um sich selber nicht verächtlich sein zu müssen.

Aus: *Dürrenmatt. Gespräch mit Heinz Ludwig Arnold*, Zürich, Arche 1976, S. 43

F.D., *Die Kritiker II*, um 1963

Analyse. Ich bin ja sowieso nicht Pessimist oder Optimist. Nehmen Sie einmal die Skepsis von Sartre – das ist ja auch eine merkwürdige Ähnlichkeit im Grund zu Bill. Am Schluß kommt plötzlich eine große Resignation: Wahrscheinlich war es sinnlos, aber ich mußte es tun. Ob Sie das nun politisch darstellen oder nicht, spielt die gleiche Rolle. *Frank V.* war wie eine Abkürzung. Es ist ein System zu zeigen; nun zeigen Sie mal ein System auf der Bühne. *Wilhelm Tell* konnte noch ein Volk zeigen. Wir können eine Gemeinde noch fassen, oder wir können eben ein Gangsterunternehmen auf die Bühne stellen, als Struktur. Das gleiche hat Shakespeare gemacht, er konnte die Aristokratie verwenden, das gab ein wunderbares Modell. In der heutigen Gesellschaft – was haben Sie für Beziehungen? Da kommen Sie zu Geschäftsformen.

Glaubwürdig wird auf der Bühne erst etwas, wenn es von der Inszenierung her stimmt. Und das muß man natürlich erarbeiten. Die Glaubwürdigkeit eines Kunstwerkes liegt nicht daran, ob es das gibt oder nicht gibt, sondern daran: Inwiefern ist dann die Bühnengestaltung glaubwürdig. Und das ist Bühnenarbeit. Darum nenne ich's ›Komödie‹.

Das Merkmal der Komödie war das, daß sie unglaubwürdig ist. Jede Aristophanes-Komödie besteht eben gerade darin, daß sie eine an und für sich unglaubwürdige Sache erzählt. Man erzählt nicht eine naturalistisch mögliche Sache, sondern man stellt

eine Bühnenfiktion auf. Ich glaube, daß im Theater die Denkmöglichkeit und der Denkakt das gleiche ist wie überhaupt beim Denken. Es sind Veranschaulichungen von menschlichen Beziehungen in einer Kürze, in einer Ursprünglichkeit, die ich im Leben mühsam abstrahieren müßte. Früher ging man ins Theater, um Weltkenntnis zu haben; das war sehr klug. Man sagte, man geht ins Theater, da lernt man die Welt kennen, die Typen, die Figuren. Man sagte, so wie die Schauspieler sind, solche Menschen gibt es, und es stimmte irgendwie auch.
Mich reizt das Theater nicht als Wäscheleine, an die ich tiefsinnige Sätze hänge. Mich interessieren Möglichkeiten. Ich habe etwa sieben oder acht Fassungen vom *Mitmacher.* Und der ganze *Mitmacher* wurde während der ersten drei oder vier Wochen auf der Probe immer wieder umgeschrieben. Es wird immer schwieriger, ohne Theater zu schreiben. Ich brauche immer mehr die Bühne. Mich interessiert immer mehr das Handwerk. Das habe ich in dieser ständigen Konfrontation und in den vielen schlechten Aufführungen von mir, die ich sah, gelernt.

F.D. im Gespräch mit Dieter Bachmann vor der UA von *Der Mitmacher*, ›Die Weltwoche‹, Zürich, 7.3.1973

Selten hat ein neues Stück eines ausgewiesenen Dramatikers ein solches Debakel erlitten wie Dürrenmatts *Mitmacher* in der Zürcher Uraufführung. [...]
Der Mitmacher in Mannheim zeigt nicht nur eine bessere Aufführung, sondern auch ein gebessertes, wenngleich kein gut gewordenes Stück. Unsere grundsätzlichen Einwände gegen die Fabel, die einen Biologen (Doc) vorführt, der seine Erfindung, Leichen verflüssigen zu können, aus wirtschaftlicher Not Gangstern zur Verfügung stellt und immer tiefer in ein System entmoralisierender Zumutungen kommt – unsere Einwände sind nicht aufgehoben. Noch immer erdrückt das monotone Milieu die Fabel, weil es die ganze Empfindungsskala des Zuschauers so engt und zerquält, bis dies ihn fast mehr abstößt, als dem öffnet, was gesagt werden soll; nämlich: Der Autor sieht sich außerstande, die Grausamkeit der Menschen anders als durch diese äußerste Zumutung, die Häufung von Leichen, von Zynismus, von Mord und Korruption, von Menschenvernichtung und Geschäft abzubilden. Statt Erschrecken über den gezeigten Zustand der Welt kommt zustande ein Verschrecken vor dieser Abbildung und über den Autor, der in seinen frühen Stücken, zum Beispiel in *Romulus*, auch kein anderes Thema angeschlagen hat als dieses hier, es dort aber durch überlegene Ironie, durch Überführung in eine andere Farbigkeit und weiter dimensionierte Figuren dialektisch behandelte. Hier behandelt er es nun mechanisch.

Günther Rühle in ›Frankfurter Allgemeine Zeitung‹, 2.11.1973

VORWORT ZUM NACHWORT

Friedrich Dürrenmatt

Irgend jemand bemerkte einmal, meine Nachworte würden immer länger. Ich habe vor, das längste zu schreiben, das ich je schrieb, nicht etwa, um irgend jemandem recht zu geben, sondern aus der Einsicht heraus, es sei eigentlich unmöglich, eine halbwegs brauchbare Theaterpartitur herzustellen. Das Wesentliche, was ein Theaterstück ausmacht, kann doch nicht aufgezeichnet werden: der Text ist ein Resultat innerer Vorgänge, nicht mehr, der erbärmliche Klavierauszug einer Partitur. Werktreue ist eine Utopie. Die Meinung, auf der Bühne müsse nur gespielt werden, was geschrieben worden sei, so einfach sei die Sache, geht schnell verloren, versucht man, sich nach ihr zu richten. Als ob man überhaupt schreiben könne, was man gespielt sehen möchte; ist es doch schon unsinnig, mehr als einige Hinweise für das Bühnenbild geben zu wollen. Ein Bühnenbild verändert sich je nach Bühne, Bühnenbildner und Regisseur, ebenso wie sich die Gänge und die Stellungen der Schauspieler je nach Bühne, Bühnenbildner und Regisseur verändern; mehr noch: sogar der Text selbst nimmt einen anderen Sinn an für das Publikum, je nach der politischen Situation nämlich, in die sich das Publikum verstrickt sieht. Was aber für das Spiel gilt, trifft auch für das Schreiben zu. Im Moment des Schreibens ist sich der Autor bewußt, was er schreibt. Er vergißt nur, daß er der Unbekannte ist, der da schreibt, daß er von Voraussetzungen ausgeht, die bloß er kennt: von seinem eigenen Denken. Und das tut er nicht aus Fahrlässigkeit: Der Autor muß die Voraussetzungen seines Schreibens vergessen, um überhaupt schreiben zu können – und einmal geschrieben, macht sich das Geschriebene selbständig, verbindet sich mit den Vorstellungen des Publikums, noch schlimmer, mit jenen der Kritiker, die wiederum das Publikum beeinflussen. Das Folgende ist daher nicht als Verteidigung eines durchgefallenen Stücks konzipiert – als solche wäre es lächerlich, der beste Kommentar macht ein Stück nicht besser –, es stellt den gedanklichen Hintergrund dar, der zu diesem Stück führte, an Hand des Stücks. Jedes Stück ist ein Resultat verschiedener Gedankenprozesse, ästhetischer, philosophischer, religiöser vielleicht, persönlicher sicher, unbewußter – zugegeben, von Wunden stammend, die nicht vernarbt sind – durchaus möglich, aber auch politischer usw., schließlich sprachlicher: Von dieser Überlegung her wurde ein Nachwort zum *Mitmacher* fällig; als Dokumentation einer Theaterarbeit, die ich – wenn auch unvollständig – in Mannheim zu leisten versuchte; nicht für Kritiker, nicht für Zuschauer, sondern für Schauspieler geschrieben: für imaginäre Schauspieler. Ich pflege mit offenen Karten zu inszenieren, aber nicht nach einem vorbereiteten Plan, sondern nach einer vorerst nur vagen Idee; die Einfälle, wie denn diese Idee zu verwirklichen sei, liefert die Bühne: die Schauspieler verhelfen mir dazu. Nach diesem Prinzip inszenierte ich auch in Mannheim. Anderswo wären die Bedingungen andere gewesen. Daher sind die im Textbuch enthaltenen Regieanweisungen mehr als Hinweise denn als Unumgänglichkeiten zu lesen: als Rohregie; auch das Schreiben eines Stücks ist ja ohne diese Rohregie nicht möglich. Das Nachwort dagegen hat vorerst einen bühnenpraktischen Sinn, es ist als Ergänzung der Textpartitur zu begreifen, als Hilfe, hinter den Sinn des Ganzen zu kommen, hinter den Sinn eines Stücks, von dem viele behaupten, es stecke keiner dahinter. Ich bin mir bewußt, daß ich mich damit auf ein Abenteuer einlasse, das noch bedenklicher werden könnte als das Stück selbst. Denn man kann sich fragen, ob es überhaupt einen Sinn habe, nach dem Sinn eines Theaterstücks zu suchen, insofern nämlich, als angenommen werden darf, daß ein Theaterstück, bei dem man erst nachträglich einen Sinn findet, an sich schon mißraten sei, geht doch die Dramaturgie davon aus, das Dramatische beruhe auf Spannung. Dies einmal angenommen, genügt auch die Spannung; ist die Spannung nicht vorhanden, nützt auch der hinter dem Drama versteckte

Szenenbilder aus der Fernsehaufzeichnung von *Der Mitmacher,* 1975:

Buddy Elias als Doc und Iris Erdmann als Ann

Werner Schuhmacher als Cop und Buddy Elias als Doc.

Sinn nichts. Er ist nur insofern vorhanden, als er unmittelbar im Spannungsfeld des Dramas aufleuchtet; alles Versteckte, Verdunkelte, Nachträgliche, alles Mittelbare also, fällt nicht ins Gewicht, und so ist auch jedes Fragen nach dem Sinn, insofern er nicht offen zutage liegt, zweitrangig: Literatur über Theater und, insoweit Theater etwas Literarisches ist, Literatur über Literatur. Das zugegeben, hat es keinen Sinn, in Klagen darüber auszubrechen, unsere Zeit sei schon längst keine produktive mehr, sie sei eine der Literatur über Literatur, eine, die einen Sinn hinter der Literatur braucht, statt sich einfach an ihr zu vergnügen, und die, scheint ihr dieser Sinn nicht mehr zeitgemäß, sich einen zeitgemäßen konstruiert. Unsere Zeit hat etwas Alexandrinisches, Historisierendes, sie neigt zu formalen Spielen, zu Formentwicklungen, die sie aus hypothetischen historischen Stilen kalkuliert. Produktivität dagegen setzt Naivität voraus; diese Naivität so spät nach dem Sündenfall zu verlangen, scheint vorerst bloß auf eine unerlaubte Einfalt hinzuweisen oder auf den Glauben, es gebe noch ein Allgemeines, auf das sich jeder Sinn projizieren lasse wie auf eine Leinwand: auf einen allgemeinen Glauben oder auf eine allgemeine Ideologie usw. Für den aber, dem das Allgemeine nicht mehr einleuchtet oder nicht mehr allgemein ausdrückbar ist (als subjektiver Glaube), wird die Naivität, ohne die auch er nicht produktiv

Leider ist man durch die Entwicklung, die die Kunst genommen hat, vor allem durch den Film, verführt, in der Bühne etwas Analoges zur Wirklichkeit zu sehen, also etwas, was so ist wie die Wirklichkeit und nicht ihr Gleichnis. Wir haben die Fähigkeit, in Gleichnissen zu denken, verloren, somit die Fähigkeit, zu erzählen.

F.D. in: *Die Welt als Labyrinth. Gespräch mit Franz Kreuzer*, Zürich, Diogenes 1986, S. 58.

sein kann, eine Fiktion, mit deren Hilfe er produziert: seine Naivität wird nur im Spiel hergestellt, stellt nur Spiele her. Oder Gleichnisse. Sein Denken ist darum etwas Bescheidenes im Vergleich zum Anspruch, den ein Denker anmeldet, der im Bewußtsein, das Allgemeine zu verkünden, die Wahrheit, aus vollen Backen bläst. Wer diesen Tönen mißtraut, versucht, sich über sich selbst klarzuwerden, mehr nicht: sein Denken stellt bloß noch ein Abenteuer im Subjektiven dar. Damit ist aber auch seine künstlerische Produktion in Frage gestellt, ja, je mehr er sich als Einzelgänger herausstellt, um so mehr wird seine Kunst unmöglich, ein Paradox, weil sie trotzdem geschieht: gerade deshalb muß sie geschehen. Da aber heute der Einzelgänger immer mehr den Avantgardisten ablöst, wird die Kunst, die der Einzelgänger noch treibt, nur für ihn, nicht für die Allgemeinheit exemplarisch, sie wird zur Selbstdarstellung und gewinnt nur dann Interesse, wenn diese Kunst, diese Komödie, diese Malerei, diese Partitur usw. von etwas zeugt, das nur noch in einem Kunstwerk zu manifestieren ist. Das Individuelle kann sich nur im Individuellen dokumentieren; es vermag nicht mehr als ein Hinweis darauf zu sein, daß es hinter dem Dokumentieren noch einen Sinn gibt. Das Allgemeine ist nur zu ahnen. Dadurch wird das Denken über die Kunst zur Spektralanalyse immer fernerer Sterne.

WA, Bd. 14, S. 97ff.

Szenenbild aus der Fernsehaufzeichnung von *Der Mitmacher,* 1975:

Buddy Elias als Doc und Elmar Schulte als Boss

SÄTZE FÜR ZEITGENOSSEN
Friedrich Dürrenmatt

Daß Dummheit schadet, ist ein eminent politischer Satz.

Daß man schon wieder an Kriege denkt, muß doch auch an den Politikern liegen.

Leider ist die Ausbeutung schon lange nicht mehr das alleinige Vorrecht der Kapitalisten.

Ich finde die Methode, mit der sich die Menschheit umzubringen anschickt, nicht mehr originell.

Freiheiten beruhen auf Spielregeln, welche die Macht innehält, um nicht als solche zu scheinen.

Wahre Geschichte in einem Satz: Als eines Nachts im Westdeutschen Fernsehen über das Betriebsklima diskutiert wurde, meinte ein Großindustrieller, er halte es für ausgeschlossen, in der Geschäftswelt die Demokratie einzuführen, und alle mußten ihm irgendwie recht geben.

Man darf nie aufhören, sich die Welt vorzustellen, wie sie am vernünftigsten wäre.

Es ist noch keinem Kritiker eingefallen, daß er vielleicht nicht lesen könnte.

In Klubsesseln kann man eben auch morden.

Von F.D. zusammengestellt für das Programmheft zu *Der Mitmacher*, Nationaltheater Mannheim, 31.10.1973, aus: *Sätze für Zeitgenossen,* WA, Bd. 28, S. 11f. und *Hingeschriebenes*, WA, Bd. 27, S. 11ff.

Kein Grund, hämisch zu sein. Aller Anlaß, nachdenklich, traurig zu werden. Da stand Dürrenmatt auf der Bühne des Schauspielhauses Zürich, blaß im blauen Anzug, und empfing Buhs und Pfiffe. Wie vor vielen Jahren, als im selben Haus der Erstling *Es steht geschrieben* das gleiche Schicksal erlebte. Allerdings aus anderem Grund: War damals das Publikum der Stoffülle, mit der ihm der junge Autor ins Gesicht sprang, nicht gewachsen, protestierte es diesmal aus enttäuschter Erwartung: Kargheit, Monotonie und zelebrierte Länge – ist das noch Dürrenmatt? Zwar gibt es in der Kunst kein Plebiszit: Und Stück und Uraufführung wären auseinanderzuhalten. Doch der Protest hatte Grund: beide sind fragwürdig. Auf dem Weg von *Es steht geschrieben* bis zu diesem fünfzehnten Stück ist dem Moralisten Dürrenmatt eine zweite Seele in der Brust gewachsen, die des Formalisten. Dürrenmatt verwendet das Theater als Organon: dem Stoff gegenüber ist er nachlässig geworden.

Dieter Bachmann in ›Die Weltwoche‹, Zürich, 14.3.1973

F. D.
der lange Abschied vom Theater

Dieter Bachmann (*17.12.1940 Basel): Schweizer Publizist. 1970–1978 Feuilleton-Redakteur bei ›Die Weltwoche‹; 1978–1982 Redakteur beim ›Tages Anzeiger Magazin‹, Zürich; 1982–1988 freier Autor, Mitarbeiter des ›TA-Magazins‹ und der Direktion des Schauspielhauses Zürich; seit 1988 Chefredakteur der Kulturzeitschrift ›du‹. Verschiedene Veröffentlichungen (Auswahl): UA des Einakters *Angscht* im Schauspielhaus Zürich, 1983; *Rab*, Roman, 1983; *Sorgen im Paradies*, Reportagen, 1987; *Unsterblichkeit. Römische Scherzi und Lamenti*, 1994.

RENITENZ ODER DIE LIEBE ZU DEN EIGENEN, UNGELIEBTEN ARBEITEN

Dieter Bachmann

Die Entwicklung eines Autors wird von seinen Fehlern vorangetrieben, nicht von seinen Erfolgen. Das nur scheinbare Paradox wird im Fall von Friedrich Dürrenmatt besonders deutlich. Mit dem *Besuch der alten Dame*, mit den *Physikern* hat sich der Dramatiker nach ihren triumphalen Uraufführungen kaum mehr beschäftigt. Eher war er später dem Theater gram, wenn es ein solches Erfolgsstück und nicht eines seiner ungeliebteren Kinder auf den Spielplan setzte. *Der Mitmacher* sowohl wie *Achterloo*, Produkte neu einsetzender dramaturgischer Überlegungen, Neuansätze und Endspiele radikalster Art, blieben für den Autor im Wortsinn anstößig, zeitigten auf der Seite des ›Produzenten‹ ungeahnte Folgen.

Im Frühjahr 1973 war *Der Mitmacher* auf der Bühne des Zürcher Schauspielhauses, in der nach den Basler Wirren soeben neugefundenen Theaterheimat Dürrenmatts, gescheitert. Schon auf rein sprachlicher Ebene hatte es mit dem polnischen Regisseur Andrzej Wajda Schwierigkeiten gegeben, auf der dramaturgisch-inhaltlichen noch mehr. Dürrenmatt, der den Stoff seit 1959 mit sich herumgetragen hatte, führte die Proben höchstderoselbst zu Ende. Publikum und Kritik lehnten ab, Dürrenmatt ließ nicht locker.

Er inszenierte das Stück noch einmal in Mannheim, ohne an der Meinung der Kritiker etwas ändern zu können, und er schickte ihm, drei Jahre später, ein riesiges essayistisches Konvolut hinterher, den *Mitmacher-Komplex*, eine gut zweihundert Seiten lange Suada von Spielanweisungen, Analysen, Erklärungen und – im *Nachwort zum Nachwort* – auch die vollständige erste Stoff-Erzählung von 1959, *Smithy. Eine Novelle*.

Dürrenmatt hatte einmal gesagt: »Das Vergnügen, sein Publikum zu ärgern, [wird] merkwürdigerweise meistens von den Schriftstellern geleugnet, obgleich ich überzeugt bin, daß viele Theaterstücke nur zu diesem Vergnügen geschrieben worden sind.« Nun ärgerten die Theater, die ohnehin verachteten Theaterkritiker, das Publikum den Autor, und Dürrenmatt verbiß sich in den Knochen, den er sich selbst vorgelegt hatte.

Es war ja nicht das Thema des ›Mitmachens‹ (des Intellektuellen Doc), das konsternierte. Das hätte man, wär's nur in einer milderen Parabel dahergekommen, gern debattiert. Das Radikale am *Mitmacher* ist aber nicht der Stoff, es ist die äußerste erzählerische Verknappung und die Kargheit eines Endspiels, das sowohl auf Rhetorik wie auf Anschaulichkeit verzichtet. Und schon ganz und gar auf eine ›Moral‹ brechtschen Zuschnitts. Auf die Frage, wie er den Gegensatz zum

F.D., *Labyrinth I: Der entwürdigte Minotaurus*, 1962

rhetorischen Theater beschreiben würde, antwortete Dürrenmatt mir damals – und man spürt das Tastende seiner Antwort: »Ich wüßte jetzt kein Wort. Es ist eine Besinnung auf das, was das Theater eigentlich ist. Wir haben das Fernsehen und den Film, und es ist die Frage: Was kann das Theater eigentlich sein? Die Entdeckung ist heute, mit wie wenigen Mitteln das Theater arbeiten kann.«

Zwar notierte Dürrenmatt im *Mitmacher-Komplex*: »Vielleicht ist dieses ganze Nachwort auch nur ein Purzelbaum, den ich schlage, um mich aus einer verfehlten Affäre zu ziehen.« [WA, Bd. 14, S. 229] Aber genau so war es – Purzelbaum des Purzelbaums – eben nicht. Dürrenmatt hielt das, was für andere eine »Affäre« war, keineswegs für verfehlt. Peter Rüedi, der nach Dürrenmatts Tod als erster und bisher einziger eine Gesamtschau des Werks wagte, schrieb: »*Der Mitmacher*, eine radikale und brutale Engführung, die Überführung eines ganzen Lebenswerks in eine neue Dramaturgie (sie stellt die Dramatik nicht mehr auf das Wort, sondern tastet sich auf dünnem Eis über das Verschwiegene vor) – die finsterste aller finsteren Grotesken Dürrenmatts. Ob ihr verging dem Autor selbst das Lachen, in ihren eigentlichen Dimensionen ist sie erst noch zu entdecken. Wenn sich das Theater nach dem Scheintod dieses Autors wieder mit ihm zu beschäftigen beginnt, wird, meine ich, *Der Mitmacher* einer der Ausgangspunkte sein.« [›Die Weltwoche‹, Zürich, 28.2.1991] Dürrenmatt meinte schon im *Mitmacher-Komplex*, seine zähe, nicht nachlassende Beschäftigung mit dem Stoff sei eigentlich gar kein Nachdenken über das Stück, »sondern ein Denken vom *Mitmacher* her. Kein Nachwort, sondern eine Fortsetzung.« [WA, Bd. 14, S. 225] Man wird solche Dinge bei Dürrenmatt in Zukunft ernster nehmen müssen, als man es bisher getan hat. Erscheint doch heute sein Werk weniger als Folge einzelner Stücke (womöglich mit einer notwendigen Entwicklung) denn insgesamt als eine Art glühender Spiralnebel, aus dem sich einzelne Versuche lösen, näherkommen und wieder verschwinden, jedoch nur verschwinden, um in veränderter Form wieder aufzutauchen.

Die grandiosen Prosafolgen – zuerst der *Stoffe I-III*, [*Labyrinth*], dann der *Stoffe IV-IX* [*Turmbau*] – haben uns den Respekt vor solchen Entwicklungen beibringen können. Zehn Jahre nach dem *Mitmacher* inszeniert Gerd Heinz auf der Bühne des Zürcher Schauspielhauses *Achterloo*, wieder einmal ›Die-Welt-als-Irrenhaus‹, doch diesmal als ein so irrwitziger historischer Maskentanz, daß die *Physiker* dagegen wie Konfirmandentheater aussehen. Auch *Achterloo* war ein Mißerfolg (insofern man einen lauwarmen Erfolg so deuten muß), diesmal in distanzierter Harmonie zusammen mit dem Theater bis zur Premiere gemeinsam erarbeitet. An dieser steht Friedrich Dürrenmatt auf der Bühne. Er trägt einen weißen Labormantel und spricht die Worte: »Meine Name ist Gotthold … Ephraim … Lessing.« Es war bei Dürrenmatt immer schwer zu unterscheiden, wo der Ernst aufhörte und der Jux begann. Und umgekehrt.

Auch *Achterloo* hat er, hat ihn nicht losgelassen. Er hat es wiederum selbst inszeniert, er schrieb *Achterloo II*, dann zusammen mit seiner zweiten Frau Charlotte Kerr *Achterloo III*, veröffentlichte mit ihr die *Rollenspiele. Protokoll einer fiktiven Inszenierung und Achterloo III*, wiederum mit allen »Zwischenworten« und Anmerkungen, 346 Seiten nachgetragener Liebe-zur-eigenen-ungeliebten-Arbeit, und inszenierte schließlich *Achterloo IV* 1988 an den Schwetzinger Festspielen als seinen ›Abschied vom Theater‹.

Diese Produktivität, auch ihre Radikalität, kam nur zum kleinsten Teil aus der Streitlust mit einer Kritik und Öffentlichkeit, die ihn zunehmend abzulehnen begann. Was man erst noch erkennen wird: die Renitenz und die Kraft, mit der sich Dürrenmatt vorwärts dachte, in die eisigen Regionen nur im Scheitern gelingender Versuche hinein.

Achterloo IV

»...die komische Beschreibung eines Aufstands,
der unterblieb, weil durch Verrat
ein Krieg vermieden werden mußte,
der die Menschheit
zugrunde gerichtet hätte,
um einen Frieden zu retten,
an dem die Menschheit
zugrunde geht.«

ACHTERLOO I - IV

UA: 6.10.1983
Schauspielhaus Zürich
Regie: Gerd Heinz

Die erste Fassung des Stückes erschien zur Uraufführung 1983, eine zweite Fassung erschien in französischer Übersetzung in ›Lettre internationale‹, Paris, 1986; eine dritte, stark umgearbeitete Fassung, entstanden 1986 in Diskussion mit Charlotte Kerr, erschien unter dem Titel *Achterloo III. Ein Rollenspiel* in dem mit Charlotte Kerr geschriebenen Band *Rollenspiele* 1986. *Achterloo IV* wurde anläßlich der Schwetzinger Festspiele am 17. Juni 1988 in der Regie des Autors uraufgeführt und vom Süddeutschen Rundfunk aufgezeichnet. Der Text der vierten Fassung erschien erstmals im August 1988 in *Gesammelte Werke in sieben Bänden*.

EA der Fernsehaufzeichnung von *Achterloo IV*: 14.1.1989 S3 (SDR)

Die politischen Auseinandersetzungen in Polen zwischen Parteistaat, Gewerkschaften, Kirche, zwischen Pragmatikern und Ideologen, sind persifliert in paradox überzogenen Figuren aus dem Fundus der Geschichte. Napoleon (General Jaruzelski) als Staatsoberhaupt im Ostblock, Jan Hus (Lech Walesa) als Arbeiterführer. Die Kirche mischt sich ein mit Kardinal Richelieu, Washington durch Benjamin Franklin, Moskau durch Robespierre und Karl Marx. Soviel Ungereimtes kann nur im Irrenhaus stattfinden.

Aus: *Reclams Schauspielführer*, Stuttgart, Reclam Verlag 1993

EINE GÖTTLICHE KOMÖDIE OHNE GOTT

Friedrich Dürrenmatt

Seit ich 1982 *Achterloo* zu schreiben begann, hat mich die Arbeit an diesem Stück immer wieder beschäftigt. Mit ihm nehme ich Abschied von der Bühne.

Daß mir das Süddeutsche Fernsehen diesen Abschied ermöglichte, an den es freilich die schwere Forderung stellte, ich müsse selbst inszenieren, dafür sei dieser Institution gedankt, es ist ein fürstliches Geschenk.

Daß ich Abschied von der Bühne nehme, geschieht nicht aus Resignation, sondern mit Erleichterung: Ich kann ihr von nun an mit gutem Gewissen den Rücken zukehren. Theater ist ohne Partner unmöglich, was die Theater von *Achterloo* denken, hat neulich einer der heutigen, ihr Theater melkenden Intendanten bekannt gegeben: Nichts. Genau das, was ich von ihnen halte.

Nach der Zürcher Aufführung fand sich kein großes Theater mehr, das sich neugierig an mich gewandt hätte mit der Frage, ob denn dieses Stück, wie es damals gespielt wurde, wirklich fertig sei, ob da nicht noch ungenutzte Möglichkeiten versteckt wären.

Erst Charlotte Kerr begann zu fragen, das Buch *Rollenspiele* entstand, das Protokoll einer imaginären Inszenierung; daß Charlotte Kerr mir versprach, das Stück nach einem Jahr auf die Bühne zu bringen, hielt ich für unmöglich, denn immer noch interessierte sich keine der großen Bühnen dafür.

Ich machte eine Collage, die Charlotte und ich vorlasen, in München, Zürich, Salzburg, St. Gallen, Basel usw. Wir fanden Beifall, schienen uns aber ins eigene Fleisch zu schneiden. Als das Süddeutsche Fernsehen sich entschloß, das Stück aufzuführen und aufzuzeichnen, fehlte mir der Glaube, daß es zustande käme. Erst als Josef Svoboda kam, begann sich in mir etwas zu regen, wuchs der Wunsch in mir, das Stück zu inszenieren, sah doch Josef Svoboda *Achterloo* als Welttheater. Doch erst als die Truppe feststand, mit der ich zu arbeiten hatte, alles Theaterrebellen gegen den heutigen Theaterbetrieb wie ich, begann ich am Stück aufs neue zu arbeiten. Ich wußte nun, für wen ich zu schreiben hatte und mit wem, welche Palette mir zur Verfügung stand, waren doch die Schauspieler stets der Grund gewesen, warum ich für die Bühne schrieb. Gleichnisse für die Welt suchend, manifestiert sich mein Denken im Zusammenprall der Schauspieler mit den Rollen, die ich für sie schreibe.

Die Unberechenbarkeit der Welt spiegelt sich in der Unberechenbarkeit jeder Theateraufführung wider. Darum ist *Achterloo* mein letztes Stück, und darum bin ich der einzige, der es zu inszenieren weiß, nicht aus Größenwahn, nicht weil ich ein besonders guter Regisseur bin, sondern weil ich denke. Als Denkender bin ich vereinzelt, gibt es doch außer den mathematischen keine rein objektiven Urteile, sogar den Interpretationen der Physik ist Subjektives beigemischt, am subjektivsten sind die ästhetischen. Subjektives wird durch Subjektives erdolcht, jeder Schriftsteller steht vor den Iden des März.

Verwirrt in eine ungeheuerliche Welt, die jeden zwingt, seinen eigenen Weg zu gehen, der in die Irre führt, gehe ich den meinen: Ich stelle zum letzten Mal mit Schauspielern, denen ich vertraue, statt mit Begriffen, denen ich mißtraue, eine Welt dar, die, ohne es zu wollen, aus sich das Wunderbarste erzeugte, das wir kennen, den Menschen, ein Widerspruch in sich, gewiß, ein Wunder, an dem und durch das sie zugrunde geht: eine göttliche Komödie ohne Gott.

Aus dem Programmheft zu *Achterloo IV*, Schwetzinger Festspiele, 17.7.1988

Mit Charlotte Kerr, bei den Proben zu *Achterloo IV*, 1988

Der Tod des Sokrates, das Theaterstück, das Dürrenmatt nach *Achterloo* schreiben wollte, wurde nicht mehr als Stück, wohl aber als Erzählung in *Turmbau. Stoffe IV-IX* veröffentlicht.

Und immer wieder zeichnet Dürrenmatt seine Narren und Weisen, Überlebende eines aus den Fugen geratenen Universums, die in *Achterloo* ihre Rollen spielen.

Charlotte Kerr in: *Rollenspiele*, 1986, S. 153

F.D., zwei Blätter aus: *Assoziationen mit einem dicken Filzstift*, in: *Rollenspiele*, 1986

DIE WELT VERWANDELT SICH IN THEATER
Friedrich Dürrenmatt im Gespräch

Achterloo ist eigentlich der Versuch, ein Fazit aus meiner Theaterarbeit zu ziehen – im Kopf habe ich vielleicht noch *ein* Theaterstück, das ich danach gerne schreiben würde. *Achterloo* ist aus einer, fast würde ich sagen: kompositionellen Überlegung heraus entstanden. Was ist für den Dramatiker ein Motiv? Gibt es für ihn Situationen, die Grundmotive seiner Dramaturgie sind? Ich habe bei diesem Stück ganz bewußt zu Grundmotiven meiner eigenen Arbeit gegriffen. Eines, das schon auf den *Romulus* zurückgeht: Was ist ein Verräter?
Das beschäftigt mich seit dem Beginn meines Schreibens, seit 1946/47, da wurde ja, wie heute noch, die Diskussion geführt, ob die Attentäter auf Hitler Verräter waren oder nicht. War Pétain ein Verräter? Ich habe sehr früh behauptet, daß Pétain eigentlich ein notwendiger Verräter war, der Frankreich sehr viel Blut erspart hat. 1956 dann der Fall Kádár in Ungarn. Wie stellt sich die Frage angesichts der heutigen Verhältnisse in Polen im Fall Jaruzelski? Das Thema hat die Dichter immer beschäftigt, nehmen Sie, bei Schiller, die Gegenüberstellung von Tell und Paricida, nehmen Sie den Fall Brutus. Das Problem der Verräter geht durch die Weltgeschichte; es ist auch ein zentrales Motiv von mir. [...]

Für mich ist dieses Stück so etwas wie das Endspiel meiner Dramaturgie. Darum auch der Schluß, von dem viele sagen werden, mein Gott, das ist ja der gleiche wie bei den *Physikern*. Falsch. Bei den *Physikern* ist es die Erkenntnis der Unmöglichkeit zu fliehen. Hier geht es um das Aufzeigen einer gespenstischen Dimension (darin allerdings liegt schon eine Verwandtschaft der Stücke): daß alles, was die auf der Bühne treiben, eigentlich ohne Folgen ist. Und das betrifft doch eigentlich unser ganzes Handeln, unser politisches Handeln.
Und dann ist *Achterloo* ein weiterer Versuch, Welttheater zu machen, das ist, was man immer behauptet hat, ich mache es nicht: politisches Theater. Ich versuche mehr als je zu zeigen, daß sich die heutige Welt verwandelt in Theater. Das ist also ganz bewußt ein Stück über die polnische Situation. Es hat mich verlockt, zum Mittel der Collage zu greifen. Natürlich ist es nicht möglich, daß Richelieu und Napoleon sich begegneten. Aber gerade das hat mich gereizt, ein Stück, in dem eine Theaterfigur wie Woyzeck auf Napoleon und Richelieu trifft, die ja für uns auch Filmfiguren sind, oder auf die Marion aus Büchners *Danton*. Das sind Rollen. Und daher kam ich, im nachhinein, auf den Schluß des Stücks. Wo werden heute Rollen gespielt? In der Therapie. *Achterloo* ist auch das Stück einer verunglückten Therapie.

F.D. im Gespräch mit Peter Rüedi vor der UA von *Achterloo I*, ›Schweizer Illustrierte‹, Zürich und Zofingen, 3.10.1983.

Ausgelöst durch wirtschaftliche Schwierigkeiten (vor allem das Mißverhältnis zwischen Kaufkraft und Warenangebot), kam es im Juli/August 1980 zu einer Streikbewegung im ganzen Land, deren Zielsetzung sich bald politisch ausweitete. Freie Gewerkschaften mit Streikrecht wurden zugelassen. Ende August 1980 wurden diese Auseinandersetzungen mit förmlichen Vereinbarungen zwischen Staat und Streikenden beendet. Der Dachverband der neuen unabhängigen Gewerkschaften ›Solidarnosc‹ unter Führung von Lech Walesa wurde am 17. 9. 1980 gegründet und am 10. 11. gerichtlich bestätigt. Edward Gierek wurde als 1. Sekretär der ›Vereinigten Polnischen Arbeiterpartei‹ Anfang September 1980 durch S. Kania ersetzt. Am 11. 2. 1981 übernahm General Jaruzelski das Amt des Ministerpräsidenten, am 18. 10. 1981 auch das des 1. Sekretärs. Am 13. 12. 1981 wurde das Kriegsrecht über Polen verhängt: ›Ein Militärrat der Nationalen Rettung‹ unter General Jaruzelski setzte auf allen Verwaltungsebenen und in Wirtschaftseinheiten Militärkommissare ein. Streiks und sonstige Tätigkeiten von Gewerkschaften und gesellschaftlichen Organisationen wurden verboten; Tausende wurden interniert. Anfänglicher Widerstand in den Betrieben wurde gewaltsam unterdrückt, die Gewerkschaft durch das Gewerkschaftsgesetz vom 9. 10. 1982 endgültig verboten. Das Kriegsrecht wurde am 12. 12. 1982 zwar ausgesetzt (aufgehoben am 22. 7. 1983), fast alle Internierten freigelassen (auch Lech Walesa), doch blieben zahlreiche Beschränkungen (einschließlich des Verbots der ›Solidarnosc‹) aufrechterhalten.

Meyers Lexikon in drei Bänden, LexiROM, Microsoft Corporation und Bibliographisches Institut & F.A. Brockhaus AG, Mannheim 1995

VOM ›VERRÄTER‹ ZU ›ACHTERLOO‹
Friedrich Dürrenmatt

Die politische Lage, wie war die damals? Es wurde den Deutschen vorgeworfen, sie hätten sich nicht genug für Solidarnosc eingesetzt. Ich war der Meinung, sie hatten recht. Aber die andern schrien, die Franzosen, die Engländer, je weiter weg, desto lauter, am lautesten die Amerikaner. Jaruzelski konnte gar nicht anders handeln, wie Kádár, der die Rolle des Verräters auf sich nahm, er wurde noch unter Stalin gefoltert, heute ist Ungarn das freieste Land im Ostblock. Manchmal kann man mehr leisten, wenn man nicht Widerstand leistet, als mit Widerstand. Die Frage war für mich: Wie stelle ich ein Zeitstück dar? Die erste handgeschriebene Fassung hieß: *Der Verräter* (Mai 1982). Dann stellte sich die Frage: Was ist, wenn Jaruzelski ermordet wird? Dann kommt ein anderer Verräter, es ändert sich nichts. Das Drama ist ein dialektischer Vorgang: Ich fand die Gegenfigur in Judith, die den Feind tötet, um ihr Volk zu befreien. Gegenüber dem Verräter der Befreier. Das ist die Urstruktur, der genaue logische Boden. Und dann: die Sinnlosigkeit der Tat heute. *Judith und Holofernes* war im Mai 1982 fertig, und jetzt begann meine Phantasie zu arbeiten: Jetzt hatte ich ein Ei gelegt, aber wie ich immer bin, ich war nicht zufrieden. Ich brütete. Und dann hab ich das ganze Stück umgearbeitet, und das war fertig am 3. Dezember 1982 und hieß *Napoleon will ins Bett.* Das war die erste Fassung, die ich [Egon] Karter [Verleger des Theaterverlags Reiss] schickte. Er war begeistert, gab sie zuerst an das Schauspielhaus Zürich, die sagten sofort zu, kamen hierher, lange Sitzung, das Problem war der Schluß, die erste Frage: Wo spielt das? Es wurden sehr phantastische Ideen vorgeschlagen, die Welt als Irrenhaus, hinten könnte man das Bühnenportal öffnen, die Schauspieler könnten sich nach Zürich ergießen, mir war nicht ganz klar, wie. In dieser Sitzung wurde das Stück umgetauft in *Achterloo.*

CHARLOTTE KERR: Wie kamst du auf *Achterloo*?

DÜRRENMATT: So verschiedene Assoziationen: Waterloo, die große Niederlage von Napoleon, danach ging er nach Sankt Helena, Achterbahn und Acherloo aus dem Gedicht von Conrad Ferdinand Meyer, der taucht auch in meinem Gedächtnis auf, es war das Lieblingsgedicht von meinem Vater.

Aus: *Rollenspiele*, mit Charlotte Kerr, 1986, S. 97f.

F.D., aus: *Assoziationen mit einem dicken Filzstift*, in: *Rollenspiele*, 1986

Szenenbild aus der Fernsehaufzeichnung von *Achterloo IV*, 1989:

Jürgen Cziesla als Jan Hus

Liebe Kinder, wißt ihr, wo
Fingerhut zu Hause?
Tief im Tal von Acherloo
Hat er Herd und Klause.

Aus: *Fingerhütchen* von Conrad Ferdinand Meyer

Im Zürcher Schauspielhaus wurde sehr viel gelacht; vielleicht sogar zu viel. Manchmal triumphierte der Zynismus über die Weisheit auch dort, wo Dürrenmatt ungeniert weise wird. Im Zweifel zwischen Idee und Witz, zwischen Charakter und Witz, entschieden sich Dürrenmatt und Gerd Heinz, der Regisseur der Uraufführung, freilich fast immer für den Witz.
Wenn Dürrenmatt das Gelächter will, dann ist er nicht zimperlich: Er sprüht Aphorismen, bedient aber auch den Knüppel der Kalauer und läßt immer mal wieder jemand sich auf Napoleons Hut setzen. Die Politik als böse Posse: dies hat er mit dem großen Aristophanes gemeinsam.
Sein Stück hat keinen Schluß, woher sollte der auch kommen? Das Modell Achterloo läuft in die Gegenwart aus, in der wir alle stecken. Den Schluß kann nur die Weltgeschichte schreiben. Also stürzt sich Dürrenmatt in die Posse.
[...]
Als der lange, von Genuß zeugende Schlußapplaus aufbrandete, kam er heraus zu den Schauspielern und stammelte so stockend und verwirrt wie sein irrer Irrenarzt: »Ich habe dieses Stück im Auftrag der städtischen Klinik geschrieben. Mein Name ist ... Gotthelf ... Gotthold ... Ephraim ... Lessing.« So ging Dürrenmatt in seine eigene Komödie ein als ein Narr unter Narren. Es war ein komisches und sehr ernstes Bild, lachselig, rührend und stolz. Die Theatergeschichte wird es nicht vergessen.

Georg Hensel in der Besprechung der UA von *Achterloo*, ›Frankfurter Allgemeine Zeitung‹, 8.10.1983

DREI MARXE

Friedrich Dürrenmatt

Ich hab zwei, drei Marxe, weil es heute verschiedene kommunistische Führer gibt, zuerst war da nur Stalin, dann Stalin und Tito, dann Stalin, Tito, Mao, und jetzt ist die Welt voller kommunistischer Führer, die sich alle auf Marx berufen wie die Kirche auf Christus, und der russische Generalsekretär ist nicht mehr der einzige ›Papst‹, das Ideal von Richelieu ist, Partei und Kirche zur großen Koalition der Weltherrschaft zu verbinden: Das Vorbild der kommunistischen Partei ist die Kirche, meine ewige Behauptung. Das Schisma damals entspricht dem ›Schisma‹ der kommunistischen Partei heute: Und wenn ich die drei Marxe im Stück habe, fehlen mir die drei Päpste, dramaturgisch begründe ich mit den drei Päpsten die verschiedenen Marxe, die ich auftauchen lasse. Die Bärte, das ist ein Regieproblem, komödiantisch, aber das innere Problem sollte man zeigen durch die drei Päpste. Es ist auch lustig, daß sie gestrichen werden, Stalin, Mao wurden ja auch ›abgesetzt‹, das entspricht dem Streichen. [...] Lenin liegt in einem Glassarg, das ist die Reliquie der Partei: Beweis für den Zusammenhang mit der Kirche, die pflegt ja auch ihre Reliquien.

Aus: *Rollenspiele*, mit Charlotte Kerr, 1986, S. 148

F.D., aus: *Assoziationen mit einem dicken Filzstift*, in: *Rollenspiele*, 1986

Szenenbild aus der Fernsehaufzeichnung von *Achterloo IV*, 1989:

Helmut Lohner als Napoleon und Charlotte Kerr als Richelieu

Etwas Tolles ist für mich Fernsehen vor allem, weil man so gut radeln kann dazu. Vor allem bei Kinderstunden.
Ich habe schon das ganze *Heidi* durchgeradelt, auf meinem Home-Trainer.

F.D. in einem Interview mit ›Tele‹, Zürich, 26.12.1985

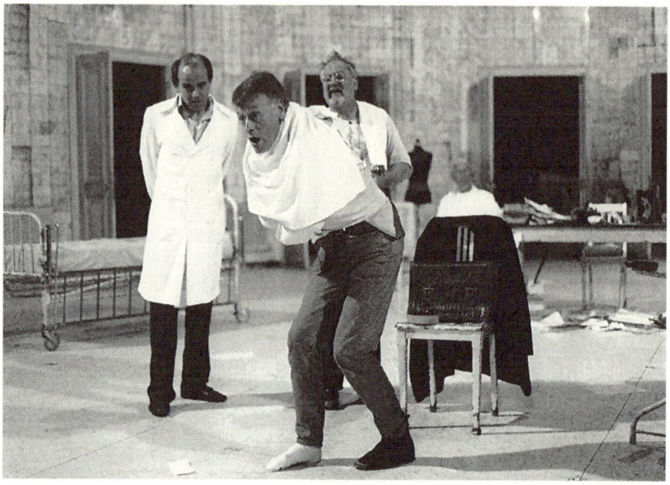

Szenenbilder aus der Fernsehaufzeichnung von *Achterloo IV*, 1989:

Nikolaus Paryla als Arzt, Helmut Lohner und Jürgen Cziesla

Georg Preusse als Marlene

DIE WELT IST EIN IRRENHAUS

Roman Brodmann

Es ist am Morgen des 9. Mai 1988. Sie treffen sich in der Stuttgarter Alten Reithalle, wo es schon eine Bühnendekoration gibt. Leseprobe. Friedrich Dürrenmatt hört *Achterloo IV*. Den größten Teil dieser Texte hört er zum ersten Mal aus dem Mund von Schauspielerinnen und Schauspielern.

Hier entwickelt sich nun allmählich aus *Achterloo IV Achterloo V*, Dürrenmatts Theaterwerkstatt beginnt zu arbeiten – wir schauen zu.

Ohne Charlotte Kerr wäre es dazu nie gekommen. Sie hatte Dürrenmatt herausgefordert mit der Behauptung, in seinem letzten Stück, *Achterloo*, lache das Publikum an den falschen Stellen. Aus der Debatte wurde eine fiktive Neuinszenierung auf dem Papier, als Buch erschienen unter dem Titel *Rollenspiele*. Das war *Achterloo III*. Inzwischen ist aus dem Fragment *Achterloo* ein satirisches Welttheater gewachsen, das uns die unveränderbare Absurdität Mensch vor Augen führt. Kein Stück, ein Panoptikum. [...]

Im Unterschied zum ersten *Achterloo* ist nun von allem Anfang an klargemacht, daß der Schauplatz ein Irrenhaus ist. Das ermöglicht alle Sprünge und Brüche zwischen Zeiten und Figuren. Wir haben nicht Ausschau zu halten nach plausiblen Handlungsabläufen, es wird nicht eine Geschichte erzählt, das Ganze ist ein aus hundert Geschichten bestehendes Feinschmeckerbuffet für gebildete Schlauköpfe, oder, mit höherem Anspruch gesagt, eine monumentale Collage der Dürrenmattschen Gedankenwelt. [...]

Die Probenbühne ist für Dürrenmatt ein Prüfstand der Texte, die er, hört er sie vom Schauspieler, ganz leicht wieder ändert. Oft sind es nur Retuschen, manchmal geht es um ein einziges kleines Wort. Was uns verblüfft, ist die große Beweglichkeit im Umgang mit Sprache und Inhalten. Und Dürrenmatts Selbstironie. Wir waren Augenzeugen bei einem schöpferischen Prozeß und stehen am Ende vor einem riesigen Prospekt, der uns noch einmal die hellsichtige und gnadenlose Weltschau des Dramatikers und Philosophen Friedrich Dürrenmatt zeigt. Keine Komödie mit leicht konsumierbarem Handlungsverlauf, aber wohl sein anspruchsvollstes dramatisches Werk.

Ein Welttheater, von den gerade amtierenden Literaturpäpsten kaum zur Kenntnis genommen, sie haben sich selbst gestrichen.

Roman Brodmann im Kommentar seines Dokumentarfilms *Die Welt ist ein Irrenhaus. Dürrenmatt inszeniert ›Achterloo IV‹*, ›Süddeutscher Rundfunk‹, Stuttgart 1988

ABSCHIED VOM THEATER
Friedrich Dürrenmatt

1990

Die Aufführung von *Achterloo IV* liegt anderthalb Jahre zurück und die Nacht vom 12. auf den 13. Dezember 1981 in Warschau neun Jahre. Seitdem bestand zwischen den USA und der Sowjetunion keine akute Kriegsgefahr mehr, im Gegenteil, eine Evolution setzte ein, die niemand voraussah, Jaruzelskis Militärdiktatur machte Breschnews Eingreifen unnötig, legte aber die Ohnmacht der kommunistischen Partei bloß. Breschnew starb, zwei Jahre später Andropow, ein Jahr darauf Tschernenko, ihm folgt Gorbatschow, der durch Perestroika und Glasnost in der Sowjetunion eine »zweite Revolution« einzuleiten versucht, mit dem Ziel, mehr Sozialismus und mehr Demokratie zu erreichen. Die Staaten des Ostblocks nehmen Gorbatschow beim Wort. Jaruzelski bleibt Staatspräsident, aber die kommunistische Partei vermag den Sieg der Solidarnosc nicht zu verhindern, Ungarn öffnet die Grenzen nach Österreich, die Massenauswanderung aus der DDR beginnt, das Honecker-Regime kracht zusammen, skandierten die Bürger »Wir sind das Volk«, skandieren sie jetzt »Deutschland, einig Vaterland«, Bulgarien wankt, die tschechoslowakische KP weicht zurück, gibt auf, in Rumänien stürzt das Regime, Ceauşescu und seine Frau werden erschossen. Im Namen der Freiheit, und weil für den Westen Freiheit und freie Marktwirtschaft Synonyme sind, sehen die westlichen christlichen Parteien in diesen politischen Umwälzungen gleich das Ende des Sozialismus. Sie machen den Unfug mit, die Staatsform, die die regierenden kommunistischen Parteien unterhielten, wie diese ›sozialistisch‹ zu nennen. Wenn ich jedoch sehe, wer alles als Politchrist herumläuft, kann ich mit dem gleichen Recht vom Ende des Christentums reden. Der Sozialismus ist innerhalb der kapitalistischen Wirtschaftsordnung deren Korrektiv, christlich nennen sich die Vertreter nur aus kosmetischen Gründen: »Wer nennt sich hierzulande nicht alles Christ.« Die freie Marktwirtschaft macht den Frieden mit der Zeit ebenso gefährlich wie der Krieg, ist sie doch dessen neue Form: die ökologische Katastrophe, der sie entgegentreibt. »Darum versuche ich, *Achterloo* zu schreiben, die komische Beschreibung eines Aufstands, der unterblieb, weil durch Verrat ein Krieg vermieden werden mußte, der die Menschheit zugrunde gerichtet hätte, um einen Frieden zu retten, an dem die Menschheit zugrunde geht.« Doch das Motiv, das *Achterloo* hervorrief, die Notwendigkeit des Verrats in der Politik und die Gefahr eines dritten Weltkriegs, wurde durch den Verlauf der Geschichte vorläufig in den Hintergrund gedrängt, und die Überarbeitung trieb den Stoff von der Handlung weg zu den Personen, welche die Handlung spielen. Indem die

Szenenbilder aus der Fernsehaufzeichnung von *Achterloo IV*, 1989:

Ulrich Haupt

Helmut Lohner und Isabel Karajan

Kurt Beck und Helmut Lohner

Rollenspieler wichtiger wurden als das Rollenspiel, trat dieses in den Hintergrund. Nicht was die Rollenspieler spielen, sondern was sie sind und was sie denken, wurde wichtig. Die Konstellation auf dem Schachbrett des Welttheaters bekam einen neuen Sinn.

Kippt die Geschichte oft in wenigen Wochen um, bereiten sich die Gründe, die sie zum Umkippen bringen, nur allmählich vor. Scheint sich in Europa eine Politik der Vernunft durchzusetzen, ist überall der Fundamentalismus im Vormarsch. Nicht nur im Islam und im Judentum, auch im Christentum. Bricht die politische Ideologie zusammen, breitet sich die Religion aus. Zerbröckeln die politischen Ideologien an der wirtschaftlichen Notwendigkeit, an der »Umwälzung der Weltwirtschaft durch eine Technologie, welche die Diktatur des Proletariats durch Abschaffung des Proletariats erledigt... Straßenputzerheere für Straßen, die nicht vorhanden sind, werden unsere Steppen durchziehen. Sinnlos! Zwecklos!«, nähren sich die religiösen Ideologien am Gegensatz, in welchen der Glaube in immer stärkerem Maße zum Wissen gerät, um so mehr, als sich dieser Gegensatz scheinbar zu verwischen beginnt, wissen wir doch immer weniger unmittelbar. Wir wissen vermittels der ›Prothesen‹ unseres Hirns, der Bücher und jetzt auch der Computer, die das Wissen gespeichert haben.

Aus: *Abschied vom Theater* in *Achterloo*, 1993, S. 163f.

Ein unbekanntes Flugobjekt konnte enttarnt werden: Es war eine eidgenössische Zeitmaschine der Flugwerft Dürrenmatt. Sie steuerte sämtliche Aufsatzthemen aus Deutsch und Geschichte an, um sich dann dem Rollfeld von *Kulis Nachtgedanken* zu nähern. [...] Nur ein Zuschauer, der selbst ein Flugpatent hat, also denselben Wissensstand und die identische Leseliste wie der Konstrukteur, kann den Loopings folgen. In Schwetzingen wurde der erste Lacher plus Szenenapplaus laut, als das Wort »Penis« fiel, 45 Minuten nach Beginn. [...]
Die angesehenen Schauspieler ließen ihre Gesichtszüge entgleisen wie Modelleisenbahnen unterm Weihnachtsbaum. Eine Collage von Exaltationen.
War doch die Szene in ein Irrenhaus verwandelt. (Vorsicht, Metapher!) Da ein Irrer bekanntlich irre ist, kann er behaupten, was er will, solange Büchners Zitatenschatz reicht. Es hat gereicht. Sogar das gesuchte Schlüsselwort Me-, Me-, Merde konnte decodiert werden. Es war einfach irrsinnig komisch! Und die Gattin des Theaterunternehmers schritt schön und stolz und regungslos wie eine Maria Becker durch die bedeutungsvolle Kulisse von Josef Svoboda. Alles war vom Feinsten.
Nur ein Regisseur war vergessen worden zu engagieren – nun mußte der arme Friedrich Dürrenmatt das auch noch alleine machen. Und dann noch das Ganze auf den Bildschirm bringen! Als Dokument, wie ein Schweizer Dichter Abschied vom Theater genommen hat.

›Süddeutsche Zeitung‹, München, 16.1.89

Als Dürrenmatts Reaktion auf diese Kritik von Anne Rose Katz notierte seine Sekretärin: »Ich fürchte um ihr Leben, jede Maus kann sie zerfleischen!«

F.D., Blatt aus: *Assoziationen mit einem dicken Filzstift*, in: *Rollenspiele*, 1986

Justiz

»Das Buch *Justiz*
kommt mir im nachhinein vor,
wie wenn jemand mit
ungeheurer Sorgfalt eine Zeichnung macht
und dann einen Gummi nimmt
und das Ganze wieder,
ebenso sorgfältig, ausradiert.
Am Schluß hat er ein schönes,
weißes Blatt vor sich.«

DIE FIKTION WIRD ZUR WAHRHEIT
Friedrich Dürrenmatt im Gespräch

Justiz erschien im ›Stern‹, als das Buch noch gar nicht fertig war. Ich habe behauptet, ich würde das Manuskript in vierzehn Tagen beenden; es ging dann aber noch fast drei Monate, und ich schrieb weiter, während der Roman schon veröffentlicht wurde. Das war eine sehr harte Arbeit.

Justiz ist eigentlich eine Komödie der Justiz. Jeder weiß, wer der Täter ist. Der junge Rechtsanwalt Felix Spät übernimmt den Auftrag, den Fall neu aufzurollen. Diesen Auftrag erhält er vom Täter, Kantonsrat Dr. Isaak Kohler, unter der Fiktion, er sei nicht der Mörder gewesen. Das löst Gerüchte aus, er sei tatsächlich unschuldig, trotzdem er die Tat in aller Öffentlichkeit begangen hatte. Die Zeugen widersprechen sich, die Tatwaffe wird nicht gefunden, und schließlich gelingt es dem geschickten Verteidiger, daß Kohler – gegen jede Wahrheit – freigesprochen wird: Die Fiktion wird zur Wahrheit.

Aber was ist wirklich geschehen? Natürlich hat Kohler getötet, da gibt es Zeugen, aber waren Sie dabei, war ich dabei? Da wir nicht dabei waren, müssen wir glauben, daß die Zeugen richtig ausgesagt haben. Jetzt widersprechen sie sich, das müssen wir auch glauben: Zwischen uns und der Wirklichkeit besteht eine Kluft, die nie ganz geschlossen werden kann, und es stellt sich heraus, daß sich alle widersprechen. Derjenige, der ein wirkliches Motiv gehabt hätte, war zwar am Tatort, ist aber nicht der Mörder. Doch als er im zweiten Prozeß verhört werden sollte, nimmt er sich das Leben. Viele Tatsachen sprechen für eine Wirklichkeit, die es nicht gab, für eine fingierte Wirklichkeit, und Kohler wird schließlich freigesprochen. Es stellt sich die Frage, was Wirklichkeit ist und wie sie nachträglich erfaßt werden kann. Dieses allgemein philosophische Problem stellt sich auch in jeder Geschichtsforschung.

Felix Spät schreibt dieses Buch; manchmal betrunken, manchmal nüchtern, manchmal verzweifelt. Es ist das Buch eines Menschen, der immer mehr herunterkommt und am Schluß sogar das moralische Recht zur Gerechtigkeit verliert. Da ist ein wichtiges Gespräch mit dem Kommandanten, der ihm sagt, wenn die Gerechtigkeit nicht ein Amt sei – also die Justiz –, müsse der Richter absolut gerecht sein. Wer kann das schon? Ich glaube weder an einen Staat noch an eine Gesellschaft, die absolut gerecht werden können, weil ich nicht an einen Menschen glaube, der vollkommen ist. Ich zeichne auch keine vollkommenen Menschen; die interessieren mich nicht. Ich glaube auch nicht, daß es sie gibt.

JUSTIZ

UA des Films: 17.10.1993
Regie: Hans W. Geissendörfer

Justiz wurde 1957 begonnen. Ich dachte den Roman in einigen Monaten beendet zu haben. Dann kam die Arbeit an *Frank V.* dazwischen, und die *Justiz* blieb liegen. Spätere Versuche, den Roman wiederaufzunehmen, scheiterten, zuletzt 1980, er sollte den dreißigsten Band meiner Werkausgabe abgeben. Doch ich scheiterte an der Weiterführung der Handlung, ich hatte keine Ahnung mehr, wie ich sie geplant hatte. Im Frühjahr 1985 schlug Daniel Keel die Herausgabe der *Justiz* als Fragment vor. Ich willigte zögernd ein und beschloß, noch ein Hauptkapitel zu schreiben, begann aber dann den Roman umzuschreiben und zu vollenden, wenn auch wohl in einem anderen Sinn als ursprünglich geplant. Zum Schluß noch Dank an Charlotte Kerr, meine Frau. Ihr verdanke ich wichtige dramaturgische Hinweise und ein stetes kritisches Begleiten meines Schreibens.

F.D. zur Erstausgabe von *Justiz*, Zürich, Diogenes 1985, S. 228.

Das Buch *Justiz* kommt mir im nachhinein vor, wie wenn jemand mit ungeheurer Sorgfalt eine Zeichnung macht und dann einen Gummi nimmt und das Ganze wieder, ebenso sorgfältig, ausradiert. Am Schluß hat er ein schönes, weißes Blatt vor sich.

F.D. im Gespräch mit Hardy Ruoss, ›Schweizer Radio DRS‹, Zürich, 30.10.1985

Ein Zürcher Kantonsrat erschießt in einem überfüllten, von Politikern, Wirtschaftskoryphäen und Künstlern besuchten Restaurant der Stadt vor aller Augen einen Germanisten, Professor an der Universität, läßt, zu zwanzig Jahren Zuchthaus verurteilt, im Gefängnis einen jungen, mittellosen Rechtsanwalt zu sich kommen und erteilt diesem den Auftrag, seinen Fall unter der Annahme neu zu untersuchen, er sei nicht der Mörder gewesen. Der junge Anwalt, der den scheinbar sinnlosen Auftrag annimmt, erkennt zu spät, in welche Falle ihn die Justiz geraten läßt, weil er sie mit der Gerechtigkeit verwechselt.

Geschrieben von F.D. für den Klappentext von *Justiz*, Zürich, 1985

Was heißt hier kreativ? Was purzelt heraus? Ich arbeite jetzt an der zwölften Fassung meines Buches. [*Justiz*] Jedes Schreiben ist harte Arbeit. [...]
Was ist schon ein Einfall? Gar nichts. Das ist wie die Eröffnung in einem Schachspiel, und dann kommt das Kämpfen. Plötzlich sehen Sie sich mit dem konfrontiert, was sich entwickelt. Bei meiner jetzigen Arbeit sehe ich erst jetzt die Probleme. Jetzt bin ich erst richtig drin. Jetzt wird es erst richtig verrückt.

F.D. im Gespräch mit Guido Baumann, ›Schweizer Illustrierte‹, Zürich, 12.3.1984

Ursprünglich gedacht als elegante Verkehrung eines Krimi-Musters, geht das Buch von einem Mord aus, der erstens ganz offensichtlich ist und zweitens ganz ohne Motiv – bis Dürrenmatt nach 380 Seiten über abenteuerlichste Hängekonstruktionen und unter Zuhilfenahme der schieren Behauptung doch noch ein solches konstruiert. Ein Mord über drei Banden, billardtechnisch gesprochen. Ungeachtet des schlanken Ausgangsplans (den Dürrenmatt vergessen haben will: Das gehört zum Verwirrspiel), endet das Unternehmen in einem Wahnsinnsstrudel, der wie Readymades fast den gesamten Fundus von Dürrenmatts Figuren, Themen, Motiven mit sich reißt: Hier sprengt Dürrenmatt nicht nur den Kriminalroman, sondern überhaupt die Kunst, in gewissem Sinn auch sein Gesamtwerk, in die Luft. Mich erinnert das an Tinguelys autodestruktive Maschinen: Gartenzwerge gibt's darin auch fast so viele wie bei Tinguely. Daß einer, dessen Kunst der Interpretation an Thomas Mann geschult ist, einer wie Marcel Reich-Ranicki zum Beispiel, vor solchem ratlos steht, ja tobt, wenn ihm die Brocken um die Ohren fliegen, versteht sich. Daß dies Dürrenmatts teuflische Absicht war, ebenso.

Peter Rüedi in ›Die Weltwoche‹, Zürich, 24.1.91

DIE WELT WIRD ENTWEDER UNTERGEHEN ODER VERSCHWEIZERN

Friedrich Dürrenmatt

Gegenwart (1957 n. Chr.): Große Teile der Bevölkerung leben beinahe sorglos dahin, gesichert und versichert, Kirche, Bildung und Spitäler stehen zu gemäßigten Preisen zur Verfügung, die Kremierung erfolgt im Notfall kostenlos. Das Leben gleitet auf festen Gleisen, aber die Vergangenheit rüttelt am Bau, erschüttert die Fundamente. Wer viel hat, fürchtet, viel zu verlieren. Man sinkt nach bestandener Gefahr vom Pferd wie der Reiter nach seinem Ritt über den Bodensee: man ist zu zaghaft, die eigene Klugheit als notwendig zu begreifen, man hält es nicht mehr aus, zwar kein Held, aber vernünftig gewesen zu sein, man reiht sich in die Reihen der Sieger ein, die Sage der kriegerischen Väter kommt hoch, von den Mythen her droht Kurzschlußgefahr, man träumt von den alturalten Schlachten, dichtet sich selbst zu Widerstandskämpfern um, und schon sind die Generalstäbler dabei, eine Nibelungenwelt zu beschwören, von Atomwaffen zu träumen, vom heldenhaften Vernichtungskampf im Falle eines Angriffs, das Ende der Armee soll auch der Nation das Ende bereiten, gründlich, stur und endgültig, während ringsherum schon längst unterjochte Völker mit Mut

Dreharbeiten zum Film *Justiz*, 1993:

Maximilian Schell und Regisseur Hans W. Geissendörfer

und List davonzukommen wissen. Doch bahnt sich das mögliche Ende noch anders an, witziger. Ausländer kaufen den Boden auf, den man verteidigen will, die Wirtschaft wird von fremden Händen in Schwung gehalten und von den eigenen nur noch verwaltet, kaum noch gesteuert, der Staatsbürger bildet eine Oberschicht, unter der sich, in oft zu unverschämten Preisen vermieteten Wohnungen zusammengepfercht, sparsam und emsig Italiener, Griechen, Spanier, Portugiesen und Türken einnisten, zum Teil verachtet, oft noch Analphabeten, Heloten, ja für viele ihrer Herren Untermenschen, die einmal, zum bewußten Proletariat geworden, überlegen in ihrer genügsamen Vitalität ihre Rechte fordern könnten, in der Erkenntnis, daß der Betrieb, der sich unser Staat nennt, halb schon aufgekauft von fremdem Kapital, nur noch von ihnen abhängt. Unser kleines Land, so ahnt man und reibt sich verblüfft die Augen, ist in Wirklichkeit von der Geschichte abgetreten, als es ins große Geschäft eintrat. [...]
Da wir die Politik entpolitisiert haben – hier weisen wir in die Zukunft, nur hier sind wir modern, wirklich bahnbrecherisch, die Welt wird entweder untergehen oder verschweizern –, da von der Politik nichts mehr zu erwarten ist, keine Wunder, kein neues Leben, nur nach und nach vielleicht noch etwas bessere Straßen, da sich das Land selbst biologisch erfreulich benimmt und sich im Kinderzeugen zurückhält, (daß wir nicht zahlreich sind, ist unser großer, daß sich unsere Rasse dank der Fremdarbeiter langsam verbessert, unser größter Vorzug), herrscht Dankbarkeit über jede Unterbrechung des täglichen Trotts, ist jede Abwechslung willkommen, um so mehr als der jährliche Festzug der Zünfte in seiner steifen Würde bei weitem nicht die fehlende Fastnacht zu ersetzen vermag.

Aus: *Justiz*, Zürich, 1985, S. 54ff.

Gar kein Zweifel: Dieser schwerfällige Mann aus der schweizerischen Provinz gehört zu den unverwechselbaren Figuren der europäischen Literatur nach 1945. Dürrenmatt ist beinahe ein Genie, nur eben ein albernes, vielleicht sogar das albernste in diesem Jahrhundert. Er gehört – und das gibt es in deutschen Landen nur sehr selten – zu den Predigern mit Pfiff, er fungiert als ein professioneller Prophet, dem es gefällt, Schreckliches zu verkünden, und dem es gelingt, dabei niemandem die Laune zu verderben. Ja, er ist ein pessimistischer, ein pechschwarzer Poet, der aber immer wieder Allotria treibt und dann, halb drohend und halb lachend, behauptet, es sei Philosophie, wenn nicht gar Theologie. Gern beruft er sich auf Karl Barth, doch habe ich zuweilen den Verdacht, daß man ihn eher in der Nähe von Karl Valentin sehen sollte. [...]
Dürrenmatt wird heute zunehmend als ein eher literarhistorisches Phänomen empfunden. Nach dem Grund braucht man nicht lange zu forschen: Seine wichtigeren epischen und, vor allem, dramaturgischen Arbeiten stammen fast ausnahmslos aus den fünfziger und sechziger Jahren. Natürlich ist er nicht in Vergessenheit geraten, im Gegenteil, gerade in letzter Zeit wurde er, den vertrottelten Akademien zum Trotz, mehrfach preisgekrönt.
Also ein preisgekrönter Provokateur? Ja, dem helvetischen Löwen wird jetzt auf silbernem Tablett deutscher Lorbeer serviert; und er scheint ihm trefflich zu munden. Demnächst wird man das zahm gewordene Raubtier aus Neuchâtel abermals liebevoll streicheln – denn sein fünfundsechzigster Geburtstag steht bevor.

Marcel Reich-Ranicki in ›Frankfurter Allgemeine Zeitung‹, 30.11.1985

DER FILM HAT KEINE INNEREN WELTEN

Hans W. Geissendörfer

Der Vorsatz, den Roman *Justiz* zu verfilmen, hat eine persönliche und eigentlich ganz banale Ursache: ich fand eine Beziehung zur Geschichte, sie wurde mir wichtig, sie bewegte mich. So habe ich Dürrenmatt angerufen. Im Normalfall ruft man eigentlich den Verlag an, und das erste, was man fragt, ist: »Darf ich?« und »Was kosten die Rechte?« Ich habe den Verlag aber zunächst ausgelassen, da ich Dürrenmatt flüchtig kannte. Er war sehr interessiert an einer Verfilmung des Romans, weil er seit der Entstehung der Geschichte immer an einen Film gedacht hat. Das war mir neu. Die erste Version von *Justiz* war ein Drehbuch: Es kommt einer und schießt jemanden in aller Öffentlichkeit nieder, alle haben es gesehen. Nach und nach kommen jedoch Zweifel auf bei den beteiligten Figuren, beim Leser, beim Kinozuschauer: Alle sind nicht mehr sicher, ob der Mörder wirklich der Mörder war. Eine wunderbare Kinogeschichte, eine optische Täuschung, eine Blendung des Kinos könnte das werden. [Dürrenmatt wollte diesen Stoff 1961 mit Produzent Lazar Wechsler verfilmen, kam aber nicht weiter mit dem Drehbuch, statt dessen wurde sein Theaterstück *Die Ehe des Herrn Mississippi* verfilmt. Siehe S. 50ff.]

Dürrenmatt hat sich für das Finanzielle nicht interessiert, sondern vielmehr dafür, wie dieser Film gemacht werden soll und was mir dabei wichtig war. Ich gab ihm zwei Stichworte: der Vergleich zwischen Wirklichkeit und Möglichkeit, diese Perspektive, die weit über die Realität hinausreicht, und dann das Stichwort ›Politik‹.

Ich setzte einen jungen Drehbuchautor ein, von dem ich hoffte, er könne souveräner mit dem Stoff umgehen; ich selbst bewunderte Dürrenmatt fast zu sehr. Wenn man als Filmemacher einen Autor sehr schätzt, hat man Angst, ihn zu verändern. Für ein Drehbuch, einen Film, der funktionieren soll, muß der Autor aber verändert, die geschriebene Sprache in Bilder umgesetzt werden. Dürrenmatts Sprache läßt sich nicht eins zu eins ins Kino übertragen, die Handlungsabläufe, Gedanken der Menschen, inneren Monologe, die Beschreibungen der Gegenstände und Stimmungen müssen mit anderen Mitteln hergestellt werden. Und somit verändert sich auch die ganze Geschichte. Dürrenmatts Sprache ist auch im Handlungsablauf eine ganz andere, als sie das Kino liefern kann. Ich hoffte, der junge Drehbuchautor könne, mit seiner Distanz zu Dürrenmatt, diese Transformation viel besser vollziehen als ich. Das Ergebnis war ein Desaster.

Ein Grundproblem war die Figur von Felix Spät: Er ist keine handelnde Person, sondern eine getriebene. Seine Welt findet in seinen Gedanken statt, die im Buch sehr gut beschreibbar sind. Im Film brauchen wir aber Personen, die eine Handlung vorwärts treiben, für die das Herz der Zuschauer schlägt. Der Film hat keine inneren Welten außer denen, die sich im Kopf des Zuschauers bilden.

Der erste Drehbuchversuch scheiterte, weil der Drehbuchautor versuchte, diesen Felix in einen gipfelstürmenden Abenteurer zu verwandeln, der aktiv in das Geschehen eingreift. Dürrenmatt war – genau wie ich – sehr unglücklich mit dem Resultat. Inzwischen hatte ich die Angst vor Dürrenmatt verloren, wir verstanden uns gut, und er akzeptierte meinen Drehbuchvorschlag. Ich spielte nicht immer mit offenen Karten, präsentierte ihm ein viel zu ausführliches Drehbuch, das ich nie hätte verfilmen können. Er hat dann selber an den Kürzungen mitgearbeitet, und so konnte er als Autor den Film maßgeblich beeinflussen; ein allerdings sehr aufwendiger Prozeß, der viel Geduld forderte.

Ich kenne keinen deutschen Autor, der eine Verfilmung seiner Werke mit der Gelassenheit einer Patricia Highsmith zulassen könnte. Bei der Verfilmung von *Die Gläserne Zelle* sagte sie zu mir: »Machen Sie mit dem Buch, was Sie wollen, ich werde bezahlt, und mein Buch wird dadurch ja nicht angetastet. Ich bin gespannt, was Sie daraus machen, vielleicht gefällt es mir, vielleicht auch nicht.«

Hans W. Geissendörfer an einem Grundlagen-Seminar für Filmtechnikerinnen und Filmtechniker, Zürich, 27.2.–4.3.1995

Dreharbeiten zum Film *Justiz*, 1993:

Thomas Heinze als Felix Spät, Hans-Günther Bücking, Kameramann, Hans W. Geissendörfer, Regisseur, Maximilian Schell als Isaak Kohler

22.) GERICHTSSAAL DES OBERGERICHTS ZÜRICH INNEN/TAG

Der Saal ist überfüllt. Fünf Oberrichter lauschen wie alle anderen Anwesenden im Saal den Worten Kohlers, der stehend redet. Jämmerlin knüllt sein Taschentuch in der Hand, während Felix in der ersten Reihe unter den Zuschauern sitzt, hochkonzentriert.

KOHLER
Ich stehe hier, damit ihr nach eurem Gewissen und nach dem Gesetz Recht über mich sprecht. Ihr wißt, wessen man mich beschuldigt. Gut, nun ist es an euch zu richten und an mir, mich eurem Urteilsspruch zu unterwerfen. Ich werde ihn als gerecht anerkennen, wie er auch ausfalle.

Er setzt sich auf die Anklagebank. Es ist absolute Stille im Raum. Der vorsitzende Richter macht sich eine Notiz. Felix kann seinen Blick von einer jungen Frau nicht lösen. Die junge Frau ist etwa 20 und außergewöhnlich attraktiv. Sie folgt ernst und konzentriert dem Prozeßgeschehen, nicht ohne das ein oder andere Mal die Blicke von Felix kurz zu erwidern, wobei es offen bleibt, ob sie sich über Felix' Geschaue ärgert, oder ob es sie amüsiert. Währenddessen:

RICHTER
Herr Verteidiger, bitte.

Der Verteidiger Lüthi neben Kohler erhebt sich umständlich. Ein kleiner, schwächlich wirkender Mann mit leiser Stimme.

LÜTHI
Die Tat, die man meinem Mandanten zur Last legt, geschah öffentlich. 13 Zeugen haben den Angeklagten als Täter erkannt. Wer der Mörder ist, muß also nicht weiter bewiesen werden. Nur über das Motiv der Tat ist nichts auszumachen. Auch mir, dem Pflichtverteidiger, hat der Angeklagte nicht den geringsten Hinweis auf ein solches gegeben. Die Beziehungen zwischen dem Mörder und dem Ermordeten waren die denkbar

Zwei Seiten aus dem Original-Drehbuch zum Film *Justiz*, 1993

Bild 22 / 1–14 / Gerichtssaal / Tag

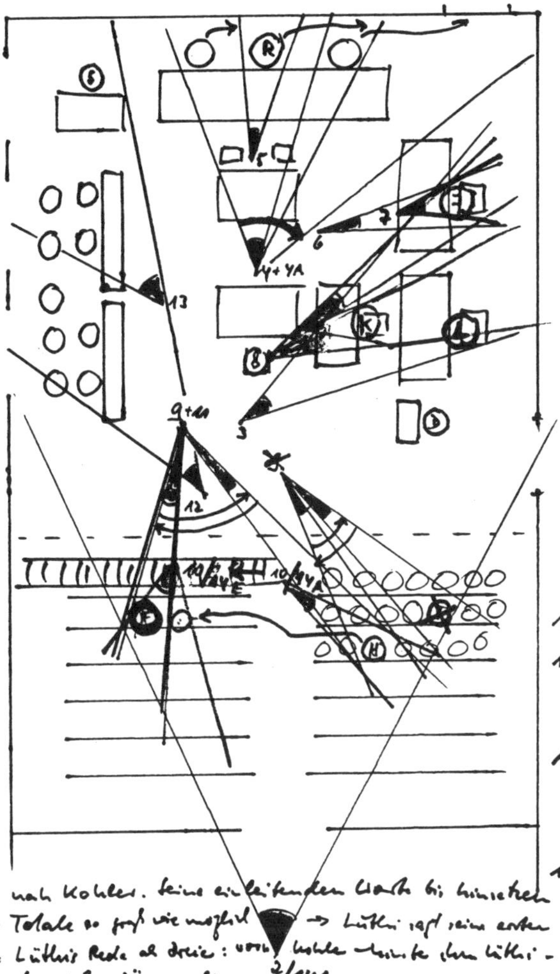

Achtung:
Felix hat bitte
ein Notizbuch

12) Reaktionen Geschworene

13) Detailreaktion auf: Würde am Fremden + Moral retten!

14) = Fahrt ~~von~~ auf? Helene zu Felix während alle anderen gehen. Ende im Zweier: Haben wir einen Augenblick Zeit?!

14A) Schluss am Marten. Alle gehen.

1 = nah Kohler. Seine einleitenden Worte bis hinsetzen

2 = Totale so groß wie möglich → Lüthi sagt seine ersten Sätze (eventuell als Marke durchspielen)

3 = Lüthis Rede als Dreier: vorn Kohler – hinten Lüthi – dazwischen Jämmerlin.

2/14A

4 = Richter zuhörend, eigentlich alles durch / oder auch abbrechen und dann letzten Satz

5 = Solo Richter zuhörend – und letzte Satz ... zur Beratung zurück. Aufstehen und Abgang = 4A

6 = Solo Jämmerlin amerikanisch bei seiner Rede ganz durch

7 = Nah Jämmerlin – Schluss seiner Rede

8 = Auf Gibaren: Erst Jämmerlin amerik. – halbnah, dann fahren wir bei „an seine Freude am Töten!" die Kamera auf Kohler nah. Kohler unbeweglich. Er blickt lediglich mal kurz zu Helene, ~~dann zu Felix~~

9 = Helene halbnah – nah blickt zu Kohler dann zu Felix – wir schwenken in ihrer Blickrichtung und haben Felix solo. Er blickt zu Helene, dann zu Kohler / das ganz umgekehrt.

10 = Halbnah bis nah Helene Reaktionen (am besten ganze Rede / eventuell bis ? ...)

11 = Felix Reaktionen und immer wieder ein Blick zu Helene / Felix hat Notizbuch

Maximilian Schell
nach einer Woche
Diskussionen
mit Dürrenmatt

DIE VIELZAHL DER MÖGLICHKEITEN, VON DENEN NUR EINE ZUR WIRKLICHKEIT WERDEN KANN

Maximilian Schell im Gespräch

Es gibt in Dürrenmatts Buch keine eigentliche Beschreibung, wie dieser Regierungsrat Dr. Kohler [den Schell im Film *Justiz* spielt] äußerlich aussieht. Dürrenmatt gibt mehr innere Beschreibungen von diesem Menschen, der in einem Restaurant am hellichten Tag jemanden erschießt. Kohler wird wegen Mordes verurteilt und beauftragt vom Gefängnis aus einen jungen Rechtsanwalt, den Fall unter der Annahme, er sei nicht der Mörder, neu zu untersuchen. So beginnt er mit der Wirklichkeit und der Justiz zu spielen. Dürrenmatt vergleicht das mit einem Billardspiel: Kohler, ein glänzender Billardspieler, spielt mit den Menschen und der Justiz genauso wie mit seinen Kugeln.

Als mich meine Schwester im Dezember 1990 in Prag anrief und mir sagte, Dürrenmatt sei gestorben, war meine erste Reaktion: »Wieder ist ein Großer gegangen.« Erst in der darauffolgenden Nacht realisierte ich, daß mein bester Freund gestorben war.

Ich glaube schon, daß ich ihn als meinen besten Freund bezeichnen darf; wir lebten sogar eine Zeitlang in derselben Wohnung, haben zahllose Gespräche und Spaziergänge geführt, sowohl in Neuchâtel als auch in München; wir hatten ein sehr nahes Verhältnis zueinander. Von ihm als Schriftsteller habe ich vor allem das gelesen, was er mir gegeben hat. In mein Exemplar des Romans *Justiz* schrieb er mir eine kleine Widmung. Dieses Buch habe ich jetzt während der Dreharbeiten zum Film von Hans W. Geissendörfer als eine Art Talisman immer mit dabei.

Bei diesen Dreharbeiten ist der Verlust Dürrenmatts allgegenwärtig. Es wäre schön, wenn er mit uns zusammen wäre, wir hätten sicher viel Spaß und würden viel lachen über die »ergreifende« Regie. »Ergreifend« war ein Lieblingswort Dürrenmatts im Zusammenhang mit *Justiz*, und deshalb haben Geissendörfer und ich während dieser Arbeit auch immer wieder geblödelt über die »ergreifende« Regie oder die »ergreifende« Darstellung. Es gibt so unverwechselbare Dürrenmattsche Sätze und Aussagen, die uns begleiten, die sowohl mit den Erinnerungen als auch mit dem Verlust verbunden sind.

Für *Der Richter und sein Henker* [Schell verfilmte diesen Dürrenmatt-Roman 1975] hatte ich ein Drehbuch geschrieben, und die Besetzung stand schon fest: Martin Ritt spielte Bärlach, Jon Voight Tschanz, Robert Shaw Gastmann und Jacqueline Bisset Anna. Ich kontaktierte Dürrenmatt und gab ihm das Drehbuch zu lesen. Wenn ein Dichter noch lebt, muß man zuerst mit ihm

Justiz, der Film, bleibt ein flaches Fernsehspiel mit lauter prima Details: einer waschechten Zwergin, einem dubiosen Detektiv, luxuriösen Anwaltskanzleien, nackten Frauen und häßlichen Morden. Vor allem Maximilian Schell als nonchalanten Mörder muß man einfach lieben, ebenso den smarten Thomas Heinze als Greenhorn, der als Anwalt nicht weniger hilflos debütiert als in Liebesdingen. Zu einem Ganzen jedoch gerät das nicht. Das kriminalistische Verwirrspiel verirrt sich in Nebenhandlungen und -schauplätzen, bis die Dramaturgie die Knoten, die sie geschürzt hat, selbst nicht mehr zu lösen weiß.

Da können noch so symbolträchtige Attribute bemüht werden. Wie zum Beispiel legt man die Fährte zu des Mörders Manöver, in das sich Polizeichefs, Staranwälte und millionenschwere Witwen hineingezogen sehen? Mit einer Billardpartie: Man spielt à la bande. Dürrenmatt behandelt die Versatzstücke und Versionen der Wahrheit, ja die Sätze selbst wie Billardkugeln. Jeder Abschnitt ein Anstoß, der Folgen zeitigt. Die Lieblingsinterpunktion des Ich-Erzählers: der Doppelpunkt. Im Film bleibt der Billardtisch nur ein Möbelstück.

Christiane Peitz in ›Die Zeit‹, Hamburg, 15.10.1993

F.D., *Porträt von Maximilian Schell*, 1975, aus dem Presseheft zum Film *Der Richter und sein Henker*

über ein solches Projekt sprechen, denn er hat ja das Ganze erfunden. Dürrenmatt fand das Drehbuch ganz gut, allerdings meinte er, die politischen Szenen seien unheimlich veraltet, und ungefähr acht Wochen vor Drehbeginn entschied er sich, diese Szenen neu zu schreiben. Sein eigenes Buch hatte er nie mehr gelesen, und genährt durch das Drehbuch, die Begegnung mit mir und meinem Film *Der Fußgänger* [1973], den er gesehen hatte, galoppierte seine Phantasie los; er war nicht mehr zu bremsen. Als wir wieder zusammenkamen, hatte er 180 Seiten Dialoge geschrieben, die nichts mehr mit dem Roman zu tun hatten und eine völlig neue Geschichte erzählten. Mit diesen Auswucherungen und Erfindungen begann ein langer gemeinsamer Prozeß, der teilweise auch ein harter Kampf war, und daraus resultierte eine schöne und sehr enge Zusammenarbeit mit Dürrenmatt am Film *Der Richter und sein Henker*. Dieser Prozeß hörte auch nach den Dreharbeiten nicht auf: Dürrenmatt war am Schneidetisch mit dabei, hat selber viel zur Endfertigung des Filmes beigesteuert. Er hatte ein sehr starkes filmisches Empfinden, begriff genau, was Film ist oder sein kann.
Nach der Erfahrung mit *Der Richter und sein Henker* wollten wir neue Wege für einen gemeinsamen Film finden. Dürrenmatt behauptet, er hätte für *Midas* mindestens dreizehn verschiedene Drehbuchfassungen geschrieben, ich glaube, es waren ungefähr neun. Auf alle Fälle entsprach keines dieser Drehbücher dem, was wir wirklich wollten. Den *Midas*-Stoff hat er dann auch in einer Prosaform verarbeitet, die kurz nach seinem Tod – noch von ihm autorisiert – erschien [*Midas oder Die schwarze Leinwand*, 1991]. Ich glaube, was ihn am meisten fasziniert, aber auch gestört hat, war die Vielzahl der Möglichkeiten, von denen nur eine zur Wirklichkeit werden kann. Das fing schon bei der Besetzung an: Ob die Hauptrolle nun von Al Pacino oder Robert Redford gespielt wird, verändert den Film völlig. Da war Dürrenmatt der dankbarste Partner, weil er sogleich den Film wieder umschreiben wollte, seine Phantasie mit ihm durchbrannte und wir vor lauter Versionen und Phantasien nicht dazugekommen sind, den Film zu machen. Ich werde diesen Film aber irgendwann – jetzt halt leider ohne Dürrenmatts Mitarbeit – verwirklichen.
Das, was Dürrenmatt als Künstler groß macht, das steht im Büchergestell, man braucht es nur in die Hand zu nehmen und zu lesen.

Maximilian Schell im Gespräch mit Hans M. Eichenlaub, ›Schweizer Radio DRS‹, 10.3.1993

Inmitten des herrschenden Kinos der puren Unterhaltung stellt *Justiz* europäische Gegenentwürfe eines traditionellen Erzählkinos für erwachsene Menschen dar. Nicht mehr und nicht weniger. Kennt man Geissendörfers Filme und sein Engagement für das Kino, verwundert es auch nicht, daß *Justiz* die heute gerne belächelten, im neuen Deutschland aber leider wieder einmal aktuellen Fragen nach Politik und Moral, Macht und ihren Mißbrauch noch einmal stellt. Auch das hat in der fast hundertjährigen Geschichte des Kinos immer seinen Platz gehabt und war dem deutschen Film fast schon verlorengegangen.

Bodo Fründt in ›Süddeutsche Zeitung‹, München, 15.10.1993

Szenenbilder aus dem Film *Justiz*, 1993:

Anna Thalbach als Helene Kohler und Maximilian Schell als Isaak Kohler

Thomas Heinze als Felix Spät

Maximilian Schell und Mathias Gnädinger als Polizeikommandant

Epilog

›Fritz‹
eine szenische Annäherung
an F. D.

EINE SZENISCHE ANNÄHERUNG AN DEN SPÄTEN DÜRRENMATT

Johannes Glarner

Johannes Glarner (*6.9.1960 Zürich): Schweizer Dramaturg, Regisseur und Schauspieler. 1989–1993 Regieassistent und Produktionsdramaturg am Schauspielhaus Zürich und am Staatstheater Stuttgart, seit 1993 für verschiedene Bühnen in der Schweiz und in Deutschland tätig. (u.a. *Fritz*, Theater Neumarkt Zürich, 1993, *Dada Zürich*, 1994)

Drei Jahre nach dem finalen Abgang Dürrenmatts von der Weltbühne und seinem längst erfolgten ›Abschied vom Theater‹ wollten wir ihn, quasi durch die Hintertür, wieder auf die Bretter zurückholen.

Wir wollten *ihn* zurückholen, den alten Mann mit dem bebrillten Rundkopf und dem schütteren weißen Haar, wir wollten *ihn* sprechen und laut denken lassen. Wir waren fasziniert von seiner physischen Präsenz in den *Stoffen*, von seinen langen Mal- und Schreibnächten im Atelier hoch über Neuchâtel, wo es ein Fernrohr gab und einen weißen Kakadu. Wir hörten ihn schlurfen, und wir hörten seine Stifte übers Papier gleiten. Wir hörten ihn murmeln und schnaufen, kratzen und schaben, schneiden und kleben. Eine lebensgroße, bewegliche Dürrenmatt-Puppe auf die Bühne zu setzen wurde zum ersten Fixpunkt unseres Unternehmens.

Nach der sorgfältigen Lektüre der weitgehend autobiographisch angelegten *Stoffe* unternahmen wir zunächst eine mehrwöchige Leseexpedition ins riesige, labyrinthische Gesamtwerk. Wir durchpflügten sämtliche Essays zur Kunst, zur Politik, zur Philosophie und zur Naturwissenschaft. Von da aus ging es über die Kritiken, Reden und Interviews systematisch zurück zur wenig bekannten frühen Prosa, wo in nuce fast der ganze Dürrenmatt angelegt ist. Über die Detektivromane schwangen wir uns dann wieder nach vorne zu den *Stoffen* und zu den späten Gedichten.

Dürrenmatts Werk ist zwar ein immenser und disparater Wortdschungel, aber es hängt doch alles – wie ein gigantisches Geflecht – mit allem zusammen: die kosmologische Spekulation mit der Lust am Paradox, der physische Genuß mit dem metaphysischen Gelächter, der apokalyptische Ernst mit dem mythologischen Spiel und die Fabulierfreude mit dem großen Weltekel.

In einem Zettelkonvolut des Dürrenmatt-Nachlasses machten wir zwei wunderliche Entdeckungen: Wir fanden, fein säuberlich mit Maschine getippt, *Die Virusepidemie in Südafrika*, eine kompakte Kurzgeschichte, wohl aus den achtziger Jahren, die vom Chaos berichtet, das ein Grippevirus in der Apartheidsrepublik anrichtet, weil er die Weißen schwarz und die Schwarzen weiß werden läßt. Und wir fanden die fotokopierte eckige Handschrift eines kleinen, titellosen, ebenfalls unveröffentlichten Gedichts.

Ich begegnete Dir
Ein Tier dem Tier
Voll Hunger und Gier
Und Trunkenheit.
Die Flanken feucht
Von Bissen wund
Wurden wir vom Tag
verscheucht.

Unveröffentlichtes Gedicht von F.D.

Langsam nahm das Projekt Gestalt an. Der Bühnenbildner Marc Deggeler erkundete den Raum des Theaters Neumarkt und fand

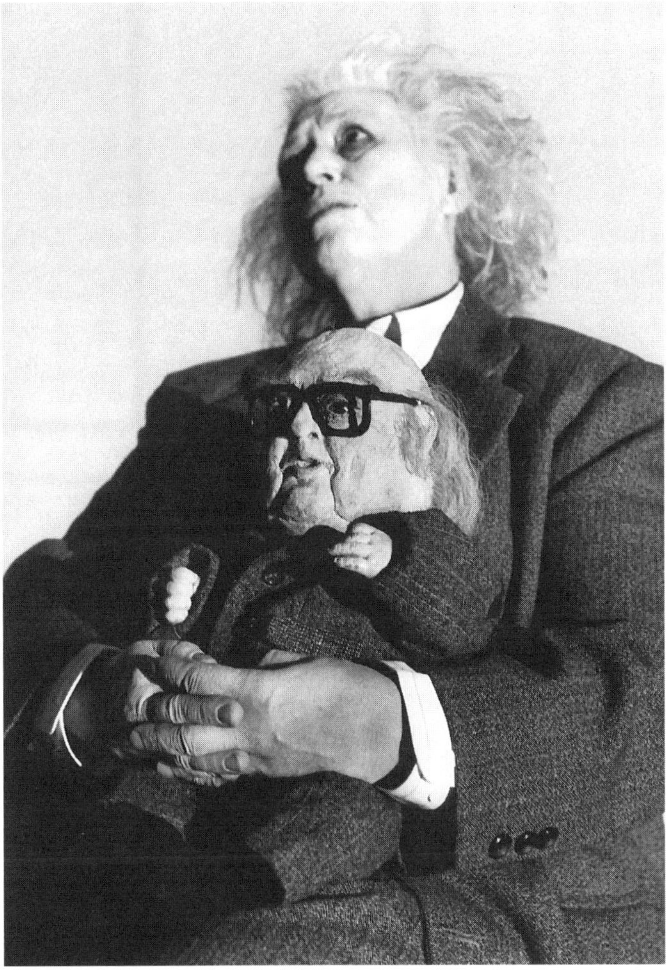

Szenenbilder aus der Fernseh-inszenierung von *Fritz*, 1994:

Therese Bichsel

Therese Bichsel und Guido Bachmann

ihn leer am besten. Regisseur und Direktor Volker Hesse engagierte drei eidgenössische Schauspieler, damit wir die Texte gegebenenfalls in unserem Idiom wiedergeben konnten: Therese Bichsel, die Frau des Schriftstellers Peter Bichsel, den schauspielernden Schriftsteller Guido Bachmann (beide sind mit Dürrenmatt über Jahre persönlich befreundet gewesen) und Hanspeter Müller vom Neumarkt-Ensemble. Inzwischen fing ich an, eine Text-Collage herzustellen, die fünf Bereiche umfaßte: das Biographische bis zur endgültigen Berufswahl, den Blick in die Sterne, labyrinthische Texte, das große Fressen, die Schweiz.

Wir steckten die drei Schauspieler – den jungen, den alten, die Frau – in den gleichen grauen Grisle-Dreiteiler, mit dem Deggeler die Dürrenmattpuppe einkleidete, und wir ließen ihre Gesichter puppenweiß schminken. Sie wurden zu beweglichen, sprechenden Dürrenmatt-Satelliten, die schreitend und tanzend um den regungslos sitzenden Dürrenmatt, um eine zusätzliche kleine Dürrenmattpuppe und um einen Haufen von Barbara Marthaler kongenial fabrizierter Dürrenmatt-Miniaturkopffüßler kreisten. Wir merkten bald, daß wir ohne Gesang und minimale Vertonungen nicht auskommen wollten; so stieß der Musiker Martin Gantenbein zur Produktion.

Auf dem Premieren-Handzettel stand: »Drei Figuren in einem weiten Raum. Sie betreten Dürrenmatts Gedankenbühnen und Denklabyrinthe. Sie sprechen, sie spielen, sie singen Dürrenmatt. Sie verlaufen sich – wie der alte Meister selbst am Ende seines Lebens – lustvoll und angstvoll in der immensen Welt seiner geschriebenen und ungeschriebenen Stoffe.«

DER MULTIPLIZIERTE FRITZ

Guido Bachmann

Guido Bachmann (*28.1.1940 Luzern): Schweizer Schriftsteller und Schauspieler. Schrieb verschiedene Theaterstücke, Hör- und Fernsehspiele und die Roman-Trilogie *Zeit und Ewigkeit* (*Gilgamesch*, 1977; *Die Parabel*, 1978; *Echnaton*, 1982); *Dionysos*, 1990; *Die Wirklichkeitsmaschine*, 1994. Mit F.D. verband Bachmann eine langjährige Freundschaft.

Am Anfang hatte ich Schwierigkeiten, und diese begannen schon mit dem Titel *Fritz*: ich fand ihn anbiedernd: Schwierigkeiten auch mit dem Begriff ›Projekt‹ – es werden ja nicht mehr ›Stücke‹ gegeben, sondern ›Projekte‹ gemacht, und zwar solche neuerdings im Labor – und endlich ganz besonders Schwierigkeiten damit, daß mir kurz vor Probenbeginn immer noch kein Textmaterial zur Verfügung stand. Ich wußte nicht, was da auf mich zukam. Ein Stück bietet Gelegenheit, es auszuloten, eine Rolle zu studieren, sich ein Bild zu machen, schon vor den Proben. Ich hatte nur den Hinweis bekommen, daß Texte gesprochen würden: beispielsweise aus den *Stoffen*. Das war mir zu vage, und einen Monat vor Probenbeginn sagte ich ab. Ich hatte nicht mit der Zähigkeit von Regisseur Volker Hesse gerechnet. Und so sagte ich – allerdings ohne Überzeugung – wieder zu. Ich fand das eine schlechte Voraussetzung und ging unwirsch zur Leseprobe.

Wir lasen die Texte durch, frühe Prosa, späte Prosa, Theaterszenen, Lyrik, politische Texte, Philosophisches, Autobiographisches, einen theologischen Essay und eine rassensatirische Burleske über Südafrika. Nun sah ich das Ganze überhaupt nicht mehr, und es leuchtete mir nicht ein, wie man aus diesen Stücken ein Ganzes oder gar ein ganzes Stück machen könnte. Ich war ohne Vision und erst später erstaunt, daß wir, mit einer Ausnahme, alle diese Texte – die wir an der ersten Probe lasen, ohne zu wissen, wer welche Passage sprechen würde – zur Aufführung brachten.

Das kleine Team gab mir Geborgenheit, und die großen Proberäume boten ideale Arbeitsbedingungen. Ich leistete keinen Widerstand, ich wollte mich überraschen lassen. Schon die ersten zwei oder drei Tage verliefen rasant. In den ausgewählten Texten spiegelten sich die verschiedenen Facetten von Dürrenmatts Wesen, aufgesplittert in drei Personen und die Puppe ›Fritz‹: der junge Dürrenmatt, der Philosoph, der Dramatiker, der Politiker, der Lyriker, sein weibliches Wesen, sein zartes, sein robustes, sein krankes oder scheues oder geniales – kurz: seine Partial-Ichs. Und die ausgewählten Texte zeigten das ganze Leben Dürrenmatts auf: Kindheit, Jugend, Malerei, gescheitertes Studium, genialische Saufphasen, Vaterkonflikt, Schriftstellerei, Kosmologie, Philosophie, Physik, Theologie; zeigten den Denker, den Zweifler, den Atheisten und zögernden Gottessucher.

Nun sah ich zu meiner Befriedigung ein, wie recht ich mit meiner Skepsis gehabt hatte; denn ein solches Projekt konnte fürchterlich in die Hosen gehen. Die Gefahr, daß drei Darstellende

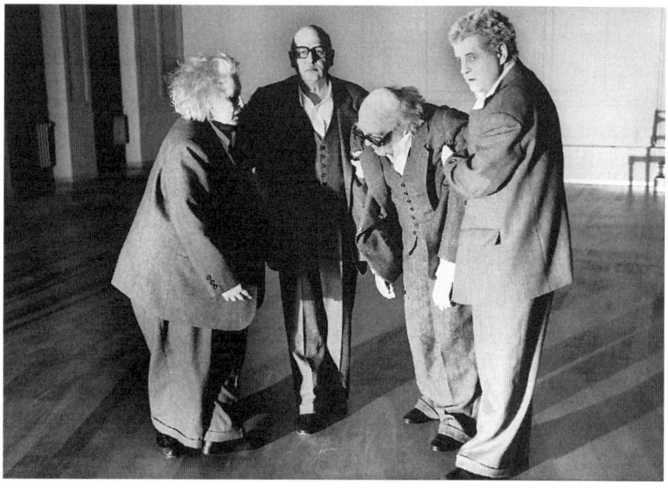

Szenenbilder aus der Fernseh-inszenierung von *Fritz*, 1994:

Guido Bachmann, Therese Bichsel, Dürrenmatt-Puppe, Hanspeter Müller

Guido Bachmann

Therese Bichsel, Guido Bachmann, Dürrenmatt-Puppe, Hanspeter Müller

(und erst noch ein stummer Mitspieler als Gliederpuppe *Fritz*) einen Autorenabend mit verteilten Stimmen zum Schlechten geben, bestand durchaus.
Gewisse Requisiten, der lange Tisch etwa, bekamen Eigenleben. Zum Anfang diente er mir, ich saß rittlings auf ihm, als Arbeitsstätte. Der Zeichner Dürrenmatt war am Werk. Ich gewöhnte mir während der Proben schon früh an, ein Labyrinth zu zeichnen. Dann gesellte sich Hanspeter Müller dazu. Der Zeichentisch wurde zum Biertisch. Der Tisch als Höhle im Wald und später dann als ganze Last der Welt auf Dürrenmattmüllers Atlasbuckel; und als der Tisch mit der Längsseite nach oben stand, war er Müller zur Kanzel oder zum Rednerpult geworden; der Tisch endlich, wie er nach den Worten »Es ist höchste Zeit, sich wieder zum Atheismus zu bekennen« auf die Bretter knallte und, mit den Beinen nach oben, zum Sarg wurde, aus dem heraus Dürrenmatt die Schweiz als Gefängnis verspottete.
Heute kommt mir diese Komposition (denn es handelte sich im Wortsinn um etwas Zusammengestelltes) als Fuge vor mit Thema, Gegenthema und Umkehrung. Eine stumme Stimme: Fritz als wortloser Tonangeber. Wir waren lange ratlos, was wir mit dieser Puppe anfangen sollten. War sie Verhöhnung? War sie etwas Aufgesetztes? War die verblüffende Ähnlichkeit mit Dürrenmatt gar Hohn? Wir meisterten die Gefahr, indem wir Fritz ernst nahmen. Wir haben ihr Rätsel nicht gelöst, und das war gut so. Wir bedienten sie als Figur. Als Beckett-Figur quasi. Und so brauchten wir sie nicht zu hinterfragen. Wir nannten sie ›Fritz‹ und grüßten sie artig, wenn wir zur Probe kamen.
Fritz schaut teilnahmslos und gerade deshalb hellwach ins Publikum, wenn ich seine Einsichten zum Thema Schriftstellerei laut vor mich hin denke und in Dürrenmatts Dialektfärbung und mit seiner Stimme gegen eine Wand spreche.
Die zweite prinzipielle Gefahr des Abends: Ist das nun ein guter Effekt oder nur Anbiederung? Ist die Imitation Parodie? Ich weiß es heute noch nicht. Aber auch das gab zu Diskussionen Anlaß. Ich habe Dürrenmatt gut gekannt, und die Legitimation, mich seines Tonfalls zu bedienen, führe ich darauf zurück, daß wir uns als Schriftsteller begegnet sind. Er hat sich mal für mich eingesetzt und über mein Dreipersonenstück *Die Klippe* gesagt, es gehöre nicht auf die Bühne, sondern es sei eigentlich ein Fernsehspiel. Er hatte sich nicht geirrt. Das Schweizer Fernsehen DRS produzierte *Die Klippe* 1976, und die Freundschaft ist geblieben. Dürrenmatt hat mich gebeten, die Rolle des Henkers Pilet in der Theaterfassung von *Die Panne* zu übernehmen. In Neuenburg führte er Regie. Die Proben dauerten sechs Wochen, und meine Darstellung des *Fritz* geht auf die Erinnerung zurück, wie sich Dürrenmatt während jener Zeit *auf der Bühne* benahm; wie er sich bewegte: selbst das wurde mir während der

Fritz-Proben zur heimlichen Regie, so daß ich ohne Mühe wie *er* gehen konnte. Außerdem fiel es dann eben nicht schwer, seinen Gestus, seinen Habitus und seine Stimme zu beleben; denn sechs Wochen Arbeit mit ihm war eine gute, eine leichte, keine harte Schule. So war er mein unsichtbares Vorbild, an das ich mich hielt, ohne Dürrenmatt nachzuäffen.

Aus der Achronologie der Texte einen Ablauf zu finden erfordert eine adäquate Choreographie: ein bewegliches Trio, zuweilen ein Quartett. Vier Personen zu einer Figur zusammengewachsen, die sich verklumpt, die auseinanderspritzt, die sich im Chaos verwirrt und im Labyrinth verirrt und abermals zum Kosmos findet. Diese Choreographie half mit, die Texte zu verschmelzen, so daß die Zuschauer am Ende das Gefühl hatten, ein zusammenhängendes Stück gesehen zu haben.

Wir wollten Denkprozesse sichtbar machen, entschlossen uns, das Gehirn zu entblößen, den Schädel anzubohren oder zu sprengen. Daraus wurde dann schon nach kurzer Probezeit ein labyrinthisches Griesgehirn mit konfitürenroten Windungen. Das Verspeisen des menschlichen Gehirns als magischer Akt der Einverleibung einer Intelligenz. Es verstand sich dann von selbst, daß wir die ›Freß-Arie‹ Bockelsons aus *Es steht geschrieben* nach der Gehirnorgie brachten: *Ich habe ausgezeichnet gegessen*, die Vision der ungeheuren Völlerei. Auch hier ergab es sich bald, daß das Klagelied über den Diabetes mellitus – an dem Dürrenmatt Zeit seines Lebens gelitten hat –, mit dem Aufschrei »Zucker!« beginnend, unmittelbar nach der ›Freß-Arie‹ folgen mußte. So entstand aus Zusammenstellen etwas geheimnisvoll Zusammengehörendes.

Am meisten leben in unserem Lande die Toten.

Aus: *Schweizerpsalm II*, in: WA, Bd. 28, S. 176ff.

F.D., *Gelächter*, 1990

Anhang

Chronik

1921
5. Januar: Geboren in Konolfingen im Emmental, Kanton Bern, als ältester Sohn des protestantischen Pfarrers Reinhold Dürrenmatt und seiner Frau Hulda, geb. Zimmermann.

1924
Geburt der Schwester Verena.

1928–1932
Primarschule in Stalden bei Konolfingen.

1932–1935
Sekundarschule im Nachbardorf Grosshöchstetten.

1935
Umzug der Familie nach Bern, wo der Vater Pfarrer am Salemspital wird. Bis 1939 am Freien Gymnasium, anschließend am Humboldtianum.

1937
Juli/August: Reise mit dem Fahrrad nach Deutschland (München, Nürnberg, Weimar, Frankfurt).

1941
Herbst: Maturitätsprüfung (Alte Sprachen). Beginn des Studiums in Bern, v.a. Deutsche Literatur bei Fritz Strich. Erste schriftstellerische Versuche, malt und zeichnet.

1942
Juli: Rekrutenschule; nach drei Wochen aus gesundheitlichen Gründen entlassen und in den militärischen Hilfsdienst versetzt; Einsätze im Hilfsdienst 1944/45 in Interlaken und in La Plaine bei Genf.

1942/43
Zwei Semester Studium in Zürich, hält sich vor allem im Kreis um den Maler Walter Jonas auf. Entstehung einer Komödie (*Der Knopf* bzw. *Komödie*) und der ersten Erzählungen (*Weihnacht* u.a.). Kehrt mit einer Gelbsucht nach Bern zurück.

1943–1946
Fortsetzung des Studiums in Bern, v.a. Philosophie bei Richard Herbertz, Plan zu einer Dissertation über »Kierkegaard und das Tragische«.

1945
Erste Publikation: *Der Alte* (Erzählung) in der Berner Tageszeitung ›Der Bund‹. Weitere Erzählungen, Arbeit am zweiten Stück, *Es steht geschrieben*.

1946
Dürrenmatt bricht das Studium ab und beschließt, Schriftsteller zu werden. 11. Oktober: Heirat mit der Schauspielerin Lotti Geissler. Im November Übersiedlung nach Basel. Das Hörspiel *Der Doppelgänger* wird von Radio Bern abgelehnt (Erstsendung 1961).

1947
19. April: Uraufführung von *Es steht geschrieben* im Schauspielhaus Zürich führt zu einem Theaterskandal. Preis der ›Welti-Stiftung für das Drama‹. Schreibt Theaterkritiken für ›Die Nation‹, Bern. Geburt des Sohns Peter.

1948
10. Januar: Uraufführung *Der Blinde* im Stadttheater Basel. Übersiedlung nach Ligerz am Bielersee. Arbeit am Drama *Der Turmbau zu Babel*, das nach vier Akten aufgegeben und vernichtet wird. Mehrere Sketches für das Zürcher ›Cabaret Cornichon‹.

1949
In kurzer Zeit entsteht *Romulus der Große*. Uraufführung am 25. April im Stadttheater Basel. Geburt der Tochter Barbara. Erste Dürrenmatt-Aufführung in Deutschland (*Romulus der Große* in Göttingen). Arbeit an *Die Ehe des Herrn Mississippi*.

1950
Dürrenmatt schreibt seinen ersten Kriminalroman, *Der Richter und sein Henker*, für die Zeitschrift ›Der Schweizerische Beobachter‹. Der Fortsetzungsroman, primär als Brotarbeit entstanden, erreicht bis 1996 eine weltweite Auflage von über 5 Millionen.

1951
Geburt der Tochter Ruth. Zweiter Kriminalroman, *Der Verdacht*. Erzählung *Der Hund*. Theaterkritiken für ›Die Weltwoche‹ (bis 1953). Hörspiele *Der Prozeß um des Esels Schatten* und *Nächtliches Gespräch mit einem verachteten Menschen*. Die Hörspiele, vor allem Auftragsarbeiten für deutsche Rundfunkanstalten, sind in der ersten Hälfte der 50er Jahre Dürrenmatts wichtigste Einnahmequelle (1952: *Stranitzky und der Nationalheld*, 1954: *Herkules und der Stall des Augias* und *Das Unternehmen der Wega*, 1956: *Die Panne* und *Abendstunde im Spätherbst*).

1952
Umzug ins eigene Haus in Neuchâtel (bleibt Wohnsitz bis zum Lebensende; im Laufe der Jahre werden zwei Häuser hinzugebaut). 26. März: Uraufführung *Die Ehe des Herrn Mississippi* in den Münchener Kammerspielen; damit gelingt Dürrenmatt der Durchbruch in Deutschland. Erste Dürrenmatt-Aufführung in fremder Sprache: *Les Fous de Dieu* (*Es steht geschrieben*) in Paris. *Der Tunnel* erscheint gemeinsam mit früheren Erzählungen im Sammelband *Die Stadt* im Arche Verlag, der bis 1980 Dürrenmatts Werke herausgibt.

1953
22. Dezember: Uraufführung *Ein Engel kommt nach Babylon* in den Münchner Kammerspielen.

1954
Literaturpreis der Stadt Bern. Essay *Theaterprobleme*. Inszeniert im Stadttheater Bern *Die Ehe des Herrn Mississippi*.

1955
Prosakomödie *Grieche sucht Griechin*, Arbeit an *Mondfinsternis*, *Der Besuch der alten Dame*, *Die Panne*.

1956
29. Januar: Uraufführung *Der Besuch der alten Dame* im Schauspielhaus Zürich, Dürrenmatt inszeniert das Stück im Herbst im Stadttheater Basel. Essay: *Vom Sinn der Dichtung in unserer Zeit*.

1957
Hörspielpreis der Kriegsblinden für *Die Panne*; Erstaufführung der Fernsehfassung am 11. April. Schreibt das Treatment zum Film *Es geschah am hellichten Tag* (Erstaufführung 1958). Weiterentwicklung des Filmstoffs 1958 zum Roman *Das Versprechen*. Erste Spielfilm-Eigenproduktion des deutschen Fernsehens: *Der Richter und sein Henker* (Erstaufführung: 7. Sept., SDR).

1958
Prix Italia für *Abendstunde im Spätherbst*. *Der Besuch der alten Dame* wird in New York und auf den Bühnen der ganzen Welt gespielt, die erste Fernsehfassung wird am 19. Februar 1959 vom Südwestfunk Baden-Baden ausgestrahlt.

1959
19. März: Uraufführung *Frank V. – Oper einer Privatbank* im Schauspielhaus Zürich; Musik: Paul Burkhard. April/Mai: Reise nach New York (Preis der New Yorker Theaterkritiker). Schillerpreis in Mannheim. Inszeniert am Berner Atelier-Theater seine Kammerspielfassung der *Alten Dame*. Kuraufenthalt in Vulpera (Idee zu den Komödien *Der Meteor* und *Die Physiker*).

1960
Reisen nach London, Mailand, Paris, Stockholm, München zu Aufführungen seiner Stücke. Großer Preis der Schweizerischen Schillerstiftung. Arbeit am Roman *Justiz* (abgeschlossen 1985). Drehbuch zum Film *Die Ehe des Herrn Mississippi* (Uraufführung: Berliner Filmfestspiele, 1961).

1961
Reise nach Berlin, Arbeit an *Die Physiker*.

1962
20. Februar: Uraufführung *Die Physiker* im Schauspielhaus Zürich. Das Stück ist in der Saison 1962/63 das meistgespielte auf deutschsprachigen Bühnen; ebenfalls wieder in der Saison 1982/83 rund um die Diskussion des amerikanischen ›Star Wars‹-Projekts.

1963
Uraufführung der Komödie *Herkules und der Stall des Augias* im Schauspielhaus Zürich. Der Band *Die Heimat im Plakat* mit satirischen Zeichnungen über die Schweiz erscheint.

1964
Januar/Februar: Reise nach Spanien und Marokko. Juni: Reise in die UdSSR und nach Prag. Erstaufführung des Hollywood-Films *The Visit* (nach *Der Besuch der alten Dame*). Neubearbeitung und Regiearbeit *Frank V.* in Bochum; die Arbeit wird abgebrochen. Arbeit am *Meteor*; Totenreden auf die Freunde Kurt Hirschfeld und Ernst Ginsberg. 5. November: Erstausstrahlung der Fernsehfassung von *Die Physiker* (SDR).

1965
Tod des Vaters. Arbeit am *Meteor* und an der Erzählung *Der Sturz* (publiziert 1971).

1966
20. Januar: Uraufführung *Der Meteor* im Schauspielhaus Zürich. Erstaufführung der Verfilmung von *Grieche sucht Griechin*. Regie bei der Fernsehfassung von *Frank V.* (Erstausstrahlung 16. Februar 1967, NDR).

1967
16. März: Uraufführung *Die Wiedertäufer* im Schauspielhaus Zürich. Reise nach Moskau zum 4. Sowjetischen Schriftstellerkongreß. Rede *Israels Lebensrecht* im Zürcher Schauspielhaus (zum Sechstagekrieg). 24. Oktober: Erstausstrahlung der Fernsehfassung von *Der Meteor* (SF DRS/SDR).

1968
Monstervortrag über Gerechtigkeit und Recht in Mainz, Kodirektion mit Werner Düggelin an den Basler Theatern. Rede *Tschechoslowakei 1968*. 18. September: Uraufführung *König Johann* (nach Shakespeare). Grillparzer-Preis.

1969
Regie bei der Uraufführung von *Play Strindberg* in der Basler Komödie (8. Februar, Erstausstrahlung der Fernsehaufzeichnung: 14. September 1971, SDR). Nach Differenzen und schwerer Krankheit verläßt Dürrenmatt die Basler Theater. Während eines Kuraufenthalts in Vulpera Beginn der Arbeit an *Stoffe – Die Geschichte meiner Schriftstellerei*. Großer Literaturpreis des Kantons Bern. November bis Januar 1970: Reise nach USA, Mexiko und der Karibik (Ehrendoktor der Temple University, Philadelphia), Essay *Sätze aus Amerika* (erscheint 1970). Mitherausgeber der neuen Zürcher Wochenzeitung ›Sonntags Journal‹ (bis 1971).

1970
Regie bei der eigenen Bearbeitung von Goethes *Urfaust* im Schauspielhaus Zürich (22. Oktober). Uraufführungen *Porträt eines Planeten* (10. November) und *Titus Andronicus* (12. Dezember) im Schauspielhaus Düsseldorf. Berufung in den Verwaltungsrat des Zürcher Schauspielhauses.

1971
Erzählung *Der Sturz* erscheint. Regie *Porträt eines Planeten* (Neufassung) im Schauspielhaus Zürich (Erstausstrahlung der Fernsehaufzeichnung: 14. September, SDR). Uraufführung der Oper *Der Besuch der alten Dame* von Gottfried von Einem in der Wiener Staatsoper.

1972
Inszenierung von Büchners *Woyzeck* am Zürcher Schauspielhaus; lehnt die Berufung zum Direktor des Schauspielhauses Zürich ab.

1973
Inszeniert *Die Physiker* mit Schweizer Tournee-Theater. 8. März: Uraufführung *Der Mitmacher* im Schauspielhaus Zürich. Nach Differenzen mit F.D. zieht sich der Regisseur Andrzej Wajda wenige Tage vor der Premiere zurück. F.D. übernimmt kurzfristig die Regie. Das Stück fällt bei Kritik und Publikum durch. Im Herbst Neuinszenierung *Der Mitmacher* in Bochum; Regie: F.D. (Erstausstrahlung der Fernsehaufzeichnung: 2. Januar 1975, SDR).

1974
Reise nach Israel auf Einladung der israelischen Regierung. Ehrenmitgliedschaft der Ben-Gurion-Universität Beerschewa (Israel). Bedankt sich mit der Rede *Zusammenhänge* (erscheint 1976 in wesentlich erweiterter Form als Buch, 1980 nochmals erweitert durch *Nachgedanken*). Inszeniert Lessings *Emilia Galotti* im Schauspielhaus Zürich.

1975
Rede gegen die antiisraelische Resolution der UNO am 4. PEN-Kongreß in Wien. Arbeit am großen Nachwort und Essay *Der Mitmacher – Ein Komplex* und am Stück *Die Frist*. Schwere Krankheit, längerer Krankenhausaufenthalt.

1976
Der Mitmacher – Ein Komplex erscheint. F.D. zeigt erstmals Bilder im ›Hôtel du Rocher‹ in Neuchâtel. Dreharbeiten zum Film *Der Richter und sein Henker* (Regie: Maximilian Schell, mit F.D. in der Rolle des Schriftstellers). November: Reise nach Wales.

1977
Buber-Rosenzweig-Medaille, Rede *Über Toleranz*. Uraufführung der Oper *Ein Engel kommt nach Babylon* von Rudolf Kelterborn im Zürcher Opernhaus mit Libretto von F.D. 6. Oktober: Uraufführung *Die Frist* am Schauspielhaus Zürich. Ehrendoktor der Universität Nizza und der Hebräischen Universität Jerusalem.

1978
Inszeniert den *Meteor* in einer neuen Fassung im Wie-

ner Theater in der Josefstadt. Erste umfassende Ausstellung in der Galerie Daniel Keel in Zürich. Gleichzeitig erscheint der Bildband *Bilder und Zeichnungen.* Arbeit an den *Stoffen.*

1979

Vortrag *Albert Einstein* in Zürich. Großer Literaturpreis der Stadt Bern. 13. September: Uraufführung der Komödienfassung der *Panne* in Wilhelmsbad/Hanau; Regie: F.D.

1980

Werkausgabe in 30 Bänden erscheint gebunden im Arche Verlag, als Taschenbuch im Diogenes Verlag. Neufassungen der meisten Stücke. Wechsel zum Diogenes Verlag.

1981

Ehrendoktor der Universität Neuchâtel zum 60. Geburtstag. Feier im Schauspielhaus Zürich. März–Juni: ›Writer in Residence‹ an der University of Southern California, Los Angeles. *Stoffe I-III* erscheint (Neuauflage 1990 unter dem Titel *Labyrinth. Stoffe I-III*).

1982

Symposium der ETH Zürich: Vortrag *Vorgedanken über die Wechselwirkung (störend, fördernd) zwischen Kunst und Wissenschaft.* Arbeit an den *Stoffen* und *Achterloo.*

1983

16. Januar: Tod von Frau Lotti. Ehrendoktor der Universität Zürich. 6. Oktober: Uraufführung von *Achterloo* im Schauspielhaus Zürich. Arbeit am Filmprojekt *Midas* (seit 1980). Reisen nach Griechenland und Südamerika.

1984

Carl-Zuckmayer-Medaille des Landes Rheinland-Pfalz. Österreichischer Staatspreis für Europäische Literatur. 8. Mai: Heirat mit der Filmemacherin, Schauspielerin und Journalistin Charlotte Kerr. Vortrag *Kunst und Wissenschaft* an der Universität Frankfurt. 26. Dezember: Erstausstrahlung des Filmporträts von Charlotte Kerr: *Porträt eines Planeten. Von und mit Friedrich Dürrenmatt* (SDR).

1985

Minotaurus. Eine Ballade (mit Zeichnungen des Autors). Ausstellung des zeichnerischen Werks in Neuchâtel (Musée d'Art et d'Histoire). Jean-Paul-Preis. Der Roman *Justiz* erscheint. Reisen nach Ägypten, Griechenland, Andalusien.

1986

Der Auftrag oder Vom Beobachten des Beobachters der Beobachter. Mit Charlotte Kerr: *Rollenspiele (*mit *Protokoll einer fiktiven Inszenierung* und *Achterloo III*). Premio Letterario Internazionale Mondello. Reise nach Sizilien. Georg-Büchner-Preis, Rede *Georg Büchner oder der Satz vom Grunde.* Schiller-Gedächtnispreis. Rede *Das Theater als moralische Anstalt heute.*

1987
Reise zum Friedensforum in Moskau. Arbeit an den *Stoffen* und am Roman *Durcheinandertal.* Reisen in die Türkei, nach Italien und Spanien.

1988
Inszeniert im Rokokotheater Schwetzingen die Uraufführung von *Achterloo IV* (17. Juni, Erstausstrahlung der Fernsehaufzeichnung: 14. Januar 1989, SDR). Prix Alexeï Tolstoï der Association Internationale des Ecrivains de Romans Policiers.

1989
Ernst-Robert-Curtius-Preis für Essayistik. Vermacht seinen gesamten literarischen Nachlaß der Schweizerischen Eidgenossenschaft mit der Bedingung, ein Schweizerisches Literaturarchiv einzurichten. Roman *Durcheinandertal* erscheint.

1990
Mai/Juni: Reise nach Polen, Besuch von Auschwitz und Birkenau. *Turmbau. Stoffe IV-IX* erscheint im Oktober als vorläufiger Abschluß des *Stoffe*-Projekts, an dem Dürrenmatt seit 1969 arbeitete. Preis-Rede auf Václav Havel (*Die Schweiz – ein Gefängnis*) und auf Michail Gorbatschow (*Die Hoffnung, uns am eigenen Schopfe aus dem Untergang zu ziehen*); beide Reden erscheinen 1991 unter dem Titel *Kants Hoffnung.*
Am 14. Dezember stirbt Friedrich Dürrenmatt in Neuchâtel, kurz vor seinem 70. Geburtstag.

Dank

Folgenden Personen und Institutionen danken wir für die Unterstützung und Mitarbeit an diesem Buch:

Adelheid Achermann, Zürich; Heinz Ludwig Arnold, Göttingen; Badische Neuste Nachrichten, Karlsruhe; Basler Theater; Bayerischer Rundfunk, München; Wolfgang Bergmann, Auringen; Wir Brückenbauer, Zürich; Claudia Burri, Zürich; Ettore Cella, Brütten bei Winterthur; Cinémateque Suisse, Lausanne; Yve Delaquis, Zürich; Dokumentation Wort + Bild, SF DRS, Zürich; Domino, Schweizer Bücherzeitung, Zürich; Hans M. Eichenlaub, Niedererlinsbach; Filmbulletin, Winterthur;

FOCAL, Lausanne; Frankfurter Allgemeine Zeitung; Frankfurter Neue Presse; Frankfurter Rundschau; Friedrich Dürrenmatt-Stiftung, Zürich; Hans W. Geissendörfer, Köln; Gong, München; Sonja Gutmann, Russikon; Hamburger Abendblatt; Beate Haungs, Rheinmünster; Georg Hensel, Darmstadt; Hessischer Rundfunk, Frankfurt a./M.; Ruth Hirschfeld, Zürich; Erich Holliger, Basel; Huber Fondation, Basel; Daniel Keel, Zürich; Charlotte Kerr Dürrenmatt, Neuchâtel; Kirche und Fernsehen, Bethel bei Bielefeld; Walter Konrad, Mainz; Illustrierte Kronenzeitung, Wien; Kunsthaus, Zürich; Michael Leischner, Baden-Baden; Hans und Käthy Liechti, Grenchen; Hugo Loetscher, Zürich; Djibril Diop Mambéty, Dakar; Pierre Alain Meier, Zürich; Der Mittag, Berlin; Nationaltheater Mannheim; National-Zeitung, Basel; Neue Zürcher Nachrichten; Neue Zürcher Zeitung; Norddeutscher Rundfunk, Hamburg; Nürnberger Zeitung; Österreichischer Rundfunk, Wien; Matthias Osiecki, Wien; Anna von Planta, Genf; Praesens-Film AG, Zürich; Die Presse, Wien; Radio KPFK, Los Angeles; Rheinische Post, Düsseldorf; Die Rheinpfalz, Ludwigshafen; RIAS, Berlin; Peter Rüedi, Tremona; Ruhr Nachrichten, Dortmund; Hardy Ruoss, Zürich; Ruedi Santschi, Zürich; Engelbert Sauter, Dalheim; Schauspielhaus Zürich; Maximilian Schell, München und Los Angeles; Peter Schellenberg, Zürich; Christof Schmid, Baden-Baden; Hans-Ulrich Schmutz, Riedt; Schweizer Fernsehen DRS, Zürich; Schweizer Illustrierte Zeitung, Zürich und Zofingen; Schweizer Radio DRS, Bern, Basel und Zürich; Der Schweizerische Beobachter, Basel; Schweizerisches Literaturarchiv, Bern; Sender Freies Berlin, Berlin; Sinn und Form, Berlin; Der Spiegel, Hamburg; Stadttheater, Aachen; Winfried Stephan, Zürich; Stuttgarter Nachrichten; Stuttgarter Zeitung; Süddeutsche Zeitung, München; Süddeutscher Rundfunk, Stuttgart; Südwestfunk, Baden-Baden; Tages-Anzeiger, Zürich; Der Tagesspiegel, Berlin; Die Tat, Zürich; Tele, Zürich; Thelma Film AG, Zürich; Norbert Waldmann, Baden-Baden; Ulrich Weber, Muri b. Bern; Die Welt, Hamburg; Die Weltwoche, Zürich; Bernhard Wicki und Elisabeth Endriss, München; Franz Peter Wirth, Berg; Die Zeit, Hamburg; Peter Zurek, Wien; Zweites Deutsches Fernsehen, Mainz

Die Beiträge erscheinen mit freundlicher Genehmigung der jeweiligen Zeitungen, Zeitschriften, Radio- und Fernsehanstalten, Autoren und Journalisten. Bei Radio- und Fernsehinterviews haben sich die Herausgeber erlaubt, die Statements im Sinne einer besseren Lesbarkeit behutsam zu redigieren und zu kürzen.

Textbeiträge

Alle Texte von Friedrich Dürrenmatt sind zitiert nach der *Werkausgabe in dreißig Bänden*, Zürich, Diogenes Verlag 1980 (Abkürzung: WA, Bd. 1–30).
Die nach dieser Werkausgabe veröffentlichten Texte sind nach den im selben Verlag erschienenen Einzelausgaben zitiert.

Die folgenden Texte von Friedrich Dürrenmatt werden in diesem Buch zum ersten Mal veröffentlicht:

S. 62f.: *Was bleibt, stifte ich den Dichtern*
Signatur FD-C-1-a-50 SLA, Bern

S. 116ff.: *Die Entstehung der ›Panne‹*
Signatur FD-A-m147 SLA, Bern

S. 183: *Ein Naturereignis (Ein Meteor)* [Schulaufsatz]
Signatur FD-C-1-b-8, SLA, Bern

S. 308: *Ich begegnete Dir* [Gedicht]
Signatur FD-A-m252 III, SLA, Bern

Die zitierten und abgebildeten Manuskripte und Faksimiles befinden sich im Nachlaß von Friedrich Dürrenmatt im Schweizerischen Literaturarchiv, Bern. Der Brief auf Seite 138 ist im Besitz der Praesens-Film AG, Zürich, die Manuskripte auf den Seiten 218 und 230 sind im Besitz von Luis Bolliger, Zürich.

Friedrich Dürrenmatt und die Gerechtigkeit erscheint zum ersten Mal in deutscher Übersetzung; Originaltitel: *In the shadow of the scales*, geschrieben für ›The Reporter‹, New York, 30.4.1959; Copyright © by Gore Vidal. Veröffentlicht mit der Genehmigung Nr. 53931 der Paul & Peter Fritz AG in Zürich.

Die im Textteil nicht nachgewiesenen Texte sind Originalbeiträge für dieses Buch:

Dieter Bachmann: *Renitenz oder Die Liebe zu den eigenen, ungeliebten Arbeiten.*

Guido Bachmann: *Der multiplizierte Dürrenmatt.*

Hermann Beil: *Du mußt mich kritisieren.*

Ernst Buchmüller: *Der erste Spielfilm des deutschen Fernsehens; Die ›Alte Dame‹ zum ersten Mal im Fernsehen; Nach einer Original Filmstory von F.D.*

Johannes Glarner: *Eine szenische Annäherung an den späten Dürrenmatt.*

Hugo Loetscher: *Die Welt in Szene setzen.*

Peter Rüedi: *Requiem in fünf Sätzen.*

Martin Schlappner: *Friedrich Dürrenmatt und die ihm fremde Bildwelt des Films.*

Rudolf Stalder: *Kleiner Umgang mit einem Großen.*

Bild- und Fotonachweis

Bilder:

© Für die Bilder und Zeichnungen von Friedrich Dürrenmatt: Friedrich Dürrenmatt-Stiftung, Zürich, und Diogenes Verlag, Zürich.

Die Bilder und Zeichnungen von F.D. wurden in folgenden Büchern und Publikationen veröffentlicht:
S. 25, 67, 71, 110, 128, 156, 173, 181, 191 oben, 207, 241, 273 in: *Dürrenmatt. Bilder und Zeichnungen.* Herausgegeben von Christian Strich. Zürich, Diogenes 1978.
S. 69, 182, 185, 189, 191 unten, 198, 315 in: *Friedrich Dürrenmatt. Schriftsteller und Maler,* Zürich, Diogenes, 1994.
S. 175, 197, 263, 319, 321, 322, 324 in: Friedrich Dürrenmatt, *Kritik.* (WA, Bd. 25) Mit Zeichnungen des Autors. Zürich, Diogenes 1986.
S. 280, 281, 282, 285, 291 in: Friedrich Dürrenmatt mit Charlotte Kerr, *Rollenspiele.* Mit *Assoziationen mit einem dicken Filzstift* des Autors. Zürich, Diogenes 1986.
S. 43 in: Friedrich Dürrenmatt, *Die Heimat im Plakat,* Zürich, Diogenes 1963.
S. 151, 302 im Presseheft zum Film *Der Richter und sein Henker,* Neue Constantin Film, München 1976.
S. 159, 160 in: Elisabeth Brock-Sulzer, *Friedrich Dürrenmatt. Stationen seines Werkes,* Zürich, Arche 1960 und Diogenes 1986
S. 116, 117, 120, 121 im Katalog *Friedrich Dürrenmatt. Bilder, Zeichnungen, Skizzen aus der Sammlung Hans und Käthy Liechti,* Kulturzentrum des Kantons Solothurn, 1991.
S. 260 im Programmheft zu *Der Mitmacher,* Stadtheater Aachen, 25.2.1989
Die Bilder auf Seite 209 werden zum ersten Mal veröffentlicht und sind in Privatbesitz.

© Für die weiteren Abbildungen bei folgenden Personen und Institutionen:
Hans W. Geissendörfer, Köln: S. 301
Kunsthaus Zürich: S. 186/187
Musikverlag und Bühnenvertrieb Zürich AG: S. 161
Praesens-Film AG, Zürich: S. 55, 135
Rialto Film AG, Zürich: S. 295
Schauspielhaus Zürich: S. 16, 75, 154
Eigentum der Schweiz. Eidgenossenschaft (Schweiz. Literaturarchiv, Bern): S. 10
Thelma Film AG, Zürich, Djibril Diop Mambéty: S. 93, 94

Fotos:

Umschlag: F.D. bei den Dreharbeiten zur Fernsehinszenierung von *Frank V.,* NDR Hamburg, 1967

S. 6 oben: Robert Häusser, Mannheim; S. 6 unten: SLA, Bern; S. 8 oben: Franziska Messner-Rast, St. Gallen; S. 8 unten: Abisag Tüllmann, Frankfurt a.M.; S. 17, 22, 23: Pressedienst Kindermann, Berlin; S. 19: Comet, Zürich; S. 21: Archiv Barbara Meyer-Dürrenmatt, Bardonnex/Genève; S. 29, 31, 33, 34: SDR, Stuttgart (Hugo Jehle); S. 37: SLA; S. 49, 51, 53: Praesens-Film AG, Zürich; S. 61, 64: HR, Frankfurt a.M. (Videoprints der Fernsehinszenierung); S. 68: Vera und Rolf

Jeck, Basel; S. 80: SWF, Historisches Archiv, Baden-Baden; S. 81: SWF, Baden-Baden (G. A. Castagne); S. 82, 85, 87, 88: 20th Century Fox; S. 86: SF DRS, Zürich (Marianne Wolleb); S. 95: Filmcooperative, Zürich; S. 98, 99, 101, 102: NDR, Hamburg (Videoprints der Fernsehinszenierung); S. 105: Robert Häusser, Mannheim; S. 109: BR, München (Videoprints der Fernsehinszenierung); S. 123, 124, 125: BR, München (Foto Sessner); S. 136, 137, 140, 141, 142, 145: Praesens-Film AG, Zürich; S. 138: Cinémathèque Suisse, Lausanne; S. 154, 155, 163: NDR, Hamburg (Videoprints der Fernsehinszenierung); S. 158: Stern, Hamburg (Thomas Höpker); S. 161: Charlo Mor von Weber, München; S. 162: NDR, Hamburg (Videoprints der Fernsehdokumentation); S. 167, 169, 170, 171, 176: SDR, Stuttgart (Hugo Jehle); S. 183: SLA, Bern; S. 184: SF DRS, Zürich (Eric Bachmann); S. 188 oben: SF DRS, Zürich; S. 188 unten: Archiv René Haury, Regensberg; S. 194: Stadtarchiv, Zürich; S. 200, 202, 203: ZDF, Mainz; S. 210, 211, 213: Helmut Baar, Wien; S. 227, 229: Helen Sager, Basel; S. 235: SDR, Stuttgart (Hugo Jehle); S. 236: Peter Stöckli, Zürich; S. 244, 246, 247, 248, 249, 259: Leonard Zubler, Zürich; S. 266, 267, 268, 279, 282, 285, 286, 289: SDR, Stuttgart; S. 296, 299, 305: Jürgen Olczyk, München; S. 309, 312: Niklaus Stauss, Zürich; S. 325: SF DRS, Zürich.

Rechteinhaber, die nicht ermittelt werden konnten, sind gebeten, sich mit SF DRS/3sat, Postfach, CH-8052 Zürich in Verbindung zu setzen.

Die Herausgeber danken dem Diogenes Verlag für die freundliche Genehmigung zum Abdruck der Texte und Bilder von Friedrich Dürrenmatt.
Die Literatur über Friedrich Dürrenmatt ist sehr umfangreich. Die aktuellsten Bibliographien sind zu finden in: Gerhard P. Knapp: *Friedrich Dürrenmatt.* Stuttgart/Weimar, Verlag J.B. Metzler 1993 und in: Daniel Keel (Hrsg.): *Über Friedrich Dürrenmatt.* Zürich, Diogenes 1980, vierte, verbesserte und erweiterte Auflage 1990.

Vertrieb für Deutschland:
Felix Bloch Erben, Verlag für Bühne, Film, Funk, Hardenbergstraße 6, D-10623 Berlin.

Luis Bolliger (*12.2.1942 Zürich) gelernter Hochbauzeichner, Schauspielschüler, Entwicklungshelfer, Regieassistent (Schauspielhaus Zürich, u.a. Uraufführung *Die Wiedertäufer* 1967), Dramaturg (7 Jahre Theater Basel), Theaterdirektor (4 Jahre Theater Neumarkt Zürich), seit 1979 beim Schweizer Fernsehen DRS in Zürich, Ressortleiter Fernsehspiel und Theater, und seit 11 Jahren Leiter Satellitenprogramm 3sat.

Ernst Buchmüller (*11.1.1952 Zürich) Studium der Germanistik, Anglistik und des Journalismus, arbeitete daneben als Betreuer geistig behinderter Kinder, Steuerberater und Lehrer. Seit 1982 Journalist, Moderator und Ausbildner beim Schweizer Radio DRS3, ab 1987 beim Schweizer Fernsehen DRS als Moderator und Realisator verschiedener Musikprogramme und Kulturreportagen, seit 1992 bei 3sat als Autor und Regisseur von diversen Film-Dokumentationen: u. a. *Der Opernhausdirektor*, 1993; *Dürrenmatt. Eine filmische Collage*, 1994.

Friedrich Dürrenmatt im Diogenes Verlag

● **Das dramatische Werk**

Es steht geschrieben / Der Blinde
Frühe Stücke. Mit der ersten Komödie ›Untergang und neues Leben‹, einem Fragment aus dem verschollenen Stück ›Thogarma‹ und ›Der Doppelgänger‹ im Anhang

Romulus der Große
Eine ungeschichtliche historische Komödie in vier Akten. Neufassung 1980. Mit der unvollendeten Komödie ›Kaiser und Eunuch‹

Die Ehe des Herrn Mississippi
Eine Komödie in zwei Teilen (Neufassung 1980) und ein Drehbuch

Ein Engel kommt nach Babylon
Eine fragmentarische Komödie in drei Akten. Neufassung 1980. Mit Fragmenten aus ›Der Turmbau zu Babel‹ und ›Der Uhrenmacher‹

Der Besuch der alten Dame
Eine tragische Komödie. Neufassung 1980

Frank der Fünfte
Komödie einer Privatbank. Mit Musik von Paul Burkhard. Neufassung 1980

Die Physiker
Eine Komödie in zwei Akten. Neufassung 1980

Herkules und der Stall des Augias / Der Prozeß um des Esels Schatten
Griechische Stücke. Zwei Hörspiele und eine Komödie, letztere in der Neufassung 1980

Der Meteor / Dichterdämmerung
Zwei Nobelpreisträgerstücke. ›Der Meteor‹ in der Wiener Fassung 1978, ›Dichterdämmerung‹ ist die 1980 dramatisierte Form von ›Abendstunde im Spätherbst‹

Die Wiedertäufer
Eine Komödie in zwei Teilen. Urfassung 1967 (Komödienfassung des ersten Dramas ›Es steht geschrieben‹)

König Johann / Titus Andronicus
Shakespeare-Umarbeitungen

Play Strindberg / Porträt eines Planeten
Übungsstücke für Schauspieler

Urfaust / Woyzeck
Zwei Bearbeitungen

Der Mitmacher
Ein Komplex. Text der Komödie (Neufassung 1980), Dramaturgie, Erfahrungen, Berichte, Erzählungen

Die Frist
Eine Komödie. Neufassung 1980

Die Panne
Hörspiel und Komödie

Nächtliches Gespräch mit einem verachteten Menschen / Stranitzky und der Nationalheld / Das Unternehmen der Wega
Hörspiele und Kabarett

Achterloo
Komödie. Mit einem Nachwort des Autors

F. Dürrenmatt & Charlotte Kerr
Rollenspiele
Protokoll einer fiktiven Inszenierung und ›Achterloo III‹. Mit 28 Zeichnungen von Friedrich Dürrenmatt

Midas
oder Die schwarze Leinwand

● Das Prosawerk

Aus den Papieren eines Wärters
Frühe Prosa

Der Richter und sein Henker
Kriminalroman. Studienausgabe mit zahlreichen Fotos aus dem Film und einem Anhang

Der Verdacht
Kriminalroman. Mit einer biographischen Skizze des Autors

Der Hund/Der Tunnel/Die Panne
Erzählungen

Die Panne
Eine noch mögliche Geschichte

Grieche sucht Griechin/Mr. X macht Ferien/Nachrichten über den Stand des Zeitungswesens in der Steinzeit
Grotesken

Das Versprechen/Aufenthalt in einer kleinen Stadt
Erzählungen

Das Versprechen
Requiem auf den Kriminalroman

Theater
Essays und Reden

Kritik
Kritiken und Zeichnungen

Literatur und Kunst
Essays, Gedichte und Reden

Philosophie und Naturwissenschaft
Essays, Gedichte und Reden

Politik
Essays, Gedichte und Reden

Der Sturz
Erzählungen: ›Der Sturz‹ / ›Abu Chanifa und Anan Ben David‹ / ›Smithy‹ / ›Das Sterben der Pythia‹

Zusammenhänge
›Essay über Israel‹ /
Nachgedanken
unter anderem über Freiheit, Gleichheit und Brüderlichkeit in Judentum, Christentum, Islam und Marxismus und über zwei alte Mythen

Labyrinth
Stoffe I–III: ›Der Winterkrieg in Tibet‹/ ›Mondfinsternis‹/›Der Rebell‹. Vom Autor revidierte Neuausgabe

Minotaurus
Eine Ballade. Mit Zeichnungen des Autors

Justiz
Roman

Der Auftrag
oder Vom Beobachten des Beobachters der Beobachter. Novelle in vierundzwanzig Sätzen

Versuche
Essays und Reden

Denkanstöße
Ausgewählt und zusammengestellt von Daniel Keel. Mit sieben Zeichnungen des Dichters

Durcheinandertal
Roman

Turmbau
Stoffe IV–IX: ›Begegnungen‹ / ›Querfahrt‹ / ›Die Brücke‹ / ›Das Haus‹ / ›Vinter‹ / ›Das Hirn‹

Kants Hoffnung
Zwei politische Reden / Zwei Gedichte aus dem Nachlaß. Mit einem Essay von Walter Jens

Das Dürrenmatt Lesebuch
Herausgegeben von Daniel Keel. Mit einem Nachwort von Heinz Ludwig Arnold

Meistererzählungen
Mit einem Nachwort von Reinhardt Stumm

Gedankenfuge

Das Mögliche ist ungeheuer
Ausgewählte Gedichte. Mit einem Nachwort von Peter Rüedi

Der Pensionierte
Fragment eines Kriminalromans. Text der Fassung letzter Hand. Faksimile des Manuskripts. Faksimile des Typoskripts mit handschriftlichen Änderungen. Mit einem Nachwort von Peter Rüedi und einem editorischen Bericht

● Das zeichnerische Werk

Bilder und Zeichnungen

Die Heimat im Plakat
Ein Buch für Schweizer Kinder

Die Mansarde
Die Wandbilder aus der Berner Laubeggstraße. 24 Abbildungen mit Texten von Friedrich Dürrenmatt. Mit einem Essay von Ludmila Vachtova.

● Gespräche

Gespräche 1961 – 1990
4 Bände in Kassette. Band 1: Der Klassiker auf der Bühne 1961–1970. Band 2: Die Entdeckung des Erzählens 1971–1980. Band 3: Im Bann der ›Stoffe‹ 1981–1987. Band 4: Dramaturgie des Denkens 1988–1990. Herausgegeben von Heinz Ludwig Arnold. In Zusammenarbeit mit Anna von Planta und Jan Strümpel

● Über Dürrenmatt

Elisabeth Brock-Sulzer
Friedrich Dürrenmatt
Stationen seines Werkes. Mit Fotos, Zeichnungen, Faksimiles

Über Friedrich Dürrenmatt
Essays, Zeugnisse und Rezensionen von Gottfried Benn bis Saul Bellow. Mit Chronik und Bibliographie. Herausgegeben von Daniel Keel. Verbesserte und erweiterte Ausgabe

Herkules und Atlas
Lobreden und andere Versuche über Friedrich Dürrenmatt. Herausgegeben von Daniel Keel

Friedrich Dürrenmatt
Schriftsteller und Maler
Ein Bilder- und Lesebuch zu den Ausstellungen im Schweizerischen Literaturarchiv Bern und im Kunsthaus Zürich

play Dürrenmatt
Ein Lese- und Bilderbuch. Mit Texten von Friedrich Dürrenmatt, Hugo Loetscher, Peter Rüedi, Guido Bachmann u.a. sowie Handschriften, Zeichnungen und Fotos. Herausgegeben von Luis Bolliger und Ernst Buchmüller

Friedrich Dürrenmatts Kriminalromane und -erzählungen im Diogenes Verlag

Der Richter und sein Henker

Roman

»Die Hauptthematik von *Der Richter und sein Henker* findet man unter anderem bei Dashiell Hammett, Rex Stout, Raymond Chandler und Georges Simenon. Grundthema: der Kampf zweier Parteien, deren eine ein einzelner Detektiv ist. Die ›gute‹ Partei, Inspektor Bärlach, ist todkrank, und es bleibt ihm nicht mehr viel Zeit, den Verbrecher Gastmann zu überführen.
Was für ein Mensch ist dieser Bärlach? In seiner Menschlichkeit erinnert er an Maigret. Wie dieser ist er von altem Schrot und Korn, ist in erster Linie ein konservativer Mensch, der nicht nach juristischen Regeln operiert, der von den modernen Techniken der Kriminologie wenig hält und lieber seiner durch Erfahrung gewitzten Nase und dem gesunden Menschenverstand folgt.« *Armin Arnold*

Der Verdacht

Roman

»In *Der Verdacht* geht es nicht darum, herauszufinden, wer der Mörder ist, sondern darum, ob und wie Kommissär Bärlach wieder aus der Falle kommt, in die er hineingeraten ist. Er hat eine Operation überstanden, und man nimmt an, daß er noch ein Jahr leben wird. Er liegt im Salemspital in Bern und liest symbolischerweise in der Zeitschrift ›Life‹. Ein Bild erweckt den Verdacht seines Arztes –, daß nämlich der berüchtigte Arzt Nehle, der im Konzentrationslager Stutthof ohne Narkose operierte, mit Dr. Emmenberger, dem Vorsteher einer Zürcher Privatklinik, identisch sei. Bärlach hätte allen Grund, anderen die Prüfung dieses Falles zu überlassen:

erstens ist er jetzt pensioniert, und zweitens hätte er wohl ein Recht darauf, sein letztes Lebensjahr in Ruhe zu genießen. Es ist keine moralische Verpflichtung, die ihn treibt, sondern ein unbändiger Trotz ›in dieser Welt zu bestehen und für eine andere, bessere zu kämpfen, zu kämpfen auch mit diesem jammervollen Leib, an welchem der Krebs fraß‹. In der besten Tradition der ›tough private eyes‹.« *Armin Arnold*

Das Versprechen

Requiem auf den Kriminalroman

»Das rote Kleid eines ermordeten Kindes, der unvermeidliche Inspektor, die Worte ›bestialischer Mörder‹ und ›Sexualverbrecher‹ im Werbetext – und dennoch geht es hier nicht, wie bisher, um die Zutaten. Vielmehr sind die Zutaten da, aber sie werden anders behandelt, eine erfrischend neue Sicht der Polizeiarbeit. Ich bin versucht, *Das Versprechen* mit erlesenstem Simenon zu vergleichen. Es hat die gleiche kompakte Länge, es hat einige derselben Qualitäten – klare Beschreibung, die Fähigkeit, ein Verbrechen so real zu machen wie irgendeines in der Zeitung, und eine sehr menschliche Einstellung gegenüber der Polizei.«
Hammond Innes/The New York Times Book Review

»*Das Versprechen* ist ein großer Roman, das epische Seitenstück zum *Besuch der alten Dame.* Eine von Intelligenz, Realismus und Phantasie nahezu berstende Geschichte.« *Walter Jens/Die Zeit, Hamburg*

Justiz

Roman

Ein Zürcher Kantonsrat erschießt in einem überfüllten, von Politikern, Wirtschaftskoryphäen und Künstlern besuchten Restaurant der Stadt vor aller Augen einen Germanisten, Professor an der Universität, läßt, zu zwanzig Jahren Zuchthaus verurteilt, im

Gefängnis einen jungen, mittellosen Rechtsanwalt zu sich kommen und erteilt diesem den Auftrag, seinen Fall unter der Annahme neu zu untersuchen, er sei nicht der Mörder gewesen. Der junge Anwalt, der den scheinbar sinnlosen Auftrag annimmt, erkennt zu spät, in welche Falle ihn die Justiz geraten läßt, weil er sie mit der Gerechtigkeit verwechselt.

»Mit *Justiz* setzt Friedrich Dürrenmatt wieder Maßstäbe. Angesichts einer sauertöpfischen, miesepetrigen Dulder-Literatur im deutschsprachigen Raum eine wahre Offenbarung!«
Wolfram Knorr/Die Weltwoche, Zürich

Der Auftrag

oder Vom Beobachten des Beobachters der Beobachter

Novelle in vierundzwanzig Sätzen

»Ganz kurz und knapp, atemlos und messerscharf erzählt, so etwas wie die düstere Folie, vor der das zeitgenössische Schreiben seiner Kollegen sich abhebt. Vieles wirkt wie harmlose Spielerei, verglichen mit der tödlichen Konsequenz dieses Denkens, manches aber auch wie der verzweifelte Versuch, sich nicht in diesen unheilvollen Sog hineinziehen zu lassen. So weit an den Rand des Abgrunds aber hat sich keiner gewagt wie er.«
Klara Obermüller/Die Weltwoche, Zürich

»Dies ist eine Erzählung. Es ist ein supermodernes Gruselmärchen. Es ist eine Kriminalgeschichte. Es ist eine horrende Phantasmagorie. Es ist ein literarisches Kunststück und vorgefaßtes Verwirrspiel.«
Friedrich Luft/Die Welt, Bonn

Friedrich Dürrenmatt

Labyrinth
Stoffe I – III
Der Winterkrieg in Tibet
Mondfinsternis · Der Rebell

Turmbau
Stoffe IV – IX
Begegnung · Querfahrt
Die Brücke · Das Haus
Vinter · Das Hirn

»Der Versuch, die Geschichte meiner ungeschriebenen Stoffe zu schreiben, zwang mich, die Geschichte einiger meiner ungeschriebenen Stoffe zu rekonstruieren. Indem ich meine alten Fabeln aufgriff, griff ich mich selber auf, allzusehr bin ich mit meinen Stoffen verwoben und in sie eingesponnen. Mein Irrtum, mein Schreiben sei dem gewachsen. Allzu leichtfertig ließ ich mich auf ein Unternehmen ein, dessen Ende nicht abzusehen war. Es ging mir wie mit dem *Turmbau zu Babel*, den ich einmal plante und begann: ich mußte ihn abbrechen, um mich von ihm zu befreien. Was blieb, sind seine Trümmer.« *Friedrich Dürrenmatt*

»Diese Autobiographie als Geschichte einer literarischen Werkstatt verliert sich nicht in klatschsüchtiger Geschwätzigkeit, in Rechtfertigungsplädoyers oder kapriziöser Anekdotensucht. Im Gegenteil.«
Frankfurter Allgemeine Zeitung

»Faszinierende Spurensicherung – zwischen Autobiographie und Dokumentation: der literarische Riese, gelassen, souverän.« *Die Zeit, Hamburg*

»Dürrenmatts ›Steinbruch‹, eine Riesenfundgrube. Das aufregendste Buch seit langem: kein einziger Schritt auf dem Trampelfeld herrschenden Einverständnisses.« *Tages-Anzeiger, Zürich*

»Ein erzählerisches Labyrinth, das ein großartig böses Spiegelbild vom Pandämonium unserer Welt liefert.« *Norddeutscher Rundfunk, Hamburg*

»Ein Riesenepos, das ein Jahrhundertwerk werden könnte.« *Deutsche Welle, Köln*

Gedankenfuge

»Die in der *Gedankenfuge* zusammengefaßten Texte sind zwar bis auf einen vom Autor fertiggestellt und in einer letzten Reinschrift überliefert, doch läßt sich an ihnen die Verfertigung der Geschichten beim Erzählen noch besser beobachten als in den zuvor veröffentlichten Stoffen. Wenn man für Dürrenmatts *Stoffe* ebenso wie für seine Geisteshaltung ein Vorbild suchen wollte, würde man es am ehesten in den ›Versuchen‹ Montaignes finden. Auch Dürrenmatt teilt sich vor allem selber mit, auch er erzählt nur, will nicht lehren, gar ein System aus seinem Denken machen. Seine Aufmerksamkeit gilt den großen Mythen des abendländischen Geistes ebenso wie den Randfiguren, doch an diesen entzündet sich seine eigentliche Neugierde. Und wenn wir ihn heute lesen, spricht er mit uns, soviel Mündlichkeit sprudelt in allem, was er zu Papier gebracht hat: ›Stoff... ist die unmittelbare Antwort des Menschen auf sein Erleben.‹« *Gert Ueding/Die Welt, Bonn*

»Das halbe Dutzend Betrachtungen dieses Buches komplettiert nicht nur Dürrenmatts gesammelte Werke, es ist auch ein großes Lesevergnügen: teils dichterische Philosophie, teils philosophische Dichtung. Ein apokalyptischer Schatten fällt auf diese späte, postum veröffentlichte Prosa wie auf dem Titelbild des Buches, einem Ausschnitt aus Dürrenmatts Gemälde ›Letzter Angriff‹: es ist der Angriff seiner Totenvögel.« *Georg Hensel/FAZ*

Friedrich Dürrenmatt
Gespräche 1961 – 1990

4 Bände in Kassette. Band 1: Der Klassiker auf der Bühne 1961–1970
Band 2: Die Entdeckung des Erzählens 1971–1980. Band 3: Im Bann der ›Stoffe‹ 1981–1987. Band 4: Dramaturgie des Denkens 1988–1990
Herausgegeben von Heinz Ludwig Arnold
In Zusammenarbeit mit Anna von Planta und Jan Strümpel

Überliefert sind von Friedrich Dürrenmatt über 4000 Seiten der unterschiedlichsten Gespräche und Interviews für Zeitungen, Zeitschriften, den Rundfunk oder das Fernsehen – aus drei Jahrzehnten, von 1961 bis 1990. Aus diesem schriftstellerischen Tage-Werk hat der Herausgeber Heinz Ludwig Arnold die wichtigsten Gespräche vollständig oder in Teilen ausgewählt, immer darauf bedacht, einen lesbaren, an Biographie und Werk sich orientierenden Jahr- und Tagebuch-Text herzustellen, das Friedrich Dürrenmatt als den zeigt, der er war: ein einfallsreicher, witziger, widerspruchsfreudiger, quer-, also selbstdenkender und erkenntnisheischender Schriftsteller voller Neugier und Einfallsreichtum.

»Dürrenmatts Interviews sind ein Vergnügen.«
Gerhard Stadelmaier / FAZ

»Das Gespräch mit Dürrenmatt – ein niemals endender Dialog, wie er ihn jahrzehntelang geführt hat, insistierend und demütig, lernbereit, provozierend und trotzdem zum Eingeständnis des Scheiterns bereit.«
Walter Jens

Friedrich Dürrenmatt
Schriftsteller und Maler

Ein Bilder- und Lesebuch zu den Ausstellungen
im Schweizerischen Literaturarchiv Bern
und im Kunsthaus Zürich

Der Katalog enthält neben der Dokumentation der beiden Ausstellungen Beiträge u.a. von Hugo Loetscher, Peter Rüedi, Walter Jonas, Beat Sterchi, Maria Becker, Guido Magnaguagno, Daniel Keel, Veit Wyler, Manuel Gasser, Heinz Ludwig Arnold, Marc Eichelberg, Peter Rusterholz, Walter Jens, Heini Stucki, Ulrich Weber sowie eine Bildchronik zu Leben und Werk.

»Das Bild- und Lesebuch will mehr sein als ein Ausstellungskatalog. Mit ihm erhält die Öffentlichkeit erstmals Einblick in den Schaffensprozeß dieses großen Schriftstellers und Malers, der seine Person stets in den Hintergrund rückte. Unveröffentlichte Texte und Faksimiles aus den Beständen des Schweizerischen Literaturarchivs, die nach 40 Jahren freigelegten Wandmalereien des Studenten Friedrich Dürrenmatt, Bilder und Zeichnungen, die teilweise erstmals gezeigt werden, bisher unbekannte Photos aus seinem Leben, dazu Beiträge namhafter Kenner seines Werkes – diese Materialien eröffnen einen neuen Zugang zu Friedrich Dürrenmatt.«
Felix Baumann und Thomas Feitknecht im Geleitwort

»Faszinierend jedenfalls, wenn Dürrenmatt beim Erzählen unvermittelt nach Papier griff und zu skizzieren begann, was er eben im Begriff war, per Worte mitzuteilen. Hat nicht der Zeichner Dürrenmatt dem Dramatiker Dürrenmatt das Arsenal ausstaffiert – oder müßte man sagen das Schreckenskabinett?«
Hugo Loetscher

»Beeindruckend und sympathisch: fern aller pompösen Feierlichkeit, mit gebotenem wissenschaftlichen Ernst und zugleich mit der leichten Hand artistischer Improvisation wird der Maler und Zeichner entdeckt, der Stückeschreiber und Prosaautor gedeutet und der denkende Zeitgenosse nach Ratschlägen für unsere verwirrend unübersichtliche Gegenwart abgesucht.«
Jochen Hieber/Frankfurter Allgemeine Zeitung